한국의 지방외교정책

한국의 지방외교정책

박 경 국 著

KSi 한국학술정보㈜

머 리 말

최근, 우리나라 지방행정이 맞이하고 있는 가장 큰 변화 중의 하나는 지방정부가 세계 여러 나라들과 교류하면서 활동의 폭을 넓혀 나가고 있는 일일 것이다. 세계화와 지방화의 거대한 흐름에 대응하여 지방도 세계무대에 나서지 않으면 안 되는 시대가 된 것이다. 이러한 시대적 흐름은 지방행정체제와 지방행정인들에게도 많은 변화를 요구하고 있다. 우선, 오랫동안의 중앙집권체제하에서 중앙의 논리에 순응하도록 짜여지고, 길들여진 지방행정체제를 보다 자율적이고 개척적이며 개방적인 체제로 전환하는 일이다. 이를 위해서는 무엇보다 지방행정인의 진취적이고 도전적인 노력이 선행되어야 한다. 지역의 작은 일에 만족하기보다 세계 여러 나라의 지방에 관심을 가지고 그들과의 교류와 협력을 통해 지역의 경쟁력을 높여 나가야 한다. 지방외교는 바로 이러한 시대적 요구의 산물인 것이다.

4년여 동안 지방외교의 현장에서 세계 여러 나라의 지방정부들과 교류하면서 지방외교의 무한한 가능성과 중요성을 실감해 왔다. 필자가 속해 있는 충청북도도 헝가리의 바란야주, 미국의 아이다호주, 아르헨티나의 추붓주, 멕시코의 꼴리마주, 중국의 흑룡강성, 일본의 야마나시현, 인도네시아의 중부자바주 등 세계 여러 나라의 지방정부들과 자매결연하고 있다. 또한 여러 외국 지방정부들과는 우호교류협약을 맺고 있으며, 세계 155개국과 교역을 해 오고 있다. 특히, 2002년 9월 25일부터 1개월간 청주에서 개최된 오송국제바이오엑스포에는 세계 각지의 지방정부 대표단과 세계적인 석학, 기업인 등이 참가하여 바이오산업의 협력방안에 대해 논의한 바 있으며, 이를 바탕으로 세계적인 바이오 기술협력네트워크를 구축해 나가고 있다. 지방외교는 이렇게 이념과 종교, 인종은 물론, 국가 간의 이해를 넘어 상호 우의와 협력을 바탕으로 이루어지는 외교로서 국가 차원의 외교가 해결할 수 없는 영역에서 오히려 진가를 발휘하고 있다. 21세기를 지방외교의 시대라고 하는 이유도 바로 여기에 있다.

그러나 우리나라의 경우, 본격적인 지방외교가 시작된 것이 비교적 최근의 일이고, 그간의 연구경향도 지방의 국제화와 국제교류 실태의 분석에 치중해 온 결과, 이 분야에 대한 연구는 아직 시작단계에 머물러 있다. 대부분의 지방자치단체들도 외국 지방자치단체와의 국제교류를 하나의 단위사업 정도로 인식하여, 의례적이고 형식적인 교류에 치중해 온 것이 사실이다. 그러나 21세기는 지방외교시대로서 지방의 창의성과 다양성을 바탕으로 한 정책적 노력이 시급한 과제가 되고 있다. 이 책은 이러한 시각에서 우리나라 지방정부들의 다양한 국제 활동을 "지방외교"라는 새로운 개념으로 체계화하고 그 영역과 수단을 규명하며, 현장에서의 추진실태를 분석하여 미비점을 분석하고 발전방안을 모색해 보고자 하였다. "지방외교"라는 개념이 아직 보편화되지 않았을 뿐만 아니라 이 분야에 대한 연구도 일천하여 연구에 많은 애로가 있었고, 그 결과 내용도 부실함을 솔직히 시인하지 않을 수 없다. 하지만, 이 작은 연구성과를 내기까지에도 많은 분들의 격려와 도움이 있었다.

먼저, 만학의 고된 길에서 많은 용기를 주신 충북대학교 행정학과 박대운 교수님을 비롯한 여러 교수님들의 학은을 잊을 수가 없다. 석·박사과정을 마치고 학위를 받을 때까지 실로 오랜 기간을 가르쳐 주시고 이끌어 주셨다.

또한, 4년여 동안 필자와 더불어 지방외교의 최일선에서 세계 여러 나라들과 다양한 교류협력을 전개해 온 충청북도 경제통상국 국제통상과 직원들도 많은 도움을 주었다. 전국 각지를 돌며 16개 시·도의 귀중한 자료를 빠짐없이 수집해 줌은 물론, 생생한 현장경험을 제공해 주었다. 특히, 충청북도 국제통상 센터의 박종은 박사는 자료의 체계적 정리에서부터 분석에 이르기까지 많은 도움을 주었다.

막상 원고를 마무리하고 보니 필자의 능력부족과 자료의 한계 등으로 많은 아쉬움이 남지만, 모쪼록 이 작은 연구가 우리나라 지방외교정책의 발전에 조금이나마 도움이 되기를 기대하며, 독자 여러분의 아낌없는 지도편달을 부탁드리고 싶다.

2006년8월

한 여름 태양이 눈부신 청주에서

목 차

표 목차

그 림 목 차

제1장 서 론

1. 연구의 배경과 목적

오늘날 우리는 세계화·지방화·정보화시대에 살고 있다. 세계가 하나의 경제단위로 급속히 통합되어 가는 과정에 있으며, 더 이상 경제적 의미의 국경은 존재하지 않게 되었다. 즉 세계가 지구촌화(globa lization)되어 가면서 모든 것을 하나의 인류사회(human socie ty) 내지 세계공동체(world community) 차원에서 사고하도록 요구하고 있다. 새로운 시대의 생활방식에는 국내적으로, 국제적으로도 다원적 가치관을 공유하게 되어 상호간에 이것을 소화할 수 있는 문제 해결적인 발상이 필요하게 되었다. 그 첫 번째가 일원 국가적인 집권외교로부터의 결별, 즉 지방정부가 주체가 되는 외교의 전개이다. 둘째는 다양한 주체가 상호 국제교류의 흐름을 이어나가면서 서로의 정책수준, 국가적 문화수준을 향상시켜 나가는 것이다(정진오 외, 1996:328-329). 따라서 지금까지의 중앙정부 상호간의 국제관계가 이제는 외교, 안보, 금융 등 특수한 분야를 제외하고는 점차 지방자치단체 간(Local government to Local government), 기업 간(Business to Business), 개인 간(People to People) 등으로 세분화되면서 마음과 마음(Heart to Heart)으로 통하는 국제관계시대로 발전하고 있다. 이와 같은 추세에 따라 과거, 외교가 국가의 전유물이었던 국민국가시대는 서서히 사라져가고 지방자치단체가 국제화의 주역으로 등장하고 있으며 이른바 지방의 역할과 기능이 더욱 중요시되는 『지방의 국제화시대』, 한 걸음 더 나아가 『지방외교의 시대』를 맞이하고 있다(임수복, 2000). 이미 선진 각국은 지방외교의 차원을 넘어 시민외교로 발전시킴으로써 국가 간, 지역 간, 시민 간의 교류와 협력을 활성화하여 삶의 질을 향상시켜 나가고 있다.

우리나라도 1961년 6월 경상남도 진주시가 미국 Oregon주 Eugene시와 자매결연하여 지방자치단체의 외교 활동이 처음 시작된 이후 2005년 3월 현재, 국내 171개 지방자치단체가 외국의 451개 지방자치단체와 자매결연하고 우호친선, 경제통상 등의 목적으로 외교 활동을 해 오고 있다. 특히 본격적인 지방자치가 실시되면서 외국과의 교류협력은 각 지방자치단체의 중요한 정책이슈가 되고 있으며 그 형태와 분야도 다양화되어 가고 있다. 이미 여러 분야에서 외국과의 교류가 가시적인 성과를 나타내면서 경쟁적으로 이 분야에 대한 관심과 투자를 늘려가고 있다. 이제 더 이상 어떤 형태로든 외국과 교류하지 않는 지방자치단체는 없게 됨으로써 우리나라도 본격적인 지방외교시대를 맞이하고 있는 것이다.

그러나 우리나라는 오랜 중앙집권적 사고와 정치행정 행태로 인해 아직도 외교는 국가의 전유물이라는 사고가 팽배해 있으며 지방의 자율을 제약하는 법과 제도는 지방자치단체의 외교 활동을 충분히 뒷받침해 주지 못하고 있다. 지방자치단체 역시 외국과의 교류에 대한 중요성을 충분히 인식하기도 전에 급격한 세계화의 파고를 맞이함으로써 외교에 대한 전문지식이나 사전준비 없이 외국과의 교류에 임해야 했다. 그 결과 지방자치단체 간의 국제교류 활동이 30년이라는 긴 역사에 비해 아직 시작단계에 불과하며 그간 기울인 노력에 비해 성과도 매우 미미한 수준에 머물러 있다. 이 분야에 대한 연구와 논의도 활발하지 못하여 지방자치단체 간 국제교류의 필요성과 현황의 분석 및 지방행정의 국제화에 중점을 두어옴으로써 외국과의 교류와 협력, 즉 외교 활동이 하나의 정책으로 간주되지는 못했다. 대부분의 연구가 지방자치단체 간 국제교류의 현상과 실태에 대한

분석에 그치고 있으며, 보다 종합적이고 체계적인 관점에서의 분석
은 미흡하였다. 즉 지방자치단체의 국제 활동이 지방의 자율성과 분
권을 상징하는 하나의 중요한 정책으로 인식되어 목표와 수단이 규
명되고 나가야 할 방향과 전략이 탐구되어야 하나 이에 대한 학자와
실무자의 관심이 부족하였다는 것이다. 다행스럽게도 최근에 지방자
치단체의 국제교류 활동을 국가 간의 외교에 버금가는 자치단체 수
준의 외교 활동으로 인식하고 이 분야에 대한 연구가 시작되고 있다
(안성호, 1998; 임수복, 2000; 심익섭, 2000).

본 연구는 이러한 시각에서 지방자치단체의 외교정책은 어떠한 것
이며 어떠한 수단과 방법이 활용될 수 있는지를 규명하고, 지방자치
단체의 외교정책추진 실태를 분석하여 문제점과 개선 방안을 제시해
보고자 한다.

이러한 연구결과는 지방외교정책에 대해 다양한 연구를 촉발시킬
수 있는 토대를 제공할 수 있으며, 규명된 연구결과를 토대로 실질
적 정책대안을 제시함으로써 지방외교정책의 발전에 기여할 수 있을
것으로 기대하고 있다.

2. 연구의 범위와 대상

본 연구는 지방자치단체의 외교정책 즉, 지방외교정책을 연구대상
으로 하기 때문에 당연히 지방자치단체의 모든 대외 활동과 관련 정
책이 연구대상이 된다. 우리나라의 지방자치단체는 서울특별시 · 6개
광역시 · 9개 도 등 16개 광역자치단체와 77개 시 · 88개 군 · 69개 자

치구 등 총 250개 지방자치단체로 편제되어 있다. 이 중 2005년 3월 현재 16개 광역자치단체가 134개 자치단체와 교류하고 있으며, 기초 자치단체는 총 234개 중 155개 시·군·구가 317개 외국의 자치단체와 교류를 하고 있다. 본 연구는 우리나라 광역자치단체를 대상으로 분석을 시도하였다.

왜냐하면, 첫째, 광역자치단체가 국제교류의 규모 면에서나 내용 면에서 외교정책을 수행할 만한 체제를 갖추고 있고, 둘째, 규모의 차이는 있으나 국제교류 전담부서와 인력이 배치되어 있으며, 셋째, 지역별로 장기 발전구상과 전략을 담은 장·단기 비전을 가지고 있어 의미 있는 해석이 가능하기 때문이다. 시간적으로는 2000년부터 2005년까지 최근 6년간을 중점 연구대상으로 하였다. 왜냐하면, 지방 자치단체의 외교정책에 대한 본격적인 관심과 지원이 이루어진 것이 비교적 최근의 일이고, 다른 정책 분야에 비해 가장 빠르게 변화하고 있는 분야이기 때문이다. 따라서 전반적인 지방외교정책의 현상을 파악하거나 진단하는 데는 가급적 최신 현황과 사례를 분석대상으로 하였다.

3. 연구방법과 절차

본 연구는 16개 시·도를 분석대상으로 하는 실증연구로서 다음과 같은 연구방법을 활용하여 연구를 진행하였다.

첫째, 문헌조사를 통하여 기존 연구성과를 조사 분석하고 종합 정리하여 이론적 기초를 마련하고, 이를 토대로 연구가설과 분석모형을 설정하였다.

 둘째, 행정자치부와 16개 시·도의 내부 자료와 기록들을 유형별로 정리하고, 우리나라 전 광역자치단체를 대상으로 한 실태조사 결과를 토대로 실태를 분석하였다.

 셋째, 분석결과를 토대로 한 발전방안의 모색은 연구자의 실무경험과 지방외교정책 담당 부서(충북도청 국제통상과) 실무자의 의견을 종합하여 정리하였다. 이러한 연구방법들을 요목별로 구분하여 정리해 보면 [표-1]과 같다.

[표-1] 요목별 연구방법

요 목 별	연 구 방 법
·이론적 토대의 마련과 결정요인 및 정책효과의 체계적 정리 ·연구가설과 분석모형의 설정	문헌조사
·분야별 실태와 현상파악	문헌조사, 실태조사
문제점 및 발전방안의 모색	델파이 방법

제2장

지방외교정책의 개념과 특징

1. 지방외교정책의 개념

지방외교정책의 개념과 관련하여 우선 우리가 논하고자 하는 "지방외교" 또는 "지방외교정책"이 우리가 흔히 접하고 있는 국가단위의 "외교" 및 "외교정책"과 어떻게 다른지가 검토되어야 하고, 둘째, 지금까지 연구의 대상이 되어 왔던 지방정부[1]의 국제 활동 즉 국제교류나 국제화·세계화정책과는 어떻게 다른지가 검토되어야 한다.

1) 외교와 외교정책

지방외교나 지방외교정책을 논하기에 앞서 우리가 흔히 접하고 있는 "외교"라는 용어와 "외교정책"에 대한 개념을 명확히 이해할 필요가 있다. 외교(diplomacy)란 용어는 그리스어 동사인 diplon(to deploin)에서 유래된 말로서 diploma(그리스어의 둘로 접는 종이, a let

---

[1] 김천영(2000)은 아직까지 '지방자치단체'라는 용어가 법적 용어로 통용되고 있으나 이는 지방자치의 제도정착을 위해 '지방정부'로 개칭해야 한다고 하면서 그 이유로 과거의 지방자치단체는 집행기관 중심이었으나 지방자치가 제도적으로 실시된 이후에는 의결기관인 지방의회가 구성되어 있는 만큼 지방자치단체도 정부의 형태를 띠고 있다고 보아야 하며, 둘째 집행기관과 의결기관이 공존하고 있는 상황에서 지방자치단체라고 하면 집행기관의 역할이 사전적으로 절대적 우위를 점하도록 선점의 기회를 암묵적으로 부여하는 것으로 상대적으로 지방의회의 생산적 역할이 위축될 소지가 있으며, 셋째 중앙정부와의 관계개선을 위해 필요한데 지방자치단체라는 용어는 중앙집권적 관리로 길들여진 개념으로 중앙의존성에 익숙하게 만드는 구조적 요인을 제공하므로 중앙정부와의 관계에서 정당한 지위를 보장받기 위해서도 용어면에서 지방정부라고 칭하는 것이 타당하다고 한다. 본 연구에서는 지방자치단체와 지방정부를 같은 의미로 혼용하고자 한다.

ter folded) 즉 diplomacy란 용어가 생겼다. diploma는 원래, 여행허가증, 특권, 명예, 특허를 주는 증명서, 또는 공식적인 국가문서, 역사적 기록 등을 의미하기도 하였다.

사전적으로 『외교』라는 말은 "국가가 공적 대표인 외교사절을 통하여 여러 다른 나라들과 국제간 관계 또는 그 실무적 사항을 처리하는 기술 혹은 활동"(吉田 均, 2001:6), 또는 "외교라 함은 협상에 의하여 국제관계를 다루는 일이며 국제관계가 대사나 사절에 의하여 조정, 처리되는 방법이며, 외교관의 업무 또는 기술"(Oxford English Dictionary), "외교란 독립된 국가의 정부 사이에 일어나고 있는 공식적인 관계의 행위에 대한 지략(Intelligence)과 요령(Tact)"(Sir Ernest Satow) 등으로 정의되고 있으며, 보다 광의적 의미로는 "국가를 대표하는 관료들에 의하여 행해지는 국가 간 모든 공적행위"이며, 외교정책의 결정 및 집행과정까지도 포함하는 모든 대외적 관계를 총칭하는 용어이다(김기정, 1996:106). 이러한 외교는 공식적 정부 간의 상호 작용 행위를 일컫는 말이며, 이런 의미에서 외교란 정부 간 커뮤니케이션을 위한 고도의 '정치적 기술'을 의미한다. 반면, 외교정책이란 일반적으로 "한 국가가 어떤 목표를 설정하고 그것을 성취하기 위해 그의 영토 밖에서 어떤 행동을 하겠다는 의사결정"을 의미한다(김정원, 1996:15-16). Reynolds는 "국제문제에서 국가를 지도하는 일반원칙, 즉 국가가 국가이익을 대외관계에서 추구하고 달성하기 위한 행동 경로"(국내 인터넷 자료 ⑧; Reynolds, 1980:13)로 정의했고 모델스키는 "타국의 행위를 변형시키고 국제관계에 그들 자신의 활동을 적응시키는 데 공동체가 전개하는 활동체계"로, 로즈노(James N. Rosenau)는 "국제환경의 바람직한 국면을 보전하거나 바람직하지 않은 국면을 변경하기 위해 정부가 취하거나 취하겠다고 공언한 권위적 조치 또는 조직된 국가사회가 국제환경과 싸우고 거기에서 이익을 취하려고 노력하는 모든 태도와 활동"으로 정의하였다(전웅, 1999:24-25). 즉, 외교정책이란 "한 국가가 자국의 이익을 달성하기 위해 자국의 영토 밖에서 행하는 활동경로나 의사결정"으로 정의할 수 있다. "외교"와 "외교정책"을 위와 같이 정의할 때 외교는 외교정책을 달성하기 위한 한 수단으로서의 성격을 갖게 된다. 외교정책은 각국이 국제정치를 통해 자국이 국제관계를 이룩해 내고자 하는 목표하에 결정되며, 외교는 이러한 외교정책을 실현하기 위한 도구인 것이다. 즉, 각국은 자국의 이익을 위해 자국이 원하는 형태의 국제관계를 형성시키고자 여러 방면에 걸쳐 결정을 내리게 되며, 이렇게 결정된 외교정책은 국제정치의 장에서 외교를 통해 구현돼 궁극적으로 그 국가의 국제관계를 결정짓게 되는 것이다(김정원, 1996:20).

따라서 각국의 외교정책은 모두 그 나라의 주권행사의 일환으로서 자국의 국익과 사회가치의 신장을 대외적으로 추구하기 위한 과정이다. 그러나 모든 나라가 특정가치에 함께 동조하지는 않기 때문에 서로 다른 가치판단을 반영하는 제로섬적인 투쟁은 계속되고 이것이 국제정치과정의 총체를 이룬다. 한 나라의 정치적 목적의 달성은 결국 다른 가치를 추구하는 타국의 희생 위에서 이루어지는 경우가 일반적이다. 이 때문에 국제사회는 계속 긴장과 갈등 그리고 위기상황이 계속되는 것이다. 이러한 상황 속에서 각국은 최대의 가치를 성취하기 위한 외교 전략과 전술을 구성하게 된다(오기평, 1994:20-21).

2) 지방외교와 지방외교정책

그러면 여기에서 우리가 논하고자 하는 "지방외교"와 "지방외교정책"은 어떻게 정의할 수 있는가 하는 것이 우리의 관심대상이다. 그러나 지방자치단체의 국제 활동 즉 외교 활동은 비교적 최근의 일이기 때문에 아직 통일된 개념정의가 이루어지지 못하고 있으며 지방외교를 둘러싼 시대적 변화와 지방자치단체의 외교 활동에 대한 변화양상으로부터 귀납적으로 정의할 수밖에 없게 되었다. 다만 『지방외교』와 『지방자치외교』라는 용어는 지방자치단체가 주체가 되어 추진하는 외교라는 면에서는 차이가 없으나, 지방자치외교라고 할 때는 지방자치단체의 자치권이 강조되고 그것을 바탕으로 추진되는 외교라는 약간의 의미상의 차이를 느낄 수 있다.

아무튼, 지방외교란 지방자치단체들이 국제무대에 나서서 "국가외교를 지원, 보완, 시정, 중복 또는 도전하는 일체의 국제적 활동"(Soldatos, 1993:46)으로서, Duchacek(1990)은 "미시외교(micro-diplo macy) 또는 동반외교(paradiplomacy)"라는 용어를 사용하고 있으며, Kincaid(1990)는 "미시외교"나 "동반외교"라는 용어가 지방자치단체의 국제 활동을 국가외교보다 열등한 것이라는 느낌을 준다고 비판하면서 국가를 구성하는 대등한 정부의 외교라는 의미로 "구성외교(cons tituent diplomacy)"라는 용어의 사용을 권장하고 있다. 또한 Shuman(1992)은 "시민외교(citizen diplomacy)"와 더불어 "지방외교정책(lo cal foreign policy)"이라는 논문에서 지방자치체의 중요성을 강조하고 있다. Tomino(1996)는 "지방자치외교(local autonomy diplomacy)"라는 용어를 사용하고 있지만(안성호, 1998:224) 여기에서는 "지방외

교", "지방외교정책"이라는 용어를 사용하고자 한다. 지방외교정책
(Kommunale Aussenpolitik)이라는 용어는 이미 "풀뿌리외교정책(Aus
senpolitik ausden Graswurzeln)"이라는 개념으로 씌어진 이래 일반
화되어 있다. 통상 지방자치를 "풀뿌리민주주의"라고 부르고 있거니
와 이때 "풀뿌리"의 의미는 본질적으로 사회적인 기반조성운동
(Basisbe wegung)을 강조한 것이며, 이를 원용하여 국가의 외교정책
역시 기반조성이 필요하고 그러한 역할의 중요성을 강조한 것이 바
로 "풀뿌리외교정책"이다(심익섭, 1992:27). 이러한 논의를 바탕으로
"지방외교정책"과 "지방외교"에 대해 정의해 보면, 지방외교정책은
"지방정부가 지역의 이익을 위해 외국이나 외국인과 관련된 활동을
수행하는 활동경로나 의사결정"으로 정의할 수 있으며, "지방외교"는
"지방외교정책의 목표를 실현하기 위한 도구"로 정의된다.

즉, 지방외교정책은 일반적인 외교정책과는 달리 "지방정부가 주
체가 되어 지역의 이익을 목표로 하는 외교 활동에 관한 것"이라는
데 그 개념적 특징이 있는 것이다. 다만, 여기에서 문제가 되는 것은
과연 지방정부가 외교 활동의 주체가 될 수 있는가 하는 문제와 지
방정부가 추구해야 할 '지역의 이익'이 무엇이며, '외국이나 외국인과
관련된 활동'이 무엇인가 하는 것이 문제가 된다. 첫째, 외교의 주체
와 관련하여 살펴보면, 전통적으로 외교는 국가주권의 상징으로서
군주나 국가의 고유권한이며 전관사항이었다. 고대 그리스에서 중세
를 거쳐 오는 동안 많은 외교제도의 발전이 있었지만 외교관행과 절
차를 둘러싼 국제문제가 완전히 해결된 것은 1961년 비엔나회의였
다. 그러나 전통적 의미의 외교는 커뮤니케이션과 운송수단의 급속
한 발달, 외교범위의 복잡 다양화, 세계적 차원의 상호 의존성의 증
대 등으로 급속한 변화를 겪어왔다.(국내 인터넷문서 ⑧) 즉, 1차세

계대전을 겪으면서 고전적 외교 활동의 주류였던 『비밀외교』, 『궁정외교』에서 벗어나 『민주외교』, 『공개외교』로 전환되었으며 2차세계대전 후에는 직업외교관만으로는 국제분쟁을 해결할 수 없다는 인식하에 국민들에 의해 지지되는 『국민외교』로 전환되었으며 최근에는 WTO 체제의 출범과 급속한 세계화, 정보화, 지방화 추세에 따라 외교에 의해 추구되는 이익과 주체가 더욱 다양화되기에 이르렀다. [그림-1]에서 보는 바와 같이 근래에는 외교의 주체가 국가, 국제기관, 정부, 지방자치단체, NGO, 일반국민 등으로 다양화되었고 각자 추구하는 이익도 다르게 되었다(吉田 均, 2001:4).

특히, 다양한 외교 주체들 가운데 지방화, 분권화 추세에 힘입어 지방자치단체의 외교적 역할과 노력이 주목받게 되었다.

지방자치단체의 외교가 처음 태동한 것은 1940년대 말 제2차세계대전 후 전쟁의 상처를 아물게 하기 위해 서유럽 지방자치단체들 간의 자매결연형태로 나타나기 시작하여 1950년대에는 미국의 Dwight Eisenhower 대통령의 민간외교(people-to-people diplomacy) 장려정책에 힘입어 주 및 지방자치단체들이 외국 지방자치단체들과 자매결연하기 시작했으며, 1960년대에는 일본의 지방자치단체들과 미국의 지방자치단체들 간에, 1970년대에는 중국의 자유화 진전에 따라 중국을 비롯한 아시아 국가들과 일본의 지방자치단체들이 자매결연하고 지방 차원에서 교류를 추진해 왔다. 1980년대 이후에는 국제적 네트워크를 통한 지방 차원의 외교가 시작되었으며 1990년대에 들어와 UN 등 국제기구들이 지방자치단체들을 국제문제 해결의 중요한 주체로 인정하기 시작했다(안성호, 1998:226). 나아가 서구의 여러 나라들은 중앙정부가 외교정책의 독점에서 벗어나 지방자치단체의 근본적 후원자(basic support)로서 "지방외교"를 적극 활용함으로써

철저하게 국가이익을 챙기고 있다(심익섭, 2000:10). 이에 대해서는
다음 항에서 상세하게 살펴보고자 한다.

둘째, 지방외교정책의 목표가 되는 "지역의 이익"에 대해 살펴보
면, 여기에서 지역의 이익이란 "지역산업의 발전과 지역주민의 삶의
질 향상"으로 요약해 볼 수 있다. 국가의 외교정책목표는 당연히 국
가의 이익을 추구하는 것이며 그 구체적 이익이 무엇인가에 대해서
다소 논란은 있지만 대체로 "국민의 신체적 안전(physical safety),
물질적 번영(material well-being), 정치적 환경의 보전(political envi
ronment), 국민적 단합(national cohesion)" 등을 들고 있다(김기정,
1996:98-99).

우리가 관심을 갖고 있는 지방외교도 초기에는 민간외교와 문화교
류 등 국제적인 선린우호관계에 초점을 맞추었으나 점차 무역, 원
조, 정치 등으로 관심의 폭을 넓혀 왔으며 최근에는 지역의 이익과
국제적 공동관심사에 대해서는 제한 없이 그 대상으로 하고 있다.
즉 단순한 친선, 문화교류 차원만이 아니라 산업경제와 기술협력,
정부와 지방자치단체 간의 보완관계, 생활환경과 지역사회복지 차
원의 협조관계 등 거의 모든 국가적 관심사를 지향하고 있다.(심익
섭, 2000:10) 또한, 지방외교정책은 지방 차원에서 세계 여러 나라의
다양한 계층과의 교류와 협력을 통해 지역사회 전반의 국제화는 물
론 국제사회에 대한 주민들의 인식과 이해를 촉진시켜 지역사회의
발전과 더 나아가 세계평화에 기여함을 목적으로 하고 있다. 즉 상
호간의 교류와 협력을 통하여 선린우호관계의 증진뿐만 아니라 사람
(people), 정보(information), 우수사례(best practice), 아이디어(idea)
등의 교환을 통한 각각의 역량강화를 위해서도 국제교류는 매우 유
용한 생존전략이 되고 있다.

셋째, '외국이나 외국인과 관련된 활동'이란 지방정부가 자국의 영토 밖에서 지역의 이익을 위해 외국정부나 지방정부는 물론 여러 국제기구와의 관계하에서 행하여지는 각종 교류·협력 활동 및 국제통상 활동은 물론, 지역 내에 거주하거나 당해 지역을 방문하는 외국인들을 위한 제반 활동 등을 말한다. 즉, 국가의 외교정책은 자국의 영토 밖에서 행해지는 각종 외교 활동에만 관심을 갖지만, 지방외교정책은 국외는 물론 당해 지역 내의 외국인을 위한 각종 활동도 포함하는 것이 특징이라고 할 수 있다. 왜냐하면, 지방행정이 생활행정인 동시에 종합행정으로서의 특징을 가지고 있는 것과 마찬가지로 지방정부에 의해 수행되는 지방외교도 생활외교와 종합외교로서의 특징을 가지고 있기 때문이다.

[그림-1] 외교 주체의 다원화

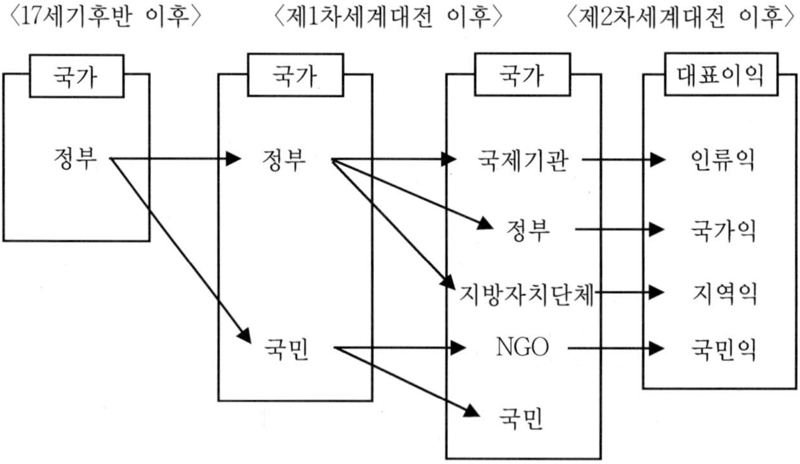

<17세기후반 이후>   <제1차세계대전 이후>   <제2차세계대전 이후>

국가	국가	국가	대표이익
정부	정부	국제기관	인류익
		정부	국가익
		지방자치단체	지역익
	국민	NGO	국민익
		국민	

자료: 吉田 均, 2001:5

3) 지방외교정책과 관련된 용어들의 제 개념과 상호 관계

지방외교정책의 개념을 정의하면서 이와 관련된 용어들의 정확한 개념과 상호 관계를 명확히 해 둘 필요가 있다. 첫째, 가장 혼란을 겪기 쉬운 용어로서 그동안 우리가 중점을 두어 왔던 "국제화(internationalization)"와 "세계화(globalization)"라는 용어의 명확한 개념과 "지방외교정책"과의 관계에 대해 살펴볼 필요가 있으며,

둘째, 대부분의 지방자치단체의 국제 활동에 관한 연구자들이 관심을 가졌던 지방자치단체 간 "국제교류와 협력"이 우리가 여기서 논의하고 있는 지방외교정책과 어떻게 다른가를 명확히 해 둘 필요가 있다.

(1) 국제화, 세계화와 지방외교정책

국제화와 세계화라는 용어에 대해서 [표-2]에서 보는 바와 같이 다양하게 정의하고 있으나 국제화가 "개인이나 조직 또는 국가가 다른 나라의 개인이나 조직, 국가와의 거래를 통해 국제사회에 효과적으로 대응해 가는 총체적 과정"이라면 세계화는 "전 세계를 하나의 지구촌으로 보고 한 국가나 지역이 세계 공동체의 일원으로서 개방된 국제사회에 동참하는 것"으로써 국제화보다는 상위의 개념이며 보다 적극적인 개념이라고 하면서, 국제화의 진전이 곧 세계화의 진전이라는 의미에서 양자의 관계는 상호 보완적이라는 데 대체로 동의하고 있는 것 같다.(조정임, 1998:9; 김종학, 1997:6-7; 강신일, 1997:8; 우동기, 1995:3)

36

[표-2] 국제화 세계화에 대한 개념정의

> **국제화(internationalization)**
> ▷ 국민국가의 존재를 전제로 하고, 이들 사이의 관계를 기초로 하여 국가의 발전과 국제협력이 증진되어 가는 과정(변창구, 2000:23)
> ▷ 고유의 아이덴터티를 갖는 국민 내지는 민족이 가장 마찰이 적은 방식을 통하여 국제적으로 대응해 나가는 과정(강형기, 1999:14)
> ▷ 물건, 돈, 정보, 사람 또는 이들을 전체로 보는 문화 등이 국경을 넘어서 왕래하는 것이 늘어나는 현상(윤정석, 1995:26-27)
>
> **세계화(globalization)**
> ▷ 기존의 민족국가의 개념을 초월하여 전 인류, 전 지구적 수준에서 경쟁과 협력을 통하여 통합이 이루어져 가는 과정(변창구, 2000:23)
> ▷ 전 세계적인 상호 연결의 확장, 심화, 가속화(the widening, deepening, and speeding up worldwide interconnectedness)(장성호, 2005:102-103)
> ▷ 자본, 노동, 상품, 기술, 정보, 이미지, 환경이 주권과 국경의 벽을 넘어서 조직, 교환, 조정되고 있는 현상(박광기, 2003:107)

그러나 국제화와 세계화를 보다 분명하게 구분하기 위해 개념적 차이점을 표로서 정리한 것이 [표-3]이다.

[표-3] 국제화와 세계화의 개념 차이

구 분	국 제 화	세 계 화
주 체	각 국가	세계인 모두
이념과 목적	국제간에 있어서 국력신장을 통한 협력과 경쟁력 강화	인류사회의 평화와 번영과 복지 향상
상호 관계	국경을 전제로 한 국가 간의 관계	국경과 국가단위를 초월한 각 정부 간 또는 민간 간의 관계
추구 대상	국내의 법·제도·관행의 개혁, 대외협상능력의 제고 등을 통한 국제적 경쟁과 협력의 증진	세계시민으로서의 사고방식과 행동양식을 가져 세계사회의 구성원으로 협력·교류하여 평화와 번영과 복지를 이룩하는 방안을 공동으로 추진하는 것.

자료: 조문부, 1995:10

[표-3]에서 보는 바와 같이 국제화와 세계화는 주체나 이념과 목적, 상호 관계 및 추구대상이 상이하다는 것을 알 수 있다.

국제화와 세계화의 개념을 위와 같이 정의할 때, 국제화와 세계화는 당연히 지방외교정책의 지향점이 된다. 즉 국제화는 수단적 측면에서 그리고 세계화는 지방외교정책의 보다 차원 높은 정책 지향점으로서의 의미를 가진다고 볼 수 있다. 즉 지역을 국제화시켜서 이를 바탕으로 지역의 경쟁력을 높이고 나아가 세계 지구촌 시민의 일원으로서 인류의 공동번영과 평화에 기여하는 것은 지방자치단체의 외교 활동이 추구해야 할 이념이자 목표인 것이다.

(2) 지방자치단체의 국제교류협력과 지방외교정책

그동안 대다수의 지방자치단체 국제 활동에 관한 연구는 주로 지방자치단체 간의 국제교류를 대상으로 이루어져 왔다. 지방자치단체에 있어서의 국제교류란 "지방자치단체가 외국의 지방자치단체 내지는 지역과 항상적 또는 단발적으로 인적 또는 문화적으로 교류하는 것"(강신일, 1995:9) 또는 "지방자치단체가 주체가 되는 인간, 자본, 정보의 국가 간의 흐름"(하영수, 1996:12) 등으로 정의하는가 하면, 보다 구체적으로 국제교류란 "인종, 종교, 언어, 체제, 이념 등의 차이를 초월하여 개인, 집단, 기관, 국가 등 다양한 주체들이 각각의 우호, 협력, 이해증진 및 공동이익 도모 등을 목적으로 관련 주체 상호간에 공식 비공식적으로 추진하는 대등한 협력관계(cooperative relation)"(행정자치부, 2001:18)로 정의되기도 한다. 즉 "국제교류란 한 나라의 지방자치단체가 대등한 위치에서 외국의 지방자치단체 또는 지역과 다양한 분야에서 인간, 자본, 정보 등을 상호 교류하는 것"으로 정의할 수 있다. 국제교류를 이렇게 정의할 때, 지방자치단체의 국제교류 활동은 당연히 지방외교정책의 중요한 영역이며 관심분야인 것이다. 다만 그 차이점을 살펴보자면 국제교류는 지방외교정책의 한 분야일 뿐 그 자체가 지방자치단체의 외교정책은 아니라는 것이다. 사실 그동안의 많은 연구가 지방자치단체의 국제 활동을 정책 차원에서 분석하는 것이 아니라 단지 하나의 "사업" 내지는 "행정현상"으로 다루어 온 것이 사실이다. 이는 지방자치단체의 자치권이 신장된 것이 비교적 최근의 일이기 때문이기도 하지만 외교는 아직도 중앙정부의 전유물이라는 전제하에 지방자치단체의 국제적 활동을 소극적이고 제한적으로 파악해 온 우리나라의 특수한 사정에서 비롯된 것이다.

그러나 세계가 급속히 세계화·정보화·지방화되는 추세에 대응하기 위해서는 지방자치단체의 국제 활동도 국가 차원의 외교 활동과 같이 중요한 정책 활동으로 인식하여 종합적인 분석이 이루어지고 지속적으로 보완되어야 한다. 결론적으로 국제교류는 지방외교정책의 중요한 분야로서 지방자치단체의 외교정책을 구성하는 일부분이 되고 있다.

2. 지방외교정책의 특징

지방외교는 외교의 추진 주체가 지방자치단체라는 것 외에도 국가단위에서 이루어지는 외교와는 그 내용과 성격 면에서는 물론, 추구하는 목표와 이념, 수단 등에서 매우 다른 특징을 가지고 있다.

이를 표로서 정리해 보면 [표-4]와 같다. [표-4]에서 보는 바와 같이 가장 큰 차이점은 국가 차원의 외교는 경제력이나 군사력 등을 바탕으로 외교적 협상에 의해 이루어지는 "힘의 외교"인 데 반해, 지방 차원의 외교는 지역 간의 상호 신뢰를 바탕으로 양 지역 간의 우의증진과 공동발전을 추구하는 "마음으로부터의 외교"라는 것이다.

[표-4] 국가 차원의 외교와 지방 차원의 외교

구 분	국가외교	지방외교
주 체	국 가	지방자치단체(시민단체 · 시민)
목표와 이념	안보와 평화유지 등 국가이익	지역 간 우의증진과 공동발전 등 지역의 이익
수 단	경제력 · 군사력 등을 바탕으로 한 외교적 협상	상호 신뢰를 바탕으로 한 교류와 협력

지방외교는 오히려 지역주민의 "순수한 힘"으로 군사력이나 경제력과 같은 물리적 힘을 없애려고 하는 데 그 특징이 있다(市岡正夫, 2000:210). 지방자치단체에 의해 추진되는 외교정책 역시 이러한 특성을 그대로 반영하고 있다고 볼 수 있다.

[표-4]에서 보는 바와 같이 가장 큰 차이점은 국가 차원의 외교는 경제력이나 군사력 등을 바탕으로 외교적 협상에 의해 이루어지는 "힘의 외교"인 데 반해, 지방 차원의 외교는 지역 간의 상호 신뢰를 바탕으로 양 지역 간의 우의증진과 공동발전을 추구하는 "마음으로부터의 외교"라는 것이다.

지방외교는 오히려 지역주민의 "순수한 힘"으로 군사력이나 경제력과 같은 물리적 힘을 없애려고 하는 데 그 특징이 있다(市岡正夫,

2000:210). 지방자치단체에 의해 추진되는 외교정책 역시 이러한 특성을 그대로 반영하고 있다고 볼 수 있다.

그 특징을 보다 구체적으로 살펴보면, 첫째 국가 차원의 외교정책은 국가의 안보와 번영 등 국가 차원의 안위와 이익을 추구하기 때문에 당연히 국가 간의 이념과 종교, 체제, 국가 간 이해관계 등에 따라 달라질 수밖에 없으며 그 바탕에는 경제력, 군사력, 국민적 통합력 등 힘이 바탕이 되는 외교수단에 의해 추진되는 데 반해, 지방외교정책은 국가 간의 이해와 이념을 초월하여 지역 간의 우의와 신뢰를 바탕으로 추진되는 외교로서 지역 간의 공동발전과 우호증진을 목적으로 하고 있다.

둘째, 지방 차원의 외교는 국가나 체제가 다른 것을 뛰어넘어 시민의식의 공통기반 위에 전개되는 것으로서 상호 피부감각을 확인하면서 공통의 도시정책, 공통의 공공정책을 풀어나가는 것이다(松下圭一, 1998:24). 따라서 지방외교는 풀뿌리(grass-roots)의 시민외교, 비정부조직(Non Governmental Organization: NGO), 비영리조직(Non Profit Organization: NPO), 자원봉사조직과 개개인과의 연대를 일층 깊게 하면서 지금까지 이상으로 광범위한 활동이 필요하게 되었다(市岡正夫, 2000:207).

셋째, 지방 차원의 국제교류는 단순히 국가 차원의 국제교류를 보완하는 것이 아니고 인적 교류, 문화교류, 지역경제교류 측면에서 기대되는 목적에 맞추어 독자적이고 새로운 방법으로 시도되는 것이다(황정홍, 1998:14).

넷째, 지방외교정책은 국가외교정책에서는 달리 표출될 수 없는 의견들을 들을 기회를 제공하며(안성호, 1998:233), 외교정책의 공개를 유도해 실무자들의 책임성을 높일 수 있고, 지역 단위 외교로서 다양한 계층의 시민참여를 통한 창의성을 활용할 수 있다.

다섯째, 지방마다 유리한 여건을 더욱 특성화함으로써 무한경쟁시대의 전략무기로 개발할 수 있다는 것이다. 어디까지나 지방을 국제화하는 참뜻은 빗장을 풀고 외제상품이 들어오게 하는 것이 주가 아니라 우리의 것, 우리의 특화상품, 특화서비스, 특화프로젝트를 개발하여 해외로 진출하는 것이어야 한다고 볼 때, 국제화가 진전되면 될수록 오히려 다양한 여건과 특성을 살려내야 하는 지방의 책임이 더욱 커지게 된다(백성운, 1994:93).

여섯째, 지방자치단체는 주민이 직접 접촉하는 가장 가까운 정부이기 때문에 세계 여러 지역과의 교류를 통하여 상하수도와 보건, 교육과 지역개발, 행정시스템 등 주민생활을 지원하고 향상시키는 데 필요한 노하우와 기술, 인재를 풍부하게 확보하여 세밀하게 제공함으로써 국익의 벽을 초월한 지방 차원의 사회개혁을 실현시키고 중앙정부 차원에는 없는 새로운 세계평화에의 처방이 가능하다(일본인터넷 자료 ⑬, 2002:1).

또한, 영세 중소기업의 경쟁력 강화에 대한 대책은 지방정부가 보다 효율적으로 수행할 수 있다는 점이다. 즉, 중소기업은 종류도 다양하고 경쟁력 수준도 천차만별인 만큼 개별적이고 구체적이며 탄력적인 대응이 필요한데, 이에 대해서는 지방정부가 더욱 기민하게 손을 쓸 수 있다는 것이고, 정부에 의해 기업 등에 지원되는 보조·지원을 둘러싸고 점차 국가 간에 마찰이 첨예하게 대두될 소지가 있는데 이러한 마찰을 상대적으로 우회·회피하는 데 용이하다는 점이다(백성운, 1994:93).

일곱째, 환경, 군축, 평화와 지역활성화 등에 대하여 지방자치단체가 지역사회 수준에서 국제적 네트워크를 구축하여 현대사회의 다양한 문제에 관한 여론을 형성함으로써 국제사회에 있어서 국익의 충돌을 완화하고 국가의 독주를 억제시켜 포괄적 안전보장을 높일 수 있다(富野暉一郎, 1997:4).

3. 지방외교정책의 논거

앞서 설명한 바와 같이 외교는 전통적으로 국가의 전유물로서 국가만이 주체가 될 수 있었다. 1648년 웨스트팔리아 협약에 따라 근대 국제체제가 등장한 이래 외교는 국가주권의 상징으로서 국가라는 창구를 통해서만 이루어지는 것으로 비정부조직(NGO)을 비롯한 시민사회 행위자들은 별도의 대외관계에 임할 수 없다는 것이다. 지방정부 역시, 외교 활동은 국가존립과 관련된 사무로서 철저히 배제되었다. 이러한 시각에서는 지방외교정책이 성립될 여지가 없는 것이다. 그러나 교통통신 수단의 발달과 동·서 냉전체제의 붕괴, 자유무역을 지향하는 새로운 국제경제체제의 등장 등 새로운 국제질서의 형성과 함께 민주화와 지방정부의 자율성이 신장되면서 외교의 주체가 지방정부는 물론, 비정부조직, 시민단체 등으로 다원화되고, 외교의 영역도 종전의 군사안보 위주에서 경제안보·생태안보·사회안보 등으로 다양화되고 있다. 그러나 아직까지 외교에서 국가 이외의 주체를 인정할 것이냐 하는 문제는 많은 논란의 대상이 되고 있으며 그 나라의 민주화 정도, 시민사회의 성숙도, 중앙과 지방정부 간 관계의 특성에 따라 국가별로 많은 차이를 보이고 있다. 다만, 공통적인 현상은 외교 주체로서의 인정 여부와 관계없이 지방정부의 국제

활동이 양과 질 면에서 급속히 성장하고 있으며, 시민단체들도 범지구적인 문제에 대해 국제적 연대 활동을 증가시켜 가고 있다.

이제 어떤 형태로든 외국과 교류하지 않는 자치단체는 없으며 국제교류와 협력이 지역산업의 발전과 주민의 삶의 질을 향상시키는 중요한 수단이 되고 있다. 따라서 여기에서는 지방외교정책이 논의되는 이론적 근거를 체계적으로 정리해 보고자 한다. 이에 대하여 학자들에 따라서 여러 가지 견해들이 제시되고 있으나 대체로 동·서 냉전체제의 종식과 새로운 국제체제의 형성, 국가주권의 영향력 감소, 환경문제 등 지구규모의 문제 발생 등 국제사회의 변화(윤설현, 1996:6-12)와 국내의 변화로서 지방자치제 실시, 경제발전과 교역량의 증대, 주민의 국제적 감각과 역량의 증대 등을 들고 있다. 본 연구에서는 우선, 국제관계론적 측면에서 국제체제를 인식하는 관점의 변화에 따라 외교정책의 추진 주체가 어떻게 변화되어 왔는지를 검토하고, 둘째, 국내 정치구조와 관련하여 중앙정부와 지방정부 간의 관계 측면에서 변화된 모습을 통해서, 셋째로는 세계화의 진전에 따른 정책 환경의 변화와 대응 측면에서 지방외교정책의 이론적 근거를 살펴보고자 한다.

1) 국제관계의 패러다임 변화

국제체제를 어떻게 인식하느냐 하는 문제는 학자들 간에 다소 이견이 있긴 하지만 크게 현실주의와 자유주의, 그리고 다원주의로 구분해 볼 수 있다. 현실주의는 국제사회를 무정부상태로 가정하여 국가 중심의 군사안보외교에 역점을 두어야 한다는 입장이고, 자유주의는 국제적 합의와 경제적 상호 협력, 그리고 민주적 절차에 의해 공존과 평화의 해법을 구할 수 있다는 입장이며, 다원주의는 국제사회에 다양한 행위자를 인정하고 다양한 범주의 외교 분야를 인정하는 입장에 서 있다. 또한 국제체제의 행위 주체를 어떻게 인식하느냐에 따라 국가 중심이론, 세계공동체이론 및 양자간의 조화를 강조하는 이론(박하일, 1999:105-114)으로 나누어 볼 수 있다. 이를 좀더 상세히 살펴보면 다음과 같다(문정인, 1999:94-101).

(1) 웨스트팔리아 체제와 현실주의: 무정부상태, 국가 중심이론

근대 국제체제의 등장은 1648년 웨스트팔리아 협약에 따른 것이라 할 수 있다. 웨스트팔리아 협약에 의거한 국제체제는 다분히 현실주의적 성격을 띠고 있다. 그리고 이러한 현실주의적 패러다임이 지난 4세기 동안 국제정치이론의 주류를 형성해 왔을 뿐 아니라 각국의 외교정책도 그에 준하여 다루어져 왔다. 기존의 웨스트팔리아 체제는 몇 가지 가정하에서 운용·유지되어 왔다. 그 첫째 가정은 국가주권2)의 최고 우선이다. 국제관계를 설명할 때 국가를 가장 중요한 행위자로 간주하는 것이다. 즉, 국제체제는 다양한 국가들로 구성되어 있는 합이며 그 외의 다른 행위자들은 본질적으로 허용되지 않는다는 것이다. 따라서 외교는 국가라는 창구를 통하여서만 이루어지는 것으로 비정부조직(NGO)을 비롯한 시민사회 행위자들은 별도의 대외관계에 임할 수 없다는 것이다. 이 국가 중심적(state-

---

2) 주권의 주체로서의 국가(즉 주권국가)의 개념을 성립시킨 것은 「국제법의 아버지」라 불리는 네덜란드 법학자 구로티우스(Grotius, Hugo)였다(高田化夫, 1999:128).

centric) 사고는 기존 국제정치이론의 중심 가정으로 자리잡았다 (이병희, 1995:159-174).

두 번째 가정은 국제체제의 '무정부(anarchy)적 성격'이라 할 수 있다. 웨스트팔리아 체제하에서 독보적 존재는 국가이다. 각 국가는 자국이익의 극대화를 위해 노력한다. 그 과정에서 나타난 것은 바로 Thomas Hobbes가 말하는 "만인의 만인에 대한 투쟁"현상이다.

세 번째 가정은 무정부 상태하에서 국가생존을 유지하기 위해서는 군사안보에 역점을 두어야 한다는 것이다. 효과적인 국가안보태세를 견지하기 위해서는 주변 안보환경에 대한 적절한 위협평가, 앞으로의 전쟁에 대비할 수 있는 전략과 전술, 그리고 그에 부응하는 군사력·전력구조·무기체계·군사배치 등을 갖추어야 한다는 것이다. 특히 여기서 중요한 것은 군사력의 극대화이다. 외세의 위협으로부터 한 국가의 영토와 주권을 보호하기 위해서는 그에 걸맞은 군사력은 필수적 조치라는 것이다.

마지막으로 현실주의 시각은 동맹관계를 강조한다. 어느 국가도 자체의 힘만으로 무정부상태하의 국제체제에서 살아남기 어렵다. 이러한 현실주의적 가정과 처방에 따르면 외교정책의 성격과 구조는 쉽게 규명할 수 있다. 즉, 외교정책이란 한 국가의 주권과 영토를 보호하기 위해 그 수단으로서의 국력을 보장하고 효과적인 동맹관계를 구축하는 것이라 정의할 수 있다(김달중, 1999:94-96). 국제사회가 이렇게 국가 중심적 이론을 벗어날 수 없는 이유는(박하일, 1999:105-107), 첫째, 국제사회에 국가 이외의 행위자가 존재했던 일은 16세기 이후 오늘날까지 계속된 현상이며 조금도 새로운 것이 아니라는 것이다. 예를 들면 로마교회라든가 개신교조직 등은 오랫동안 유럽의 국제사회에서 독립적인 국제행위자로 존재해 왔으며, 이러한 현상은 예나 지금이나 동일하다는 것이다. 따라서 오늘날 국가 이외의 국제정치 행위자가 다양하게 존재한다고 해서 국가 중심체제가 변질될 것으로 판단해서는 안 된다는 것이다. 둘째, 현재 국제사회에서 국제기구[3]들은 국가 중심적 국제사회를 변질시킬 만한 영향력을 발휘하고 있지 못하다는 점이다. 대부분의 국제기구들은 회원국가에게 강제적으로 명령할 수 있는 권한을 가지고 있지 못하며, 오히려 회원국가들의 요구와 희망에 따라 국제기구의 활동이 이루어지거나 제한되고 있다는 것이다. 셋째, 오늘날 국제사회의 다국적 기업들은 범세계적 차원에서 생산 활동을 수행하고, 분배체제를 형성함으로써 국제사회를 통합시키는 성향을 보이고 있으나, 아직 국가 중심적인 국제구조를 변형시킬 만한 역량을 가지고 있지 못하다는 것이다. 넷째, 오늘날 국제사회는 상호 의존관계가 심화되었다고 하나, 국가 간 정책결정과정이 의존되어 있다가 보다 주권국가의 독립적 정책결정 능력이 증대된 상태에서 상호 의존관계가 심화되어 있다는 것이다.

결론적으로 오늘날과 같이 다양하고 복합적인 국제환경에서도 국가 중심적 국제구조는 여전히 변함없이 유지되고 있다는 것이다. 국가 중심이론에 의하면 국제관계는 주권을 가지고 있는 국가를 중심으로 개별적인 국가이익을 추구하는 과정이며, 이들 국가들은 군사력이라는 강제력에 의하여 상호간의 관계가 뒷받침되고 있다는 주장이다. 그러나 대외관계에 있어서 국가 중심적이며 안보 위주적인 힘의 분석에 역점을 둔 현실주의는 국가 이외의 외교행위자의 다양화, 힘의 복합성, 그리고 안보 위주의 군사력보다 복지의 중요성이 부각되면서부터 점차 외교정책결정의 국내 정치과정과의 연계성 문제를 다루는 새로운 패러다임의 도전을 받게 되었다(오기평, 1994:74-75).

---

3) 국제기구에 대해서는 윤영관 외(1996). "국제기구와 한국외교". 민음사 참조.

(2) 상호 의존과 필라델피아 체제의 등장: 세계 공동체이론
(The World Community Paradigm)

국제정치체제는 1970년대 초반을 기점으로 서서히 변화해 왔다. 그 변화의 맥은 웨스트팔리아 체제에서 필라델피아 체제로의 전환에서 찾아볼 수 있다. 여기서 필라델피아 체제라 함은 미합중국 생성에서 찾아볼 수 있듯이 국제체제는 국제적 합의와 경제적 상호 협력, 그리고 민주적 절차에 의해 공존과 평화의 해법을 구할 수 있다는 것을 의미한다. 이 새로운 체제의 핵심은 상호 의존 증대에서 찾아볼 수 있다. 바꾸어 말하면 국가 간의 경제적, 환경적, 사회·문화적 상호 의존의 증대는 인위적 장벽을 와해시키고 새로운 국제관계의 동학을 배태시키고 있다는 것이다. 즉, 현실주의적 시각과는 대조적으로 필라델피아 체제에 기초한 자유주의적 시각은 다음 몇 가지 기본가정을 전제로 설정하고 있다. 그 첫째 가정은 국제정치의 기본단위는 국가주권(state sovereignty)이 아니라 인민주권(popular sovereignty)이라는 것이다. 즉, 국제체제란 국가라는 기본단위로 구성되어 있는 것이 아니라 거미줄(cobweb)처럼 사람과 사람, 집단과 집단, 그리고 국가와 국가 간의 관계로 엮어진 국제사회적 성격을 강력히 띠고 있다는 것이다. 따라서 국제관계에 있어서 국가는 절대적 행위자가 아니라 여러 행위자 중에 하나이며 국가 간의 관계를 결정짓는 외교 역시 그 창구가 국가기관으로 단일화될 수 없다고 본다. 특히 비정부조직(NGO)들이 국제정치의 중요 행위자로 부각된다. 즉, 다양한 행위자에 의한 복합적인 접촉이 이루어지고 있다(박하일, 1999:108)는 점을 강조하고 있다.

두 번째 가정은 국제관계를 꼭 무정부적 상태로 규정할 수 없다는 것이다. 모든 인간은 선하게 태어났고, 선하게 태어난 인간들을 위해 구성되고 운영된다. 이러한 정부는 민주적일 수밖에 없고 민주적 정부는 평화와 번영을 위한 국제적 협력을 손쉽게 가능케 한다. 따라서 국제적 협의와 합의를 통해 도출된 일련의 규범·원칙·규칙·정책 결정자들은 국가 간의 협력을 도모해 주고 무정부적 상태의 고착화를 구조적으로 억제·방지해 주는 것이다. 오늘날 국제협력과 평화가 구축되지 않는 것은 비민주적 정권들이 팽배해 있고 이들이 체제안보와 같은 국내 정치적 목적을 위해 대외관계를 악용하고 국제체제를 부정·왜곡하는 데 있다고 진단한다.

세 번째 가정은 국가 핵심가치의 위계질서에 대한 재평가이다. 기존의 현실주의 시각은 주권과 영토의 보호라는 국가생존을 모든 나라의 가장 핵심적 가치로 규정하고 있다. 그리고 경제문제를 포함한 다른 가치들은 생존을 위한 보조수단으로 파악하고 있다. 바꾸어 말하면, 생존을 위해 군사력은 필수적이며 군사력 증강을 위해 경제발전과 산업화가 선행, 또는 병행되어야 한다고 보았던 것이다. 그러나 자유주의 시각은 이와 같은 국가가치의 우선순위 설정에 회의적 입장을 표명한다. 일부 국가에 있어서는 외부의 위협으로부터 주권 및 영토보전이라는 것이 중대한 국가안보 사안이 될 수 있지만 대다수의 국가에 있어서는 군사안보보다는 번영·복지·고용 등 경제적 가치의 확보가 더 핵심적인 목표로 부각될 수 있다는 것이다. 특히 탈냉전의 국제관계에 있어서는 군사안보보다 경제적 번영, 민족의 정체성(identity)의 확립·보존, 그리고 사회적 안정과 생태적 안정이 더욱 민감한 안보사안으로 등장하고 있다고 본다.

네 번째 가정은 국력평가에 대한 가치기준의 변화이다. 전통적으로 국제정치에 있어서 '힘'은 행태적 개념으로 파악되어 왔다. 바꾸어 말하면 B라는 국가로 하여금 B의 의지에 반하여 A가 원하는 방향으로 그 형태를 수정·유도하는 능력으로 이해되어 왔다. 이러한 행태적 힘(behavioral power)은 곧 강압적 능력(coercive capability)으로 파악될 수 있고, 이는 군사력 강화에 의해 성취될 수 있는 것이다. 그러나 상호 의존적 국제사회의 등장은 이러한 절대 강압적 힘의 투사능력에 본질적 제약을 가하고 있다. 오히려 국제체계의 구조를 바꾸어 자국에 유리한 레짐을 구축할 수 있는 구조적 힘, 유엔 등 국제기구에서의 전략적 위상구축을 통하거나 국제여론의 환기를 통해 자국의 이익을 극대화시키는 의제설정능력(agenda setting power) 등이 대안적 힘으로 등장할 수 있다는 것이다.

　마지막으로 자유주의 시각은 세력균형이 국제관계의 중심 개념이 될 수 없다고 주장한다. 최근 WTO, APEC, CSCE 등의 활동에서 찾아볼 수 있듯이, 배타적 군사동맹의 지평을 넘어선 다자주의적 협력을 통한 평화·번영의 국제관계구축이 가능하다는 것이다. 뿐만 아니라 경제·생태·사회 분야에 있어서의 안보구축은 다자간 협력을 통해서만 가능하기 때문에 기존의 세력균형 논리는 그 적절성을 상실해 가고 있다는 것이다.

(3) 패러다임의 변화와 외교정책의 다중화: 국가중심론과 세계공동체론의 조화

'웨스트팔리아' 체제에서 '필라델피아' 체제로의 국제정치 패러다임의 변화는 외교정책의 구조와 성격에 본질적인 전환을 수반하고 있다.

특히 탈냉전에 따른 국가핵심가치의 경직된 위계질서의 완화는 군사안보 이외의 다양한 정책사안을 대두시켰다. 군사안보 못지않게 경제안보·생태안보·사회안보, 더 나아가 민족적 정체성을 강조하는 정체성의 안보까지 새로운 현안으로 등장하고 있다. 이는 정치·군사적 측면을 중심으로 양극화된 국제체제에서는 극구조 내에서의 의사소통이 주로 쌍무 관계를 중심으로 이루어졌으나, 다원화되고 다변화된 체계에서는 다자적 관계의 형성이 필요해졌음을 의미하기도 하는데, 그 양상은 기존의 국제기구의 강화, 또는 새로운 국제기구의 창설노력으로 나타나거나 범세계적인 문제들에 대해 새로운 특정체제(regime)들을 지속적으로 구축하는 일련의 움직임으로 구체화되고 있다. 또한 이러한 양상은 지역 단위에서의 다자 노력의 강화로도 이어지고 있는데, 최근 이러한 움직임은 지역 내 협력(intra-regional cooperation)에 국한되지 않고 지역 간 협력(inter-regional cooperation)으로 확대되고 있다. 이에 따라 국제관계에 있어서도 종래 국가 대 국가의 관계가 중시되는 차원으로부터 점차 지역 간 관계가 새로운 분석의 틀로서의 의미를 지니게 되는 방향으로 변화가 초래될 것으로 전망되기도 한다 (이동휘, 1997:25-63).

현대 국제사회가 노정하고 있는 특징을 요약해 보면, 첫째, 국제사회에서 독립적으로 활동하는 행위자의 수가 급속도로 증가하고 있다 (diversification of actors). 그리고 이들 행위자 상호간의 관계는 복잡하고 다양하다. 국가와 국가 간, 국가와 비정부단체 간, 비정부단체 상호간 다양한 접촉이 진행되고 있는 것이다. 비정부 차원의 국제회의나 국제기구들도 정부기관과 아울러 긴밀한 관계를 형성하고 있고 국제경제기구들도 독립적인 역할을 수행하고 있다(박하일, 1999:112). 즉, 국가만이 유일한 외교 주체라는 현실주의적 사고로부터 탈피하여 국

가와 지방정부는 물론, 비정부기구와 시민단체까지도 외교의 주체가
될 수 있다는 보다 개방되고 다원화된 시각으로 변화되었다(高田化夫,
1999:138-139).

둘째, 군사동맹이나 경제협력 등 많은 국제적 활동들이 국가의 경
계선을 초월하여 시행됨으로써 국가의 영토개념이 약화되고 있다
(transnationalization). 다국적 기업에 의한 국제적 활동도 범세계적
으로 생산과 소비를 촉진시켜 국가 경계선의 의미를 퇴색시키고 있
는 것이다(박하일, 1999:112).

셋째, 반면 국내 정치적 통제능력이 배가되고 있다(domestication).
국제화의 심화로 국가 간 경계선이 점차 의미를 잃어가고 있으나 동
시에 개별 국가의 통제능력은 증대되어 국가 내부적 결속력을 강화
시키고 있다. 민족주의가 계속 강화되고 국가를 중심으로 한 현대화
과정이 진행되면서 국가단위의 통제능력도 증대되고 있는 것이다.
따라서 국제사회는 하나의 단위로 통합되는 경향과 함께 개별 국가
의 권한과 능력이 강화되는 이원적 성향을 나타내고 있는 것이다.

넷째, 외교정책의 주된 관심 영역이 다양화되었다. 앞서 살펴본 바
와 같이 종전의 군사안보 위주의 외교에서 경제·생태·사회안보로
그 영역이 다양화됨에 따라 추구하는 이익도 다양화되어 어느 한 분
야의 노력만으로는 국가이익을 달성할 수 없게 되었다. 그중에서도
특히 경제통상 분야와 환경 분야, 인권 분야가 주된 관심 영역으로
부상하고 있다.

이상과 같이 외교의 주체가 다원화되고 국가 간 경계가 그 의미
를 잃어 가고 있으며, 외교정책의 주된 관심 영역이 다양화됨에 따
라 지방정부도 외교의 주체로서 다양한 영역에서 국제교류와 협력을
통해 지역의 이익을 실현시켜 가고 있다. 지방외교정책은 이와 같은

패러다임의 변화에 그 근거를 두고 있는 것이다.

2) 정부 간 관계의 변화

앞서 논의한 국제관계에 있어서의 패러다임의 변화가 대외적 측면
에서 지방외교정책의 근거를 제공하고 있다면 대내적 측면, 즉 국내체
제에서의 근거는 정부 간 관계의 변화에서 찾아볼 수 있다. 일반적으
로 정부 간 관계(intergovernmental relation IGR)란 "한 나라의 정치
체제 내에 있는 각종 정부(중앙과 지방자치단체) 사이의 관계의 교환
과 결합을 말하는 것으로 중앙정부와 지방자치단체와의 관계뿐 아니
라 지방자치단체 간 등을 통틀어서 말하는 것"이다(배동식, 1995:
151). 정부 간 관계는 정부단위 간의 역동성을 중시하는 특질을 갖고
있어 새로운 행정의 동태적인 측면을 보다 효율적으로 감지할 수 있
다. 따라서 그 나라의 정부 간 관계를 분석해 보면 중앙정부와 지방정
부 간의 기능배분과 통치원리를 파악할 수 있을 뿐 아니라 지방정부의
대외적 자율성과 정책주도 능력을 가늠해 볼 수 있다. 지방외교정책은
지방정부가 주체가 되는 외교 활동에 관한 것이기 때문에 지방정부에
상당한 자율성과 자치능력이 부여되지 않는 한 성립될 여지가 없는 것
이다. 따라서 여기서는 다양한 정부 간 관계 중 중앙정부와 지방정부
간 관계에 한정하여 개략적인 이론모형과 변화과정을 살펴보고 우리
나라에 있어서의 정부 간 관계의 변화를 개관해 보고자 한다.

(1) 정부 간 관계의 개념과 특징

정부 간 관계라는 용어는 다의적이며 여러 차원에서 논의가 진행되고 있다. 이 개념은 그것의 분석수준과 대상 및 접근시각에 따라 다양한 의미가 있을 수 있다. 이를 보다 자세히 살펴보면, 정부 간 관계(inter governmental relation)는 일반적으로 중앙정부와 지방정부 간, 지방정부 간 관계를 의미하는 것으로 이에 대한 개념적 틀을 처음으로 제시한 Anderson(1960:3)의 경우 정부 간 관계를 "연방체계 속의 모든 형태 및 수준의 정부단위 간에 발생하는 활동 혹은 상호 작용체"로서 파악한다. 이를 보다 구체적으로 발전시킨 Wright(1988:13-28)는 정부 간 관계를 주체, 범위 및 체계적 정의를 중심으로 살펴보면서 특징적 요소로 ① 법적 요소로서의 모든 정부단위, ② 인적 요소로서의 공무원의 행위 및 태도, ③ 공무원 간의 일상적 상호 작용, ④ 모든 공무원의 참여, ⑤ 재정 중심의 정책적 쟁점으로 파악한다. Wright가 정의하고 있는 정부 간 관계 개념의 구성요소를 보다 구체적으로 살펴보면 다음과 같다(김천영, 1997:2-4; 정세욱, 2000:23-24).

첫째, 정부단위 측면에서의 정부 간 관계는 모든 관련 정부단위의 참여를 강조한다. 이와 같이 모든 정부를 포괄한다는 점에서 주로 국가와 주정부 간의 관계에 초점을 둔 연방주의와 차이를 보인다. 여기서 모든 정부단위라 함은 국가, 주정부 및 지방정부로서 카운티, 자치시, 타운십, 특별구를 말한다. 그러므로 정부 간 관계는 국가-주정부 간뿐만 아니라 국가-지방정부 간, 주-지방정부 간, 지방정부 간을 의미한다.

둘째, 공무원의 행위 및 태도 측면에서의 정부 간 관계는 정부 간 관계의 행위자에 초점을 두고 실질적인 정부 간 관계의 운용을 강조한다. 엄격히 말해 정부단위 간에는 관계가 존재할 수 없으므로 상이한 정부단위를 관장하는 공무원 간의 관계를 본질적인 것으로 파악한다. 그러므로 공무원 개인의 행위와 태도가 정부 간 관계의 핵심적 요소라고 본다.

셋째, 공무원의 일상적 상호 작용 측면에서의 정부 간 관계는 공무원의 지속적인 상호 관계를 강조한다. 이는 일시적인 것이 아니라 법령이나 법원의 결정에 의해 고정된 규칙적인 특징을 지닌다.

넷째, 모든 공무원의 참여 측면에서의 정부 간 관계는 의사결정에 있어 전체 공무원의 참여를 강조한다.

다섯째, 정책 측면에서의 정부 간 관계는 공무원의 의도, 행위 및 그러한 행위의 결과로 구성되는 정책을 강조한다. 따라서 정부 간 관계의 맥락에서 정책은 모든 공무원 간의 상호 작용에 의해 생겨나는 것으로 간주된다. 이때 정부 간 관계의 정책적 핵심은 재정문제로 나타난다.

여기서는 정부 간 관계를 "한 나라의 정치체제 내에 있는 각종 정부(중앙정부와 지방자치단체) 간의 기능을 중심으로 작용하는 법적·정치적·행정적·재정적 제 관계"로 규정하여 중앙정부와 지방정부 간의 관계를 중심으로 살펴보고자 한다.

(2) 중앙-지방의 관계를 정부 간 관계로 보려는 논거

중앙과 지방과의 관계를 정부 간 관계로 보아야 할 당위적인 근거는 다음 몇 가지 점에 있는 것이다(정세욱, 2000:79-81).

첫째, 자치단체를 「지방정부」라고 보고 중앙과 지방과의 관계를 정부 간 관계로 보려면 정부 개념의 구성요소로서 입법·사법·행정의 삼권을 가지고 있어야 하지만 이와 관련하여 자치단체에 정치적 통치능력을 인정하고 이를 고양하도록 하여야 하는 것이다. 그래서 정부 간 관계로 보아야 하는 이유는 단지 자치단체의 「자치권」 향상을 위해서만이 아니라 지방정부라는 하부구조로부터 통치능력을 향상시켜 국가 전체의 통치능력을 향상시키고자 하는 데 있다. 다시 말해서 지방정부가 정치적 상황을 정비하고 정책결정 능력을 고양시킴으로써 중앙의 집권적 정책결정의 독단성을 견제하고, 중앙의 입법과정에 지방정부의 참여를 인정하게 함으로써 지방의 구체적 실정을 중앙에 반영하고 중앙의 자의를 견제하여 협력 체제를 갖출 수 있게 되는 것이다.

둘째로 지방자치단체를 둘러싼 국내외적인 관계가 변하는 데에 있다. 주민의 신탁에 의한 자치정부의 기능은 자치단체 내부의 변화, 즉 Neighborhood Government를 논의할 만큼 좁은 지역사회의 com munity 수준의 사회적 조직에 자율성을 인정하려는 경향과 외부와의 관계에서는 지방자치단체는 global한 관점에서 타국 지방자치단체와의 관계(local government to local government)나 UN, ILO, WHO, OECD 등 국제기관과의 관계를 형성하고, 시민과 타국 시민과의 관계를 형성하여(people to people), 경제 분야만이 아니라 외교나 국방에까지 영향을 미치는 생활관계를 형성하고 있는 것이다. 물론, 중앙정부는 국제적 협력관계를 목표로 외교기능을 발휘해야 하지만 중앙정부의 외교권은 중앙정부의 권한에 한정되는 것이며, 주민의 실질적 생활을 위한 외국인과의 관계를 지원하여야 한다는 점에서 자치단체의 외교권 자체를 부정할 수는 없는 것이다. 최근에 이르러서는 지방정부는 말할 것도 없고, 각종 기업, 단체, 시민 등 다원적인 주체가 외교의 주역이 되는 「분권외교」를 전개하고 있는 것이다.

셋째로 최근에는 중앙과 지방과의 관계에 있어서 기관위임사무의 개념 자체가 변용되게 됨으로써 기능적인 측면에서 정부 간 관계로 보아야 한다는 것이다. 1980년대 선진제국이 직면한 경제위기에 대처하여 공공지출의 적자확대를 비판하여 등장한 것이 「신보수주의」적 제 정책이었는데, 이와 관련하여 기관위임사무의 개혁이 불가피하게 된 것이다.

(3) 정부 간 관계의 유형

정부 간 관계는 학자에 따라 여러 가지 유형으로 구분하고 있으나 여기서는 지방정부의 자율성과 정책 주도권이 확보되는 여건으로서의 정부 간 관계를 규명하고자 하는 것이므로 정부단위를 중심으로 중앙의 논리와 지방의 논리, 그리고 정부단위 간의 관계를 중심으로 한 관계의 논리로 구분하여 설명한 김천영 교수의 논문을 참고하여 살펴보고자 한다(김천영, 1997:93-117).

① 중앙의 논리(제1의 논리): 수직적 통제 관계 모형

㉮ 중앙의 논리의 특질

중앙의 논리는 중앙정부라는 개체를 중심으로 나타나는 힘의 작용을 일컫는다. 이는, 집권적 속성, 효율지향성 및 하향식 전통이 강하며 그 본질은 지방의 자치적 결정을 하기보다는 중앙의 지배(central domination)에 있다. 이러한 지배의 논리는 긴장관계를 본질로 삼는

다. 중앙의 논리의 철학적 배경은 벤담주의의 중앙집권주의(Bent ha mite centralism)에서 찾을 수 있다. 벤담주의의 중앙집권적 시각은 지방정부를 정책형성의 주체로 인식하기보다는 중앙에서 결정한 정책을 집행하는 수단으로 파악한다.

이렇게 볼 때 오늘날의 중앙집권은 그 시원을 벤담의 철학사상 속에서 찾을 수 있다. 따라서 중앙의 논리는 그 속에 공리주의의 사상적 배경을 담은 힘의 작용이라 할 수 있다. 공리주의는 효용성의 극대화원칙에서 출발한다. 이 원칙은 합리적 선택모형에 초점을 둔다. 이러한 경제적 합리주의를 지향하는 공리주의의 사상은 행정관리에도 동일하게 적용될 수 있다고 보인다. 이를 행정과 관련하여 보면 '공리주의적 관리방식'이라고 표현할 수 있다.

그 특징을 공리주의와 관련지어 살펴보면, 첫째, 공리주의적 관리방식은 유용성을 강조한다. 이는 정부 간 관계의 중심 가치를 효율성에 두려는 성향을 보인다. 둘째, 공리주의적 관리방식은 통제를 강조한다. 이는 정부단위 간의 관계를 내포구도(inclusive structure) 속에서 관리하려는 성향을 보인다. 셋째, 공리주의적 관리방식은 개체를 강조한다. 이는 정부단위 간의 유기적인 상호 작용을 저해하는 일방적인 개인주의에 바탕을 두려는 사고방식을 보인다. 넷째, 공리주의적 관리방식은 경제적 효율성을 강조한다. 이는 정부단위 간의 복리적인 측면을 게을리 하고 총체적 효율성의 틀 속에서 관리하려는 성향을 보인다. 이와 같이 중앙의 논리는 국가를 관리하는 기본적인 논리로서 보다 거시적이며 효율성을 지향하는 통제 중심의 특질을 갖고 있다고 할 수 있다.

㉯ 중앙의 논리에 근거한 정부 간 관계모형

중앙의 논리를 설명하고 있는 정부 간 관계모형으로는 J. A. G. Griffith의 자유방임형(laissez-faire), 규제형(regulatory), 장려형(pro-motional)모형 중에서 규제형모형, H. Elcock의 대리자(agent)모형, 동반자(partner)모형, 교환과정모형 중 대리자모형, D. S. Wright의 등위기관모형(coordinate-authority model), 중첩기관모형(overlapping-authority model), 포괄기관모형(inclusive-authority model) 중에서 포괄기관모형, 村松技夫의 수직적 통제모형과 수평적 경쟁모형 중에서 수직적 통제모형 등이 중앙의 논리에 입각한 정부 간 관계 모형들이다. 여기서는 이 중 대표적인 몇 가지만 살펴보고자 한다(강동식, 1995:152-157).

〈H. Elcock의 대리자모형〉

대리자모형은 지방정부를 중앙정부의 대리자로 보는 견해이다. 즉 지방정부는 중앙정부가 결정한 정책을 능률적으로 집행하는 것이 주된 역할이라는 것이다. 즉 지방정부는 중앙부처의 감독하에 국가정책을 집행하기 때문에 재량권이 거의 없다고 보고 있다.

〈D. S. Wright의 포괄기관모형(내포모형)〉

D. S. Wright는 미국의 연방제하에서 정부 간 관계를 [그림-2]에서 보는 바와 같이 세 가지로 구분하였는데 이 중 포괄기관모형 또는 내포모형은 정부 간 관계의 수직적 계층성, 즉 중앙의 논리에 입각한 정부 간 관계모형을 대표하고 있다.

[그림-2] 연방 - 주 - 지방정부 간의 모형

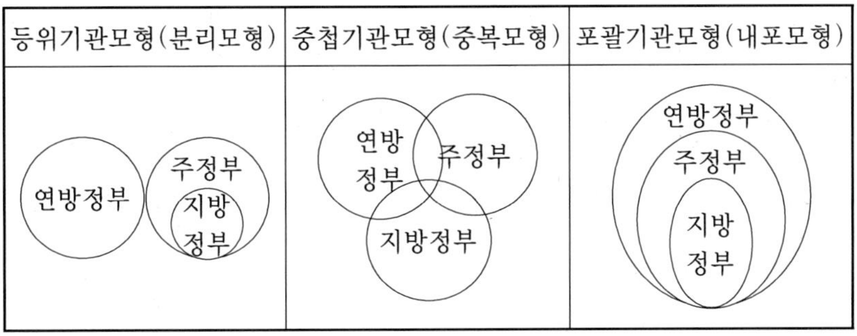

등위기관모형(분리모형)	중첩기관모형(중복모형)	포괄기관모형(내포모형)
연방정부 주정부 지방 정부	연방 정부 주정부 지방정부	연방정부 주정부 지방 정부

자료: 강동식, 1995:154

이 모형은 연방정부, 주정부, 지방정부는 서로 계층적 상하관계에 있으며, 지방정부는 주정부에, 주정부는 연방정부에 종속되어 있다는 것을 제시한다. 그러므로 주정부와 지방정부의 독자적인 권한이 존재하지 않음을 전제로, 연방정부와 주정부의 의견이 상충될 때, 연방정부가 최종적으로 결정할 권한을 보유하며, 주정부는 이에 따라야 한다는 것이다. 이 모형은 주정부와 지방정부가 모두 중앙정부의 시녀에 불과하고 완전히 의존적이며, 중앙정부의 강력한 계층적 통제를 받는다는 것이다. 지방자치제가 실시되기 이전의 우리나라 정부 간 관계가 이 모형에 해당한다(고경훈, 2000:47-48). 그러나 지방자치제가 실시된 이후에도 부분적으로는 아직 이 모형이 적용되고 있다(경기개발연구원, 2001:16-31).

〈무라마쯔(村松技夫)의 수직적 통제모형〉

수직적 통제모형은 중앙정부가 행정과정을 통해서 지방정부를 완전히 통제하는 관계로 보고 있다. 중앙집권이 강한 일본 정치에서는 중앙정부의 역할이 첫째, 정책결정에 있어서 의회나 정당보다 중앙부처의 관료들에 의해 형성되는 경우가 많으며, 둘째, 중앙부처는 모든 사업을 府縣의 관련 부국을 통하여 市·町·村 단위까지 종적으로 실시하려 하며, 셋째, 지방정부는 중앙부서의 기술, 절차, 재정적 지원이 없이는 행정을 수행하지 못하며, 넷째, 지방정부는 중앙정부에 순종한다는 것이다(강동식, 1995:155).

⑭ 중앙의 논리의 한계

이상과 같은 중앙의 논리는 다음과 같은 한계를 갖는다(김천영, 1997:93-117).

첫째, 중앙의 논리는 거시적인 관점에서 관리하려는 성향을 갖고 있어 섬세한 행정을 수행하는 데는 적절치 못하다. 국가가 수행하는 기능 중에는 고도의 경제관리와 같은 거시적 관리를 요구하는 내용이 있는 반면, 보건, 환경, 위생, 문화 등과 같이 섬세한 감각을 요구하는 사항들이 있다. 특히 근래에 들어 섬세한 성격의 기능은 행정환경의 변화에 부응하여 점차 증대되고 있는 추세에 있다. 그러나 중앙의 논리는 섬세한 감각에 취약한 관계로 이러한 기능들을 수행하는 적절한 관리방법을 제공할 수 없다.

둘째, 중앙의 논리는 통제 중심의 관점에서 지배하려는 성향을 가지고 있어서 자율적이며 창의적인 행정관리를 어렵게 한다. 이러한 논리는 지방의 의존성을 높이는 동시에 지방의 자율성을 파괴한다. 통제 중심의 관리방식은 획일적이고 신속한 기능수행에는 적절할지 모르나 다원적 문화 속에서 창의적으로 기능을 수행하는 것을 제약한다. 빠른 시간 내에 국가발전을 주도하는 데에는 통제 중심의 관리방식이 유효한 측면이 없지 않으나 새로운 행정환경은 통제 중심의 관점에 친화적이지 못하다. 오히려 다원적인 관점이 새로운 행정 환경의 흐름을 감지하는 능력이 크다고 할 수 있다.

셋째, 중앙의 논리는 효율 중심의 관점에서 관리하려는 성향을 갖고 있어 복리적이며 형평적인 행정관리를 어렵게 한다. 특히 효율 중심의 관리방식은 공리주의의 유용성의 철학적 배경을 가지고 있어 정치적으로는 다수결의 원리를 표방한 다수의 횡포와 경제적으로는 규모의 경제로 인한 공간적인 차별이 정당화될 소지가 크다. 즉 중앙과 지방의 관계에서는 지방정부의 희생이, 지방정부 간 관계에 있어서는 저발전 지역이 불이익을 받고 희생을 감수하는 것이 당연하게 받아들여질 수 있다.

넷째, 중앙의 논리는 개체 중심의 관점에서 관리하려는 성향을 갖고 있어 관계 중심의 행정관리를 어렵게 한다. 개체 중심의 논리는 중앙과 지방 간 관계, 지방 상호간의 관계를 개별 구성요소별로 접근하려고 한다. 이러한 접근은 중앙정부라는 독단적 개체를 중심으로 정부 간 행정이 이루어짐으로써 지방의 시각이 반영될 소지를 협소하게 한다. 항상 중앙정부의 외인적 결정에 의존할 수밖에 없는 결과로 인해 바람직한 정부 간 관계를 유도하기가 곤란하다.

② 지방의 논리(제2의 논리): 분리모형

㉮ 지방의 논리의 특질

지방의 논리는 지방정부라는 개체를 중심으로 나타나는 힘의 작용을 일컫는다. 이는 분권적 속성, 형평지향성 및 상향식 전통이 강하며 그 본질은 중앙의 결정에 순응하기보다는 지방의 자율적 결정을 확대시키는 데에 있다. 즉 자기결정성의 원리에 의해 작용하려는 논리이다. 지방의 논리의 대두배경은 사회주의의 토대로 인식한 페이비언 학파(Fabian Society)의 지방주의(localism)에서 찾을 수 있다. 페이비언 학파는 엘리트가 권력을 쉽사리 물려주지 않을 것을 인식한 나머지 지방정부를 그들의 철학적 이념인 점진적 비혁명적인 사회정치개혁의 이상적인 수단으로 인식하였다. 보다 현실적으로 지방주의가 강조되는 이유는 다음 몇 가지에서 찾아볼 수 있다. 첫째, 권력분산이라는 기본적인 가치를 충족시켜 줄 수 있다. 즉 정당한 정치권력의 분산을 가능케 한다. 둘째, 다양성을 수용할 수 있다. 지방별로 수요와 관심사항이 서로 상이한 것을 수용하기가 용이하다. 셋째, 지방적이라는 사실이다. 이는 접근성과 대응성을 촉진시켜 주기가 용이한 것과 관련이 있다. 끝으로 지방정부는 중앙정부를 능가할 수 있는 수용력을 지니고 있다는 사실이다. 다양한 선택을 허용함으로써 지방의 수요를 더욱 잘 충족시켜 줄 수 있을 뿐더러 공공서비스를 지원하는 데 성공적이다.

이렇게 볼 때 지방주의는 이념적으로는 혁신적 사회주의를, 실천적으로는 현실적 실용주의 원리를 내포한다고 할 수 있다. 지방주의를 본질로 하는 지방의 논리는 근저에 중앙의 예속으로부터 탈피하려고 하는 강한 저항정신을 담고 있다. 중앙으로부터의 지배를 감히 '안돼'라고 외칠 수 있는 정신, 중앙의 상식을 지방의 비상식으로 여길 수 있는 정신 등이 그것이다. 이러한 정신은 중앙으로부터의 종속성을 탈피하여 심리적 분권 및 제도적 분권을 이룰 수 있는 원천으로 작용한다. 최근 우리나라에서도 그동안의 중앙정부 중심적 사고에서 벗어나 지방정부의 자율성 내지는 정책주도권에 대한 논의(경기개발연구원, 2001; 백승기, 1999; 이달곤, 1996)가 진행되는 것도 지방의 논리를 강조하는 측면으로 파악할 수 있다.

㉯ 지방의 논리에 근거한 정부 간 관계의 모형

지방의 논리에 입각한 정부 간 관계모형은 J. A. G. Griffith의 자유방임형 모형, H. Elcock의 동반자모형, D. S. Wright의 등위기관모형(분리모형) 등이 여기에 해당한다고 볼 수 있다(강동식, 1995: 152-157: 고경훈, 2000:52-53).

〈J. A. G. Griffith의 자유방임형 모형과 H. Elcock의 동반자모형〉

J. A. G. Griffith의 자유방임형은 중앙정부의 통제를 받지 않고도 지방정부가 스스로의 시행착오를 통해 독자적인 지식을 습득해 나갈 수 있는 경우이며, H. Elcock이 제시한 동반자모형은 지방정부를 중앙정부의 동반자로 보는 입장이다. 즉, 국민에게 서비스를 공급하는 과정에서 중앙정부는 개략적으로 정책을 결정하고, 지방정부는 그러한 정책을 해석하고 그것을 실현하는 데에 필요한 자원을 동원하는 실질적 역할을 갖는다는 것이다. 동반자모형에서는 지방정부와 중앙부처가 의회의 권능하에서 동등한 지위를 가지므로 지방정부는 그들 정책의 수립과 집행에 있어 상당한 재량권을 가질 수 있다는 것이다.

〈D. S. Wright의 등위기관모형(분리모형)〉

등위기관모형은 연방정부와 주정부의 경계를 명확히 구분 지을 수 있는 반면에 지방적 단위(local unit)는 주정부에 의존된 관계를 갖고 있다고 본 것이다. 이 모형에서는 주정부가 연방정부로부터 독립적이라는 점을 인정한다. 따라서 연방정부와 주정부는 각각의 관할

권에 해당하는 업무를 독립적으로 수행하며(dual federalism), 양 정부의 이익이 충돌하는 경우에는 연방최고법원에서 중재역할을 하게 된다. 연방최고법원은 연방정부와 주정부 간의 권한쟁의에 있어서 최종적인 판단을 하게 되며, 이러한 점이 미국의 연방제를 사법적 연방제(juridical federalism)라고 특징짓게 한다. 그러므로 이 모형은 중앙정부와 주정부가 경계를 이루어 각각 독자적으로 자치권을 행사하고 있는 것이 특징이다(고경훈, 2000:52).

㉤ 지방의 논리의 한계

지방의 논리는 다음과 같은 한계를 갖는다(김천영, 1997:93-117).

첫째, 지방의 논리는 미시적인 관점에서 관리하려는 성향을 가지고 있어 섬세한 행정을 수행하는 데에는 적절하나 거시적 관점을 저해할 어려움이 있다. 지방정부가 수행해야 하는 기능 중에는 자체적으로 해결할 수 없는 기능들이 있다. 이러한 기능들은 한편으로는 섬세함을 요구하면서도 거시적 관점에서 조정력을 필요로 하는 것들이다. 예를 들어 환경 등과 같은 기능은 개별 지방정부별로 관리해야 하는 섬세한 기능임에도 불구하고 지방정부 간의 환경관리라든가 국가의 종합적인 환경조정이 요구되는 복합적인 성격을 띠고 있다. 그러므로 이러한 기능들은 개별 지방정부 중심의 자기결정성으로만 관리하기에는 한계가 있다.

둘째, 지방의 논리는 분리 중심의 관점에서 탈출하려는 성향을 갖고 있어 자율적이며 창의적인 행정관리는 용이할 수 있으나 중앙정부나 여타의 정부단위와 협력행정을 수행하기 어렵게 한다. 이러한 논리는 지방의 지나친 자율성을 높임으로 관계의 효율성을 파괴하는 결과를 낳을 수 있다.

셋째, 지방의 논리는 형평 중심의 관점에서 관리하려는 성향을 갖고 있어 개별적인 효율성은 형평성의 이름으로 획득이 가능하나 국가 전체의 효율성을 둔화시킬 가능성이 크다.

넷째, 지방의 논리 또한 중앙의 논리와 마찬가지로 개체 중심의 관점에서 관리하려는 성향을 갖고 있어 관계 중심의 행정관리를 어렵게 한다. 이러한 접근은 지방정부라는 또 다른 축을 중심으로 정부간 행정이 이루어짐으로써 중앙이나 여타 지방정부의 시각이 반영될 소지를 협소하게 한다. 그 결과 개별 지방정부 중심의 내인적 결정에의 의존도가 크므로 바람직한 정부 간 관계가 저해될 수 있다.

③ 관계의 논리(제3의 논리); 상호 의존모형

㉮ 관계의 논리의 특질

앞서 살펴보았듯이 바람직한 정부 간 관계를 설정하고 발전시키기 위해서는 중앙의 논리나 지방의 논리로는 한계가 있다. 이는 개별적인 개체 중심의 접근방법과 상관성이 크다는 결론에 이르게 한다. 중앙정부 혹은 지방정부라는 개별 구성요소로 접근할 경우 그 속에 계속 자기중심적인 시각이 작용하게 되어 결과적으로는 어느 하나의 입장만이 관철되는 문제가 생긴다. 관계의 논리는 이러한 문제를 해결하기 위한 제3의 접근방법이라고 할 수 있다. 중앙과 지방이라는 개별 구성요소에 일차적인 초점을 두는 것이 아니라 개별 구성요소를 이어주는 관계에 일차적인 관심을 보인다. 여기서 관계란 개별 구성요소를 이어주는 실천적 메커니즘으로서 특정한 규칙의 내용을 내포한다. 이때 관계는 탈중심과 연관이 있다. 중심 무너뜨리기 혹은 중심지우기가 그것이다. 중앙 혹은 지방이라는 중심의 해체와 관계에 의한 재구성을 통하여 개별 구성요소별로 설정된 주체의 작용을 차단하는 내용을 담는다. 그것은 중앙의 논리와 지방의 논리를 절충하는 것이 아닌 전혀 새로운 방법론상의 특징을 갖는 것으로써 승자와 승자의 구도를 낳는 즉 정부 간에 등가교환관계를 가져올 수 있는 정부 간 관계방식에 작용하는 실천원리이기도 하다. 관계의 논리는 이러한 점에서 교차 규제적인 성격이 강하다. 중앙의 논리의 하향식 방식이나 지방의 논리의 상향식 방식이 아닌 상호 의존적인 관계를 중심원리로 삼는 방식이다. 이는 기존의 중앙정부가 하향적으로 지방을 지배하려는 'top-down'의 자세에서 더 위의 여타 국가들과 대응할 수 있는 'top-up'과, 지방정부 또한 중앙정부에 대한 상향식 태도에서 더 아래의 주민과의 관계를 보다 세심하게 볼 수 있는 'bottom-down'을 정착시키는 데에도 유용하다고 판단된다. 이와 같은 관계의 논리는 새로운 행정현상의 문제해결방식의 하나로서 또한 바람직한 정부 간 관계를 유도하기 위한 유용한 접근원리로 인식된다.

㈁ 관계의 논리에 근거한 정부 간 관계모형

이와 같이 상호 의존적인 관계의 논리에 근거한 정부 간 관계모형으로 Wright의 중첩기관(중복)모형, Rhodes의 권력의존모형, 그리고 무라마쯔의 수평적 경쟁모형 등이 있다.

〈Wright의 중첩기관(중복)모형〉
이 모형은 정부 차원의 운영 주체가 연방정부나 주정부 및 지방정부단위에 동시적으로 일어나며, 자치구역이나 관할구역의 범위 및 자유재량이 비교적 적은 경우를 뜻하며, 하나의 관할구역에 대한 권력이나 영향력은 매우 제한되며 이러한 제한은 그 기관의 활동의 협상(bargaining)을 통해 이루어진 것을 나타낸 것이다. 이러한 모델의 기관유형은 협상적 성격을 갖게 되는 것으로, 중첩기관모형은 상호 독립적인 정부 간의 관계를 설명하고 있는 것으로서 모든 결정요소들이 상호 경쟁적이거나 조정적 입장에서 해결되어야 할 것으로 보고 있으며, 따라서 중앙정부와 지방정부 간의 관계가 상호 의존적 관계를 지니는 상호 의존모형이라 할 수 있다. 그는 세 가지 모형 중 중첩기관모형이 현대 정부 간 관계의 실제를 가장 잘 보여주고 있다고 지적하고 있다.

〈Rhodes의 권력의존(power dependency)모형〉

Wright의 정부 간 관계론이 미국과 같이 연방제(federal system)의 정부형태 내에서 제 정부들 간의 관계를 설명하고자 하는 분석 틀인 반면, 영국과 같은 단일제(unitary system) 국가의 중앙정부와 지방정부 사이의 관계를 설명하고자 하는 모형이 Rhodes의 권력의존모형(Power Dependency Model)이다. Rhodes는 정부 간 관계론(IGR)과 중앙-지방관계론(Central-Local Relations CLR)을 개념상으로 구분하고 있는데 정부 간 관계론이 보다 광의의 개념으로서 '중앙-지방정부론(CLR)'은 단지 정부 간 관계론의 한 측면이라고 이해하고 있다. 즉, '중앙-지방정부론'은 단지 중앙의 각 부처들(central depar-tments)과 지방행정기관들(local authorities) 사이의 연계에만 관심을 갖는 반면, '정부 간 관계론'은 제 정부들 간의 모든 관계(중앙정부와 모든 하위정부들(sub-national governments) 간의 연계, 하위정부들 상호간의 연계 등)를 연구의 대상으로 한다는 것이다. 따라서 엄격히 말해, Rhodes의 권력의존모형은 정부 간 관계론의 분석모형이라기보다는 중앙 - 지방관계의 분석모형이다. 중앙 - 지방정부론에서 중요한 변수로 다뤄지는 개념은 조직 간 이론으로서 이 이론은 여러 조직 간의 상호 작용의 토대(bases of interaction)로서 권력의 개념을 중요시하고 있다는 것이다. 따라서 그는 중앙 - 지방 간 관계는 상호 의존체제로 보고, 양자가 가지고 있는 다양한 자원에 의해 서로는 영향을 주고받는 매우 복잡한 관계에 있다고 본다.

〈무라마쯔(村松技夫)의 수평적 경쟁 모형〉

수평적 경쟁모형은 중앙·지방정부의 관계는 정치로 매개되는 상호 의존관계에 있다고 보는 견해이다. 즉 행정에 의한 수직적 통제모형과는 달리 지방의 선거를 통해서 지방의 문제나 정책이 제시되며, 이를 위해서는 중앙정부의 협력이 필요하게 된다. 이때 府·縣과 市·町·村이 지방연합을 형성하고 여기에 국회의원이 지역대표로서 정치적 역할을 수행하면서 지역문제의 해결을 위한 정책결정이 이루어지게 된다는 것이다. 그러므로 일본의 중앙정부와 지방정부는 정치를 매개로 하여 정책결정권의 균형을 찾는 관계로 보고 있다.

(4) 정부 간 관계의 최근 경향

① 대립관계에서 상호 협력관계로

현대국가에서 중앙 - 지방정부 간의 기본적 관계는 각각의 기능과 책임을 분담하면서 하나의 목적을 향하여 서로 협력하는 상호협동관계로 변화되어 가고 있다. 즉 사회변동의 급변성과 다양성으로 인한 행정의 양적 증대와 질적 변화는 모든 국가의 공통된 현상이며 이에 효율적으로 대응하기 위해서는 국가나 지방자치단체가 서로 유기적인 협력을 해 나가야 하기 때문이다. 독일의 경우, 연방과 지방공공단체, 특히 기초자치단체(Gemeinde)와의 관계에 관한 정연한 법제를 갖추어, 「공통적 사무(Gemeinschaftsaufgaben)」의 처리를 위해 국가와 기초자치단체는 국민의 최선의 이익을 목표로 협동하지 않으면 안 되는 것으로 인식되고 있다. 영국에 있어서도 중앙정부와 지방공공단체는 하나의 정부조직의 중요한 부분이며 이들 간의 관계는 공통의 궁극적 목표를 갖는 단일의 조직체계하에 있게 되며, 그 목적을 위한 통합적 관계에 있어서의 협력(partnership)과 협조(collaboration)의 관계라는 것이 일찍부터 인식되어 왔다. 미국에 있어서도 주 - 지방관계에 관한 위원회(The committee on State-Local Relations)의 보고서에서 주와 지방정부는 같은 주민에게 서비스를 제공함에 있어서 완전히 상호 보완적 상관관계에 있으며 이들은 공통적인 위대한 공공목적을 달성하기 위하여 계획을 책정하고 집행하기 위한 공동의 책임을 갖고 있는 것이라고 밝히고 있다. 우리나라 역시 1995년 이후 지방자치제가 실시되면서 과거 중앙정부 중심의 수직적 관계가 점차 완화되어 가고 있으며, 지방정부의 자율성이 지속적으로 신장되는 추세와 더불어 중앙정부와 지방정부 간의 상호 보완적 협력관계가 자리를 잡아가고 있다.

② 중앙 – 지방정부 간 공통된 문제 영역의 확대

지방정부의 대부분의 문제가 동시에 중앙정부의 문제이며, 중앙정부의 문제가 동시에 지방정부의 문제로 변화하는 사회변동의 과정에서 보다 효율적으로 대처하기 위해서는 상호 긴밀한 협력관계가 요구되고 있다. 종래와 같이 외교·국방의 문제는 국가가 전담하여 지방정부는 전혀 관여하지 않고, 청소·수도와 같은 문제는 기초자치단체가 전담하여 중앙정부는 전혀 관여하지 않는 것과 같은 시대적 상황이 아니라 상호 협력하지 않으면 안 되는 상황인 것이다.

③ 지방자치단체의 대내·외적 변화

「정부 간 관계론」을 주장하는 이유는 시대적 변화에 따라 지방자치단체가 대내외적인 관계에서 많은 변화가 이루어지게 됨으로써 지방자치단체의 대외관계에서 외부로부터의 자율성과 내부에 있어서의 자기통치라는 지방자치의 본질적 바탕을 공고히 하고 질적 향상을 도모하자는 데에서 기인하는 것이다. 정부 간 관계론을 논의함으로써 기대되는 효과는 첫째, 기존의 정부 간 관계를 종합적으로 재검토하여 불합리한 부분은 바로잡고 제도 상호간의 연동과 파급의 관계를 정확하게 분석하여 세계화시대에 걸맞은 새로운 관계로 개선해 나가는 것이다. 둘째, 지방제도 개혁과 관련하여 기존의 논점에서 벗어나 자치단체 조직형태의 다양화와 자치단체의 다각적인 국정참가 등 원점으로부터 다각적인 개혁을 구상할 수 있다. 셋째, 개혁의 대상을 자치단체 수준으로부터 국가의 수준으로까지 확대하는 것이다.

정부 간 관계론은 개혁의 대상을 자치단체 수준뿐만 아니라 국가의
수준으로 확대할 수 있다.

④ 정부 간 관계 - 대등한 정부 간의 협력적 의존관계로

　이론적으로는 국가사회의 발전을 위한 정부 간의 역할분담은 「사
무」의 배분문제가 아니라 「권한」 배분문제로 다루려는 경향도 있다.
오늘날 자치사무의 모든 분야의 문제가 어느 특정 자치단체에만 한
정되는 것이 아니라 타 자치단체나 국가의 문제로 연관되게 되며, 외
교나 국방문제와 같은 국가사무라 하더라도 자치단체나 주민이 그
주체로서 관련되는 면이 많아지고 있기 때문에 국가와 자치단체 간
에 사무에 따라 이를 배분할 필요성이 없어지게 된 것이다. 종래에
국가나 지방의 사무로 분배한 모든 사업이 각 정부가 그 나름대로 관
련을 맺는 형태로 변화됨에 따라 정부 간 관계가 점점 긴밀하게 되
고, 정부 간 조정의 필요성이 점증하지 않을 수 없게 되는 것이다. 문
제는 어떠한 사업의 어떠한 측면에 대해서 누가 결정하느냐는 것이
므로 「사무」개념으로 처리될 것이 아니라 「권한」개념으로 처리하여
야 한다는 것이며, 기능분담론에서 말하는 「기능」개념도 애매하지 않
을 수 없는 것이다.

　그래서 「정부 간 관계론」은 「대등한 정부 간의 협력적 상호 의존관
계」로 보며, 이러한 관계가 성립하기 위하여 정부 간 의사전달이 하향
식이나 상향식이라는 일방적인 방향이 아니라 상호간의 쌍방향이라야
한다는 것이다. 우리나라의 정부 간 관계에 있어서는 국가의 의사가
일방적으로 하향하여 내려오는 통제 내지는 관치형인 것이다. 이를 쌍
방형의 의사전달체계로 개선하려면 국가의 의사가 하향하는 것만큼

국민의 정보획득 수준이 높아지고 주민의 의사가 기초자치단체의 공동체(community) 수준에서부터 높아지고 통합되어서 순차 상승하여 광역자치단체를 거쳐 국가에 이르는 조정형 자치형의 루트를 형성하지 않으면 안 된다. 각 정부에 자율성을 인정하는 이상 「정부 간 관계」의 과제는 「통제」가 아니라 「조정」이라야 하며, 조정의 방법은 「하달」이 아니라 「협의」 내지 「교섭」이라야 하고, 자치단체의 선도적 시책이 국가의 시책으로 채택되어야 할 뿐만 아니라 기초자치단체가 광역자치단체의 정책결정에 참여할 수 있어야 하며, 모든 자치단체가 국정에 참여할 수 있어야 하는데, 그러기 위해서는 자치단체에서부터 먼저 그 의사를 조정하고 통합하는 메카니즘(mechanism)을 확립해 나가야 하는 것이다.

3) 세계화에 따른 정책 환경의 변화

세계화에 따른 변화양상을 여러 측면에서 조감할 수 있으나 몇 가지 특징적 변화4)를 요약해 보면(박길성, 1995:64-78), 첫째, 전 지구적 상호 의존의 심화를 들 수 있다. 오늘날 세계 어느 한 부분에서 발생한 사건, 결정, 활동은 그 시·공간적 고립성을 뛰어넘어 다른 지역에 지대한 영향을 미치게 된다. 둘째, 시간과 공간의 의미가 재구성되고

---

4) 下村恭民 外(2001:69-89)는 새로운 국제협력이 필요하게 된 원인으로, 정보통신 및 수송수단의 발달로 인해 좁아지고 있는 세계(狹くなる世界), 세계관이나 행동양식에 있어서 넓어지고 있는 격차(廣がる格差), 다른 나라의 통화위기나 경기변동 등에 민감하게 서로 영향을 주고받는 세계(影響し合う世界), 동질화하는 가치관(同質化する價値觀), 높아지고 있는 불공평감(高まる不公平感), 보다 공정한 사회에의 기회를 추구(より公正な社會へのそチャンスを求めて)하는 것 등을 들고 있다.

있다. 즉, 시간과 공간에 대한 우리의 인식과 경험이 변하고 있는데 이는 커뮤니케이션 테크놀로지의 발달과 경제의 변화에 따라 세상의 종합적 모습이 시간과 공간을 초월하여 동 시간대 세계시민들에 의해 경험되고 있는 것이다. 이에 따라 "내가 어디에 있는가"라는 절대적 위치(absolute location)의 관념보다는 "내가 다른 지역과 연결되어 있는가, 있다면 어떻게 어느 정도 연결되어 있는가"라는 상대적 위치(relative location)가 보다 중심 개념이 되어 가고 있다. 셋째, 공간조정기술을 통한 전 지구적 네트워크화이다. 세계화를 가능하게 하는 기술이 이른바 공간조정 테크놀로지(space-adjusting technology)로서 말 그대로 공간이라는 물리적 거리의 장벽을 허무는 것으로 지리의 종말(end of convergence)을 도래시키고 있다. 국제원거리통신기술과 네트워크의 발달, 이전에는 고립적으로 진행되었던 기능들의 통합, 원거리 통신과 컴퓨터 비용의 급격한 하락, 이 모든 것들이 세계적 기업구조와 국제적 은행체계로 하여금 전 세계에 걸친 자원배치 및 관리를 가능케 한다. 넷째, 세계적 통일체 형성을 거부한다. 즉, 세계화의 의미가 시공간의 압축으로 인한 지구적 상호 의존 증대와 함께 구조, 문화, 행위의 세계적 상호 연결의 증대라는 전체로서의 세계로 규정되고 있으나 이것의 내용을 동형화(isomorphism), 표준화(standardization)로 해석해서는 안 된다는 것이다.

세계화는 세계적 통일체로의 표준화 과정도 아니며, 단선형적인 발전궤적을 지니는 것은 더욱 아니라는 것이다. 세계화는 유동성·비결정성·개방성을 기본 골격으로 하는 다원화의 궤적을 바탕으로 하고 있다. 다섯째, 세계화는 지역성(localities)의 독자적 논리를 인정한다. 따라서 세계화의 생명력은 세계적인 것과 지역적인 것과의 조화이며, 세계화가 완성될수록 세계사회는 다원화되며 세계 공존으로서의 다양성이 심화된다는 것이다. 즉, "가장 한국적인 것이 가장 세계적인 것이다."라는 명제가 성립되는 것이다. 여섯째, 세계화는 국제사회의 불평등을 배태한다. 세계화는 세계문화의 다양성을 포용하는 수직적 국제질서를 그 구성적 특징으로 하고 있으며, 전 시대에서처럼 승자와 패자의 단위가 더 이상 국가로만 구분되지 않는다고 한다. 즉 세계화시대의 경쟁단위는 국가를 포함하여 국가의 경계와 상관없이 지역 간·부문 간·사회집단 간 등으로 확산되어 가고 있는 것이다. 뿐만 아니라 교류나 거래의 항목에 따라 절대적·상대적 비교우위가 각기 다르게 나타남으로써 불균등의 구획은 매우 복잡한 양상을 띤다. 일곱째, 행위 주체가 다양화된다. 세계화는 전 지구적 상호 의존의 동력으로서 다양한 행위자를 등장시키고 이들 모두를 주인공으로 설정하고 있다. 과거 국가가 행위자의 중심에 있었으나 세계화시대에는 국가 간의 세계적 연합기구, 지역적 연합체, 국민국가, 지방정부, 기업, 국제적 연계망을 가지는 비정부조직 등 그 행위 주체들이 다양한 차원으로 분화되고 있는 것이다(세계화추진위원회, 1995:9).

이와 같은 변화양상에 따라 정책 환경도 변화하고 특히, 지방의 역할과 정책 환경 본질적으로 변화하는 데에서 지방외교정책의 논거를 찾아볼 수 있다. 이를 요약해 보면 다음과 같다.

(1) 정책문제의 세계화

오늘날 세계 어느 한 부분에서 발생한 사건, 결정, 활동은 그 시·공간적 고립성을 뛰어넘어 다른 지역에 지대한 영향을 미치고 있음을 어렵지 않게 찾아볼 수 있다. 어느 한 곳에서 일어나는 일들이 지구

의 구석구석까지 전해질 수 있다는 점에서 지구인들은 하나의 공동체
를 이루고 있는 것이다. 재화, 자본, 인력을 비롯하여 이미지, 문화,
신념, 유행, 환경에 이르기까지 거래나 소통이 가능한 것이면 무엇이
나 지역적 경계를 초월하여 거래와 소통이 이루어지고 있는 실정이
다. 이렇듯 세계화의 일차적 의미는 전 지구를 대상으로 하는 상호
연관 및 상호 의존의 심화이다(박길성, 1995:64-65). 세계화시대에는
국가 간에 상호 의존성이 증대되어 한 국가의 사회문제는 쉽게 글로
벌 문제가 된다. 즉 한 국가에서 발생하는 정책문제는 바로 다른 국
가에 영향을 미치게 되고 이는 또다시 제3국으로 파급된다. 또한 국
가 간에 상호 의존성이 증대되면 세계적(global)인 것과 지역적
(local)인 것 사이의 구분이 어려워진다. 이렇게 되면 정책결정자는
국내적인 것은 물론 국외적인 것까지 고려해야 한다(문태현,
2000:19-35). 특히, 재난, 국제무역, 테러리즘, 인권, 마약, 환경 등과
같은 문제는 국내적 관심사이기보다는 국제적 문제들이다(Jun and
Wright, 1996:1). 한 국가의 정치적·경제적·기술적·사회·문화적
활동들에 의한 세계적 환경의 변화는 결국 국내 정책의 발전에 지대
한 영향을 미치게 된다(Jun and Wright, 1996:3). 세계화시대에는 국
내적인 문제도 세계적 정책문제가 됨으로 이해관계의 복잡성과 다양
성, 문제해결의 전문성과 합의 등이 요청된다. 외교정책 역시 뚜렷
이 구별되는 정책 영역이 아니며 국제정치도 별개의 차원으로 이루
어지는 것이 아니라 점점 더 국내와 지역정치 무대에 작용하여 중
앙정부가 외교관계를 독점 통제한다는 주장을 공허하게 만드는 상호
작용의 복잡한 망(a co mplex web of interaction)을 만들고 있다고 한
다(Hocking, 1993:25).

(2) 개별 국가의 결정권한의 축소

세계화는 개별 국가로 하여금 정책권한을 축소시킨다. 세계화시대에는 정책문제가 국가 간에 상호 의존관계를 가지므로 국가 간의 합의규범을 필요로 한다. 예를 들면 금융이나 재정정책은 국내적인 상황만을 고려해서는 안 되고 세계적 기준(global standard)에 부합되어야 한다. 세계화가 심화됨에 따라 이제 순수하게 국내적인 정책문제는 찾아보기 어렵다. 이렇게 되면 개별 국가는 관련 국가들과 공조체제하에서 정책을 결정해야 하므로 정책결정권한은 축소될 수밖에 없으며, 동시에 한 나라의 정부 힘만으로는 해결할 수 없는 문제들이 생겨나 이 문제를 해결하기 위한 국가 간 협력이 긴요하게 되었다. 특히, 환경문제의 경우 전 세계 수백만 명이 환경문제의 인식에서부터 지속 가능한 개발계획에 이르기까지의 다양한 환경계획에 참여하고 있다(Jun and Wright, 1996:2). 이러한 개별 국가의 정책결정권한의 축소에 효율적으로 대처하기 위해서는 정책결정자들이 타국의 언어·문화·시장을 이해해야 하고 외국 공무원들과 토론할 수 있어야 하며, 수출에 대한 상담도 할 수 있는 등 국제경쟁력을 가져야 한다.

(3) 정책결정기구와 기능의 변화

상호 의존적인 세계적 환경하에서 정부가 효율적인 정책기능을 수행하기 위해서는 정책결정기구와 기능의 재조정이 불가피하다. 따라서 세계 각국은 나름대로 국가경쟁력 차원에서 정책결정구조의 개혁에 몰두하고 있으며 정책결정자들에게 새로운 역할과 기능을 부여하는 데 관심을 집중하고 있다(문태현, 2000:19-35). 첫째, 정보통신수단의 발달로 정책과정에서 정보수집과 전달이 용이하고 네트워크적인 토론공간이 마련되어 정책관련자들의 참여와 토론이 활성화된다. 정책결정구조가 분권화되고 의사결정센터는 다원화되며 정책결정과정에서 국제적인 NGO들의 활동도 두드러진다.

둘째, 정책결정형태도 변화되어 종전에는 정책이 국가단위의 법령이나 계획일변도였으나 세계화시대에는 협약·조약·규약·선언·강령·행동규범 등 다양한 형태로 나타난다.

셋째, 세계화는 종래의 정부조직의 기능을 변화시킨다. 이러한 사례는 외무부의 역할에서 찾아볼 수 있는데 더 이상 외무부가 외교업무를 독점할 수 없다. 사실 전통적으로 외무부는 국제사회에서 자국의 이익을 정의하고 외교정책의제를 형성하는 데 중심적 역할을 하였다. 그러나 세계화와 함께 거의 모든 나라에서 외무부의 적실성 문제가 제기되고 있다. 이미 오스트레일리아·케나다·벨지움·뉴질랜드 등에서는 외교업무와 무역 업무를 함께 담당하고 있으며 우리나라도 외교통상부로 그 명칭을 바꾸었다. 외무부가 외교관계에서 그들의 독점권을 상실한 것은 다른 기구들이 각기 그들의 영역에서 외교업무의 역할을 담당하기 때문이다. 최근 OECD회의에 참여자들은 전통적인 외무부의 기능에 대한 재검토가 요청된다는 데 만장일치의 견해를 보였다. 정부조직과 아울러 지적되어야 할 것은 하위정부기구들이나 제도들의 세계무대에서의 역할이 증대되고 있다는 점이다. 즉 정책문제에 대해 내부적으로 부서 간에 정책공조체제가 한층 필요하게 되었고 전략적 계획이나 참여관리체제의 필요성이 증대되고 있다는 사실이다.

넷째, 세계화는 국가 간에 이해관계가 상반되어 정책조정의 필요성이 증대되고 있으며 세계공통의 문제해결을 위한 정책조정기구의 설립이 요망되고 있다.

다섯째, 정책결정자의 역할이 변화됨에 따라 세계적 기준, 국제법규, 타 문화에 대한 이해, 외국어구사능력 등을 갖출 것이 요망되고 있다.

(4) 지방의 역할과 정책 환경의 변화

세계화는 많은 국가들이 경제에 대해 스스로 "脫規制"의 길을 택하게 함으로써, 국가의 기능과 역할을 축소시키면서 세계경제체제는 더욱더 그 자체의 재편논리에 따라 개별 국가의 국경을 초월하여 형성되어 왔다. 개별 국가들의 국경이 이렇게 점점 무력한 것이 됨에 따라, 그 안의 부분, 즉 지방공간이 세계경제체제와 맞대면하게 되는 수밖에 없게 되었다. 따라서 범지구적으로 진행되고 있는 경제의 세계화는 필연적으로 국가 영토의 부분단위인 지방의 세계적 노출을 초래한다. 이제 세계경제와 우리들 일상적 생활세계 사이에 국가가 퇴조함으로써 생긴 공백에 그 부분단위인 지방이 새삼 등장하지 않을 수 없는 시대가 된 것이다. 이런 맥락에서 한 나라 영토의 부분단위인 지방은 몇 가지 점에서 새삼스럽게 주목을 받게 되었다. 첫째, 세계적 기업들의 입지선별의 대상으로서 그 생산적 가치이다. 각 지방은 이제 국가의 중재 또는 간섭 없이도 외국기업들의 선호여하에 따라 세계적 전초기지(global outpost)도 될 수 있고, 아니면 적어도 세계적 기업들의 생산기지가 될 수 있다. 따라서 국가의 부분공간인 지방이 이젠 이런 세계적 장소판촉에 직접 나서지 않을 수 없게 되었고, 그리고 나설 수 있는 그런 시대가 된 것이다. 둘째, 지방에 대한 좀더 적극적인 경제적 역할이 기대되게 되었다. 새로운 기술-경제 패러다임은 생산과정과 마케팅 전략이 매우 유연하고, 생산과 판매지역에 따라 차별화된 것이어서 과거와 같은 국가 중앙정부 차원의 거시적 조절체제보다는 기민하고 보다 미시적인 조절체제를 요구한다. 때문에 지역에 밀착되어 있으면서 비교적 소규모인 지방정치 행정체제가 유연한 산업조절기능에 유리하게 된다. 셋째, 세계경제의 지역사회적 인간적 파급효과의 중재가능성에 대한 것이다. 냉혹한 시장법칙의 사회적 중재역할은 더 이상 국가에 의해 수행될 수 없으며 이제 이는 지방의 정치조직에 맡겨질 수밖에 없게 되었다. 국가는 전반적으로 시장개입기능이 약화될 뿐만 아니라, 경제체제가 세계화되고 있는 것만큼 그 사회적 인간적 파급효과 또한 그 전보다 더 예측하기 어렵고 불안정해져서, 한층 더 미시적이고 근접한 인간적 배려가 필요해지기 때문이다. 이상에서 보는 바와 같이 국가 영토의 부분단위에 지나지 않던 지방이 이제는 국가를 대체할 만한 거의 독자적인 정치-경제-사회-문화적 공동체로서의 역할을 수행할 수 있기를 기대하게 된 것이다. 마치 기업이 국가를 초월하고 또 해야 하는 것처럼, 지방도 국가를 초월하여 세계와 맞대면하며, 동시에 그 지역공동체의 일체성과 정치·경제적 자율성을 유지해야 하는 엄청난 이중적 도전에 직면해 있는 것이다(공보처, 1995:270-273).

또한, 세계화는 지방정부의 정책 환경에도 많은 변화를 초래하고 있다. 우선 세계화는 중앙과 지방 간의 정책 주도권에 변화를 초래한다. 한 국가의 정치·경제적 그리고 발전적 활동들이 세계화될 때 중앙정부는 더 이상 지배적 존재(dominant entity)가 될 수 없으며 국가를 초월하는 협력이 모든 수준(국가 및 하위정부)의 정부와 모든 종류의 단체들(organizations)(공공기관·다국적 기업 그리고 비정부기구) 간에 나타나게 된다(下村恭民 외, 2001:93-94). 범세계적 변화는 새롭고 복잡하고 비중앙집권화된 네트워크체계를 창출하게 되는데 이러한 네트워크체계는 국제적 활동과 의사결정을 통제했던 과거의 중앙집권화된 거버넌스 체제와는 근본적으로 다른 것이다. 중앙집권화된 통치체제에서는 중앙정부는 지방정부의 요구와 아이디어에 민감하지 못하고 국내적인 문제뿐만 아니라 국제적인 문제에 대해서도 늦게 반응한다(Jun and Wright, 1996:3-4). 반면 세계화는 이들 문제에 대해 신속하고 즉각적인 반응을 요구하기 때문에 세계화는 지역적 문제에 대한 지방정부의 정책주도권을 강화시킨다.

끝으로, 세계화의 급진전으로 지역적 문제와 국가적 문제, 더 나아가 세계적 문제와의 경계가 불분명해졌다. 언뜻 보기에 지방의 문제에 대한 대처와 국제적 문제에 대한 대처는 서로 관계가 없는 듯하지만 오늘날과 같은 변화의 시대에 있어서는 양자가 통합되어 가고 있는 실정이다(이은재, 1999:244). 즉, 세계화로 인한 상호 의존성 증대가 한편으로는 외교정책의 확장을, 다른 한편으로는 국내정책과 외교정책의 구별성 감소를 초래했다. 외교정책의제의 확장과 국내정책 및 외교정책의 구별성 감소는 한편으로는 지방정부들이 해외에서 직접 자신들의 이익을 추구하도록 만들었고, 다른 한편으로는 중앙정부들이 자신들에게 가중되는 외부압력들로부터 벗어나기 위해 외교정책에 대한 책임의 상당 부분을 지방정부들에게 위양하도록 유도해 왔다는 것이다(Hocking, 1993:12-18; 안성호, 1998:228). 따라서 지방정부도 외교정책의 행위 주체(actor)로서 국제무대의 전면에 나서게 된 것이다.

4) 지방외교정책의 논거에 대한 종합적 검토

이상에서 살펴본 바와 같이 지방외교정책을 논하는 이론적 근거는 대외적으로는 국제체계에 있어서의 다원주의, 대내적으로는 정부 간 관계에 있어서의 상호 협력적 의존관계로의 변화, 정책 내용적으로는 세계화에 따른 정책 환경의 변화 등에서 찾아볼 수 있다. 이를 종합적으로 정리해 보면, 첫째 국제관계에 대한 패러다임의 변화와 외교정책의 다중화는 외교 주체와 영역의 다양화를 초래하게 되었다. 종전 국가만이 외교의 주체가 된 군사안보 위주의 외교정책에서 탈피하여 국제체제를 거미줄처럼 얽혀 있는 사람과 사람, 집단과 집단, 국가와 국가 간의 관계로 엮어진 상호 의존적 관계로 인식하여 국가와 지방정부는 물론, 다양한 비정부기구, 시민단체, 심지어 일반 시민에 이르기까지 다양한 외교 주체를 인정하게 되었고, 외교정책이 추구하는 핵심가치도 종전의 군사안보 위주에서 탈피하여 경제와 환경, 인권, 복지 등 다양한 영역으로 확대되고 있어, 지방정부의 외교적 역할과 활동이 그 어느 때보다 강조되고 있다.

둘째, 대내적으로는 중앙-지방정부 간의 관계가 과거와 같은 중앙정부 중심의 수직적 통제 관계에서 벗어나 지방 중심의 논리 또는 중앙정부와 지방정부 간의 상호 의존과 협력을 강조하는 수평적 경쟁관계 또는 협력관계의 논리로 변화됨에 따라 지방정부의 자율성과 자치권이 급속히 신장되어 가고 있는 것이 지방외교정책의 중요한 논리적 기반이 되고 있다. 최근에는 지방정부의 자율성 증대라는 차원을 넘어 지방정부의 정책주도권까지 논의(경기도, 2001)되고 있는 시점이므로, 지방자치단체 본래의 목적달성을 위한 대외적 자율성의 강화라는 측면에서 지역의 이익 증진과 관련된 영역에서의 자주적 외교권 보장 내지는 중앙정부와 지방정부 간에 외교정책기능의 합리적 배분이 요청되고 있다.

셋째, 지방정부가 추진하고 있는 정책의 내용적 측면에서도, 세계화 추세에 따라 정책문제의 세계화, 개별 국가의 정책결정권한의 축소, 정책결정기구와 기능의 변화, 지방의 역할과 정책 환경의 변화에 따라 지방정부의 모든 정책 분야도 국제적 환경 속에서 상호 영향을 주고받는 가운데 결정되고 추진되어야 한다. 즉, 대외적 국제환경 변화의 주체로서 지역적 문제를 보다 개방적이고 국제적인 시각에서 파악하고 분석하여 대처하는 능력이 지방정부의 새로운 관심 영역으로 부각되게 되었다.

이에 따라 달라진 지방정부의 국제적 역할을 전망해 보면(행정자치부 외, 2001:24)

첫째, 과거와는 달리 지방자치단체가 지역을 대표하는 지방정부단체로서 해당 지역문제 해결에 대한 주인의식을 가지고 보다 공격적인 국제교류를 추진할 것으로 전망된다. 둘째, 중앙정부에만 의존하지 않고 필요한 경우에 직접적으로 외국의 기업이나 지방정부와 직접적인 교류와 협력을 추진할 것이다. 특히 지역경제의 활성화를 위하여 지역경제의 현황에 대하여 분석·진단하고, 경쟁력 있는 자원의 개발 및 경제 활동에 불필요한 규제를 완화하고 지역경제 활동의 능력을 배양할 수 있는 대안 모색에 박차를 가할 것이므로 국제교류는 더욱 활성화될 것이다.

셋째, 단순한 국제교류 차원을 넘어서 광역자치단체의 경우에는 국제적인 이슈, 즉 환경, 보건, 안전, 삶의 질 향상 등에 관하여 국제적으로 다자간 지역협력 등을 체결할 개연성도 높아지고 있으므로 국제무대에서의 위상과 역할이 더욱 커지고 있다. 넷째, 외국의 지방자치단체들과 연대하여 국제단체를 결성하거나 혹은 그러한 단체에 가입하는 사례가 늘어나면서 지방자치단체의 국제적 연대 활동은 더욱 늘어날 것이다.

다섯째, 지방자치단체의 자매결연은 물론 단순한 국제교류기능을 넘어선 지방자치단체의 외교기능이 늘어나고 지방자치단체장의 외교능력 발휘가 더욱 요구될 것이다.

여섯째, 국제교류업무를 보다 원활하게 수행하기 위해서 국제교류 분야의 인력수급이 앞으로는 지방자치단체 내외의 구분 없이 공개경쟁 형식으로 이루어질 것이므로 국제교류 추진인력의 경쟁력이 과거보다 훨씬 높아질 것이다. 그렇게 하지 않는 지방자치단체는 국제교류에 있어서 후진성을 면하지 못할 것이다. 일곱째, 형식적이고 우호친선 위주의 교류에서 탈피하여 상호간의 이익(mutual benefits)을 전제로 체계적이고 계획적인 국제교류 추진을 위한 노력이 가속화될 것이며, 이를 지원하기 위한 국제화 기반시설 조성사업도 늘어날 것이다.

이상과 같이 지방외교정책은 대외적으로는 국제관계에 있어서의 다원주의, 대내적으로는 중앙정부와 지방정부 간 관계에 있어서의 상호 의존협력관계로의 변화, 정책 내용 면에서는 정책의 대외적 상호의존성의 증대와 지방정부의 역할 강화 등에서 그 논리적 근거를 찾아볼 수 있다.

제3장

지방외교정책의 영역과 수단

1. 지방외교정책의 영역

지방외교정책의 영역을 구분하기는 매우 어렵다. 국가 차원의 외교정책에서 일부 원용해 볼 수는 있겠으나 성격 자체가 다를 뿐더러 지방외교정책도 독자의 영역을 가지고 있기 때문이다. 하지만 그간의 연구결과와 국내외 문헌을 참고하여 지방외교정책의 영역을 살펴보고자 한다.

우선 국내 문헌의 대부분은 국제화와 세계화 추세에 대응하기 위한 국제교류에 연구의 중점을 두어 왔으며 국제교류와 국제협력을 구분하지 않고 사용해 오고 있다. 다만, 최근의 몇몇 논문에서 국제교류의 차원을 국제교류, 내부의 국제화와 국제협력으로 구분하여 차이점을 설명하고 있으며(강신일, 1995:11-14: 이은재, 1999:240-243), 국제교류를 좁은 의미로 해석하면 국제협력의 앞 단계로 볼 수 있다는 것이다(김판석, 2000:10). 일본 島根大學 富野暉一郎은 자치단체의 국제 활동을 카테고리화하기 위한 시도가 국제적으로 얼마간 시도되기는 하지만 자치단체의 정책형성과 비정부기구(NGO)와 자치단체의 협력관계를 구체적으로 전개하는 것을 목적으로 한 체계적인 분류는 아직 확립되어 있지 않다고 하면서 자치체외교의 카테고리에 대해 '교류'와 '협력', '네트워킹'의 세 가지 발전단계와 그 사회적 기반이 되는 '내향적 국제화(內なる國際化)', '개발교육'의 두 가지 측면, 그리고 주민생활의 안전보장을 통한 국제사회에의 대처인 '규제' 등 여섯 종류로 분류하고 국제 활동의 발전단계에 따라 교류와 협력, 네트워킹에 대해 구체적으로 설명하고 있다(富野暉一郎, 1997:5-9).

강형기(1999:27)는 국제화를 내향적 국제화와 외향적 국제화로 구분하고 이 중 국제교류와 국제통상을 외향적 국제화로, 외국인이든 내국인이든 간에 지구시민으로서 존엄성을 인식한 가운데 공존, 공유할 수 있는 지역사회를 건설하는 것을 내향적 국제화로 구분하여 지금까지 주로 외향적 국제화에 치중해 왔으나 내향적 국제화에도 보다 많은 관심과 노력을 기우려야 함을 강조하고 있다. 이종수(2004:51-75)는 지방의 세계화는 쌍방향으로 나타나고 있다고 하면서 내향적으로 세계가 지방으로 유입되는 한편(inward-looking globa lization), 지방이 세계로 향하는 외향적 유출(outward-looking globa lization)이 일어난다는 것이다. 전자는 외국인, 외국기업, 타 문화를 수용하는 것을 의미하고 이것이 원활하게 유입되기 위해서는 내적 제도와 역량, 규범이 보편화되는 것을 의미하며, 후자는 지방의 기업, 사람, 문화, 제도가 세계로 진출하는 것을 의미한다. 우리나라의 경우 지방의 세계화는 많은 경우 후자만을 의미했으며, 적어도 내향적 세계화가 논의되었다고 가정할 경우에도 전략적이고 계획적인 세계화 논의는 지역기업의 진출, 외국으로의 수출, 경쟁, 외국에 대한 지식의 습득, 방문 등 주로 외향적 측면에 집중되어 왔다는 것이다.

본 연구에서는 지방자치단체의 국제 활동을 국내 문헌에서와 같이 국제교류, 국제협력 및 지역의 국제화 등 세 가지 범주로 분류하되, 국제통상 분야를 별도의 범주로 추가하여 설명하고자 한다. 그 이유는 국제교류와 국제협력 등은 이미 알려져 있거나 사전에 협의된 파트너와의 교류인 데 비해 국제통상 활동은 '외국의 불특정 다수를 대상으로 한 미지의 고객이나 협력자를 구하는 활동'으로서 다른 여타 범주의 국제 활동과는 다소 성격이 다르기 때문이다. 또한 島根大學 富野暉一郎이 분류한 국제협력과 도시 간 네트워크 구축은 특별한 사안에 대한 상호 협력이라는 측면에서는 유사한 성격을 지니고 있기 때문에 국제협력 분야에 포함하여도 무리가 없어 보인다.

이러한 논의를 종합해 보면 [그림-3]과 같이 정리해 볼 수 있다.

[그림-3] 지방외교정책의 영역

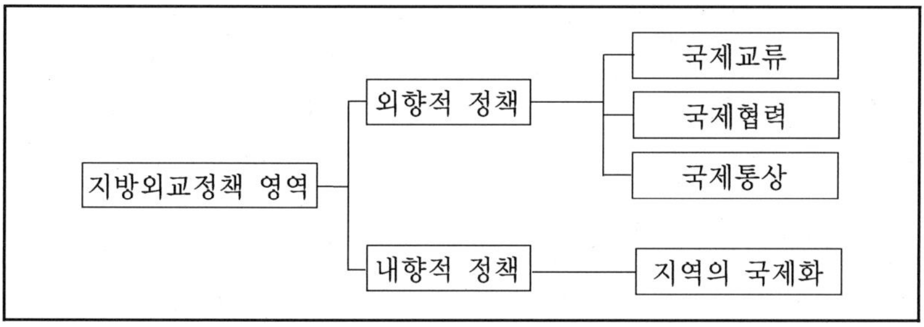

즉, 지방외교정책은 대외 지향적인 외향적 정책과 지역 내부 지향적인 내향적 정책으로 나눌 수 있고, 외향적 정책은 다시 국제교류와 국제협력 및 국제통상으로, 내향적 정책은 지역의 국제화를 주된 영역으로 하는 네 가지 분야를 지방외교정책의 영역으로 설정하였다. 이하에서는 각 영역별로 간략히 살펴보고자 한다.

1) 국제교류

(1) 개념과 의의

국제교류의 개념은 논자의 시각과 논의의 초점에 따라 다양하게 정의되고 있다. 즉 교류의 목적과 대상에 따라 달라질 수 있다. 일반적으로 지방자치단체에 있어서의 국제교류란 인종, 종교, 언어, 체제,

이념 등의 차이를 초월하여 개인, 집단, 기관, 기업, 국가 등 다양한 주체들이 상호간에 우호적으로 협력과 이해증진 및 공동이익 도모 등을 목적으로 관련 주체 간에 공식 혹은 비공식적으로 추진하는 각종 협력관계(cooperative relation)라고 정의할 수 있다(김판석, 2000: 10). 즉 외교가 국가와 국가 간의 법률적 계약사항의 결정이며, 친선은 상호 접촉의 기회를 가지는 상호간의 경의의 표현이라고 한다면 국제교류는 국경을 초월한 행동과 활동을 말한다(신기현, 1996:166).

이러한 지방자치단체 간의 국제교류는 국가수준의 국제교류와는 다른 보다 적극적인 의미에서 다음과 같은 의의가 있다(황정홍, 1998:14).

첫째, 국가수준에서의 이해나 대립을 초월해서 인간 대 인간 (people to people)의 교류로서 국제사회에 유연하게 대응할 수 있다.

둘째, 지역의 산업이나 경제를 자극해서 지역사회 전체에 활력과 변혁을 가져다준다.

셋째, 활발한 국제교류를 통하여 지역주민의 국제인식과 국제이해를 환기시킨다.

넷째, 지방자치단체 간 국제교류를 강화함으로써 국제교류수준을 다원화하고 동시에 지역사회를 국제사회에 주지시키고 심화시킴으로써 지역의 국제이미지를 제고하는 데 그 의의가 있다.

(2) 필요성과 목적

우리가 국제교류를 하는 이유로는(이은재, 1999:245에서 재인용), 첫째, 생활안전보장을 위한 국제교류이다. 이것은 우리가 개개의 시민생활에 필수 불가결한 물자, 에너지를 해외에 의존하고 있는 데서 기인하는 것이다. 둘째, 평화에 대한 공헌을 하기 위한 국제교류이다. 즉, 평화로운 시민생활이 한 나라의 방위의 틀을 넘어선 국제사회 속에 공존하고 있기 때문이다. 셋째는 지역의 경제적 생존을 위한 국제교류이다. 지역의 생계를 지키는 경제 활동이 한 나라의 영역을 넘어 세계의 여러 지역에 미치고 있는 것이다. 이와 같은 이유에서 국제교류의 필연성이 존재하는 것이다.

이러한 입장에서 지방자치단체의 국제교류 필요성을 정리해 보면, 첫째, 국제교류를 통하여 세계적 기준(global standard)에 대한 인식을 확대시킬 수 있고, 국제수준에 맞는 각종 제도와 행정서비스 및 산업 활동에 대한 이해를 제고함으로써 지방자치단체의 선진화를 위한 아이디어와 정보 및 각종 우수사례를 수집할 수 있다.

둘째, 인력과 문물의 교류를 통하여 상호 협력과 이해를 증진할 수 있고 경제 활동은 물론 지역개발과 각종 협력사업을 도모할 수 있으며, 나아가 해당 자치단체의 국제화기반을 심화시킬 수 있다.

셋째, 선진화된 기술과 지식정보를 보다 직접적으로 입수함으로써 지역산업 등에 활력을 가져올 수 있고 지역경제 활동에 대한 국제적 기반을 마련할 수 있다(강형기, 1996:380).

넷째, 국제적인 교류행사(문화, 예술, 학술교류 등) 등을 통하여 시민들의 생활문화와 교육의 질 향상에도 기여할 수 있으며 나아가 국제적인 친선과 신뢰관계구축에 기여할 수 있다(김판석, 2000:12).

[표-5] 지역 간 국제교류의 목적

구 분	목 적
인식제고	· 국제기준(international standard)에 대한 이해와 시민의식 개혁 · 주민의 국제화마인드 함양 및 국제협력 공감대 형성 · 해외연수. 견학. 시찰 등을 통한 견문 및 세계적 시야의 확대 등
도시의 국제화	· 발전된 선진행정과 제도 및 우수사례의 도입 · 지역 간 상호 협력체제의 강화 · 도시 국제화 기반의 조성 및 내부 수용능력의 향상 등
지역 경제활성화	· 지역산업과 경제를 자극하여 지역경제활성화의 도모 · 외국인 경제 활동 지원 · 우수기술과 해외자본의 유치 등
공동협력	· 공동관심사(환경. 보건. 안전 등)협의 및 상호 협력 · 국제기구 가입 및 국제적 연대 활동의 증대 · 국가외교의 보완 및 실무협의 증진
기 타	· 인재의 육성 · 외국문화의 이해 · 지역사회에 필요한 국제정보의 수집 등

자료: 행정자치부. 2001:21

요약하면, 국제교류는 한 지방자치단체가 지금까지 한 나라의 작은 지방도시라는 소극적인 수준을 넘어서, 세계무대 혹은 지구촌 속의 도시로 발전하고 성장하는 데 필요한 필수적인 발전전략 중의 하나라고 할 수 있다. 이상의 여러 가지 국제교류의 필요성을 감안하여 국제교류의 목적을 정리해 보면 [표-5]와 같다(행정자치부 외, 2001:20-21).

표에서 보는 바와 같이 국제교류의 목적은 크게 국제화 인식제고, 도시의 국제화, 지역경제의 활성화, 공동협력, 기타 인재의 육성이나 지역사회에 필요한 국제정보의 수집 등으로 나누어 볼 수 있으나 궁극적 목적은 국제교류를 통하여 주민생활의 질적 수준을 높이고 국

가 간의 정치 - 경제 - 문화의 격차와 마찰을 해소하면서 지구촌 사회
에 기여하는 것이다(신기현, 1996:168).

(3) 국제교류의 형태와 발전단계

① 국제교류의 형태

지방 차원의 국제교류는 다양한 분야에서 다양한 형태로 이루어지
고 있다. 우선 교류 주체를 기준으로 살펴보면, 첫째, 지역 대 지역 간
의 교류, 즉, 지방자치단체 간의 교류로서 지역에 풀뿌리를 둔 지역주
민의 상호 신뢰와 이해에 기반을 둔 것과, 둘째로 민간단체 간의 상호
교류로써 교류의 가장 저변적인 흐름이며, 주민과 가장 밀착된 민간교
류에 의하여 이루어지는 것으로 나누어 볼 수 있다(이은재, 1990:13).
  국제교류를 내용상으로 분류해 보면(조정임, 1998:15-16),
  첫째, 자매결연이나 우호교류협약의 체결이다. 지방 차원에서 가장
일반적인 국제교류형태는 외국의 지방자치단체나 지역과의 자매결연
이나 우호교류협약을 체결함으로써 인적, 물적 교류를 망라한 종합적
인 교류를 하는 것이다. 이는 지역 대 지역 간 혹은 기관 간의 상호
교류의 형태로서 해당 지방자치단체의 지역주민 간의 상호 이해와
협력 등에 기반을 두는 교류이다.
  둘째, 인적 교류이다. 인적 교류는 국제교류의 가장 기본적이고 중
요한 요소로서 인적 교류의 확대는 국제화를 추진할 수 있는 인재양
성은 물론 주민의 국제화 의식을 고양할 수 있는 지름길이다. 이를
위해서 지방공무원 상호간의 교류, 그리고 민간단체 상호간의 방문

등을 통해 이해를 증진시키게 된다. 또한 그 준비를 위해 외국어 교육을 실시하고, 국제이해를 제공할 수 있는 정보를 제공하고, 외국의 민간단체와의 교류 기회의 확대를 주 내용으로 한다.

[표-6] 자매도시 간 국제교류유형

분 야	교 류 내 용
경제 교류	경제교류협정의 체결, 지역기업 진출 및 합작투자사업, 전용공단 조성, 무역센터의 건립, 상품전시관 및 특산품 상설전시관 개관, 시장개척단 파견, 산업시찰, 상공회의소 간 자매결연, 중소기업연합회 조직, 투자설명회, 관광 전 개최, 기술이전 협의, 직항로 개설
문화 교류	민속축제 참가, 합창단·시립가무단 및 민속무용단 공연, 사진전 개최, 서적기증, 바둑 및 서예교류 전, 국악 연수, 민속품 전시회,
체육 교류	스포츠 교류단 파견, 친선스포츠 경기, 프로팀 친선경기
인적 교류	교환(파견)근무, 시찰 및 조사단, 학생교류(수업참관 등)
상징 사업	공원조성(상호), 한국정자건립, 거리명명식, 자매도시 전시관 개관, 명예시민증 수여
기타 교류	명예 박사학위 수여, 재난 시 원조(성금), 의료봉사 활동(초청진료, 무료진료 등), 동물교환(동물원)

자료: 이은재, 1999:266

셋째, 물적 교류로서 산업·경제교류와 기술·학술교류를 포함하는 것이다. 지역산업·경제의 국제화를 촉진할 수 있는 산업·경제교류 분야는 지역경제의 진흥과 직접 관련 있는 분야이므로 적극적인 추진 체계를 구축할 필요가 있는 분야이다. 경제교류사절단의 교환, 지역상품전의 개최, 양 지역 기업 간의 합작투자 및 기술협력 등을 통해 지역산업의 진흥을 촉진하는 것을 주요 내용으로 하고 있다. 넷째, 문화교류로써 스포츠, 관광, 정보의 교류까지 포함한다고 볼 수 있다. 국제회의, 세미나, 미술전, 연극 및 국제경기 등 친선행사를 개최하고 외국에서 행하여지는 행사에 주민을 파견하는 것 등을 그 내용으로 한다. 상이한 문화와의 접촉에 의해 지역문화의 재인식, 지역 동질성의 확립, 스포츠의 향상, 나아가서는 상호 이해 및 국제감각의 습득 등의 효과를 얻으며, 경제교류 등 지속발전의 기초를 마련하게 된다. [표-6]은 자매도시 간 교류 가능한 세부사업 들을 예시한 것이다. 이런 유형의 사업들은 비단 자매도시 간의 국제교류뿐만 아니라 일반적인 국제교류의 유형을 나타내 주고 있는 것들이다.

② 국제교류의 발전단계

국제교류는 대체로 3단계를 거치면서 발전되고 있다고 한다(강형기, 2001:420-421; 신기현, 1996:167). 첫째, 수도에 있는 중앙정부나 외교관 등 소수의 엘리트가 전적으로 수행하는 일극 집중형 내지는 점(點)의 국제교류이고, 둘째, 기업 등의 생산자나 자치단체의 공무원 등 지역의 엘리트를 중심으로 이루어지는 단계로서 일종의 다극 분산형 내지는 선(線)의 국제교류이며, 셋째, UR이 상징하는 것처럼 외교관이나 기업 등 엘리트층을 중심으로 한 교류 차원을 넘어 주민의 일상생활 그 자체가 국제화의 열풍에 영향을 받고 있다는 점에서 단순한 선이 아닌 면(面)의 국제교류 내지는 다면중첩형 또는 전면 분산형 국제교류단계가 바로 그것이다. 이러한 면의 단계에서는 특별히 훈련받은 적이 없는 일반 주민이 그 주역이 되고, 이에 대한 서비스는 그 면을 관장하여 경영하는 주체인 지방자치단체가 적극적인 역할을 할 수밖에 없게 되었다.

(4) 국제교류의 파급효과

지방 차원에서의 국제교류가 가져올 수 있는 파급효과를 요약해 보면(조정임, 1998:17), 첫째, 정치적 통로를 이용한 국제교류는 외국과의 우호관계를 유지하고 자국의 안전보장을 확립하는 효과를 가져올 것이다. 이는 궁극적으로 세계평화로 이어지게 된다.

둘째, 경제적 수단을 통한 국제교류는 경제 활동의 국제적 협력, 보완을 통해 물질 면에서 보다 고도의 생활수준(생산, 소비, 소득)을 달성할 수 있도록 하며 이는 상호 이익 추구와 연계된다.

셋째, 문화적 수단을 통한 국제교류는 정신문화 면을 비롯하여 물질적 측면을 보완하는 비물질적 분야에서 정신적으로 보다 풍요한 생활을 실현케 한다.

넷째, 지방자치단체의 국제교류를 풀뿌리 수준의 국제교류를 통해 국제사회의 변화에 대한 유연한 대응, 지역의 산업경제의 자극, 지역주민의 태도의 변화, 지방자치단체 간의 교류를 통한 상호 지역사회에 대한 이해, 지역 이미지의 제고 등을 유발하는 효과를 가진다.

2) 국제협력

(1) 개념 및 의의

국제협력이란 지방자치단체가 정부의 세계화 정책에 협력하거나, 독자적으로 발전도상국과 그 나라 사람들을 지원하여 개발 협력하거나, 또 지구환경의 보전에 관하여 세계의 지방자치단체 간에 협력하

는 것을 말한다(이은재, 1999:242). 즉, 국제협력이란 우리나라의 지
방자치단체가 외국의 지방자치단체 및 국제기구 또는 단체 등과 함
께 공동의 목적을 실현하기 위하여 상호 협력하는 것을 말한다. 우
리나라에서는 지금까지 국제교류와 협력을 크게 구분하지 않은 채
거의 동일한 의미로 사용해 오고 있다. 다만, 몇몇 문헌에서 국제교
류의 차원을 설명하면서 국제교류와 국제협력을 구분하고 있으며(이
은재, 1999, 241-243; 강신일, 1995:13-15), 앞서 설명한 바와 같이
일본의 富野暉一郎는 국제교류와 협력을 구분하면서 국제협력을 국
제교류보다 한 차원 높은 것으로 설명하고 있다(富野暉一郎, 1997:
5). 한편, 지난 20-30년 동안 일부 지방들은 세계발전을 위한 국제협
력을 선도해 왔다. 1985년 지방자치단체들과 시민단체들은 "세계발
전을 지방이 주도하자"는 슬로건을 내걸고 Town & Development
(T&D)라는 국제적 협력 네트워크를 결성하였다. 그동안 T&D는
남북문제의 해결과 세계의 지속 가능한 발전을 위한 지방의 협력과
연대를 도모해 왔다. 1990년대 UN이 주도한 일련의 국제회의들은
세계발전을 위한 지방의 역할을 강조해 왔다. 특히, 1992년 브라질
리우의 지구정상회의에서 채택된 '의제 21'은 지방이 지구환경의 파
수꾼으로 나설 것을 역설하였고, 1996년 터키 이스탄불의 도시정상
회의(Habitat Ⅱ)는 인간정주의 질 향상을 위한 지방자치단체의 국
제협력을 촉구하였다. 1995년 네덜란드 헤이그에 모인 국제지자체연
맹(IULA) 제32차 세계총회는 지자체 국제협력(Municipal International
Cooperation: MIC)의 중요성을 확인하고 활성화 방안을 논의하였다.
1997년 아프리카의 동쪽 섬나라인 모리셔스(Mauritus)에 모인 IULA
제33차 세계총회에서 집행위원회는 MIC에 대한 정책지침을 채택하
였다(안성호, 2001:7).

즉, 세계 각국은 교육, 환경, 보건, 지역산업진흥 등의 분야에서 원조와 기술이전이 광범하게 전개되고 있으며 지방자치단체와 시민 레벨의 국제협력 활동으로써 지역주민들의 손에 의한 지역사회의 자립적인 발전과 주민생활의 향상에 공헌하는 국제협력 활동을 활성화시켜 나가고 있다(富野暉一郎, 1997:6). 국가적 차원과는 달리 자치단체 간 협력체제가 의미하는 것은(안영훈, 1999:190-191), 먼저, 민주국가에서 가장 기본적인 정치적 단위체인 자치단체가 경제·사회 분야 등 지방 수준에서 특별한 국제교류 관계를 맺어 주체적 역할을 행사한다는 데 과거와는 다른 국제적 의미를 가진다. 둘째, 국제교류의 동기, 지리적 분야별 지향목표, 관련 참여자의 형태, 관련방식 등도 다르다. 세 번째, 자치단체 간 협력관계는 단지 제한적으로 특정 프로그램만 실천하는 일시적인 관계로 한정된 것을 의미하지 않는다는 점 등이 다르다. 그러므로 지방자치단체 간 국제교류 활동은 자치단체가 상호 협력하여 영속적인 공동이익을 바탕으로 정치, 경제, 사회 분야의 공직자와 민간인 등 다양한 지방 주체자들과 함께 동원되어 지방자치 수준에서의 협력관계를 형성하는 것이라고 볼 수 있다.

(2) 국제협력의 방식

지방자치단체 간 국제협력관계는 주로 세 가지 요소, 즉 협력 주체와 형식 및 내용에 따라 방식도 달라질 수 있으나 기본적인 방식들을 살펴보면, 대체로 교환방식, 교육기회의 제공, 전문기술지원, 기술 등의 이전방식, 직접실현방식(투자) 등으로 분류될 수 있다(안영훈, 1999:196-197).

① 특정사업에 따른 협력관계(cooperation by project)

사업계획을 공동협력에 의해서 실천하는 방식으로 규모가 작은 공공사업으로부터 도시개발사업, 주거환경 개선사업, 하부기반시설의 건설에 이르기까지 관련될 수 있다. 자치단체 간 협력은 보통 작은 규모의 개발 협력 프로그램이 일반적인 협력방식을 구성하고 있다고 본다. 다양한 재정지원을 필요로 하지 않는 것으로 지방의 차원에서 필요에 의해 발생될 수 있기 때문이다. 자치단체가 주민 대 주민 간의 파트너 관계를 주도하는 입장에 서 있는 경우이다. 사업계획의 연장 또는 확대를 거쳐 제도적으로 재정적으로 더 야심적인 사업의 차원으로 이어갈 수도 있다.

② 인류박애정신에 의한 원조 활동 (urgent actions/humanitarian aids)

긴급 상황에 따른 박애 활동처럼, 인류애의 발로에 의해서 행하는 활동으로 자치단체가 옷, 의약품, 식량 등과 같은 물자원조 또는 재정원조 등에 직접적으로 참여하게 되는 경우이다.

③ 상호 교류, 기술·문화의 이전, 교육훈련제공, 전문기술의 제공

자치단체 간의 경험을 교환(exchanges)한다는 것은 주로 회의나 세미나 연구 활동, 전문가의 의견교환 등 호혜성의 조건으로 교류가 이루어지는 방식이 된다. 대표적인 것으로는 문화적인 교류 활동으로 축제, 박람회 개최, 예술 및 문화 활동의 교환 등과 같은 것이 된다. 기술과 지식의 이전, 교육훈련 및 전문평가(expertise) 등의 활동은

사업에 따른 협력관계 속에 이루어질 수 있지만 반드시 그러한 것은 아니다. 이와 같은 교류협력관계는 다른 교류 활동을 보완해 주는 보조적인 역할을 하는 경우가 빈번하다.

이상과 같은 협력방식들은 지방자치단체가 고유의 권한을 행사하는 것이기 때문에 선택의 자유가 있다. 하지만 사전에 다음과 같은 원칙을 준수해야 할 필요가 전제되고 있다. 즉, 자치단체는 협력에서의 주체적 지위를 갖지만, 국가가 인정해 주는 법체계 내에서 자치단체·지역사회의 공익을 고려하여 협력관계를 맺을 수 있다. 또 다른 원칙을 보면, 자치단체의 협력관계는 일시적이고 제한적인 협력관계라기보다는 여러 구체적인 상호 교류에 의해서 현실화되는 것이기 때문에, 언제나 선진국이 기술적인 도움을 주는 것과 같은 일방적인 협력은 아니며, 자치단체 간 협력관계라고 말할 때에는 반드시 파트너의 차원에서 의미를 갖는다는 점이 중요하다.

(3) 지방자치단체 간 국제협력의 영역

지금까지 선구적인 지방자치단체들은 환경보호 및 지속 가능한 발전, 인권보장, 인종차별 반대, 연대운동, 긴장완화와 평화건설, 남북통일의 기반조성, 행정역량과 민주주의의 강화, 인도적 원조와 빈곤퇴치, 건강증진과 사회개발, 문화교류 등의 영역에서 국제협력을 시도해 왔다.

[표-7]은 지방자치단체 차원에서 가능한 국제협력의 영역과 영역별 대표적 사례를 정리한 것이다. 표에서 보는 바와 같이 지방정부 간 국제협력은 지방의 관심사인 동시에 인류 공통의 문제들을 대상

으로 여러 지방정부들이 공동협력하고 있음을 알 수 있다.

[표-7] 지방자치단체 차원의 국제협력 영역별 주요 내용과 대표적 사례

협력 분야	주요내용 및 대표적 사례
환경보호 및 지속 가능한 발전	·세계 350개 지자체로 구성된 "국제지방환경선도연맹(ICLEI)"의 지구환경보호를 위한 협력 활동 ·국제지방자치단체연합(IULA)의 "환경, 보건 및 생활방식에 관한 선언"
인권보장	·1990년대 초 미국 지자체의 국제인권보호 활동 ·네덜란드 라이덴 시의 "난민의 도시 라이덴" 캠페인 ·중국 천안문 사태 시 미국 주정부의 인권보호운동
인종차별반대	·남아공의 프리토리아 정권의 인종차별 금지를 위한 미국과 네덜란드 지자체의 캠페인
연대운동	·1980년대 후반 미국과 유럽의 주 및 지방자치단체들이 위기에 처한 니카라과의 산디니스타 정부를 구하기 위한 국제적 연대운동 (solidarity movement)
긴장완화와 평화건설	·40년대 말 프랑스와 서독의 도시들 간의 "1000개의 자매도시 결연 운동"
통일의 기반조성	·독일 통일에 결정적 기여를 한 동·서독 도시 간의 자매결연(1989년 통일직전 62개의 자매결연)
행정역량과 민주주의 강화	·자치단체들의 행정역량과 민주주의의 강화 ·캐나다의 코버그와 말라위의 므주주 간의 협력프로그램
원조와 빈곤퇴치	·곤궁한 지자체를 돕거나 사회경제적 필요에 부응하기 위한 국제협력 ·일본 이와데현 쿠시시와 리투아니아공화국 클라베이다시와의 리투아니아 독립 지원과 의약품원조 사례
의료 보건	·지자체들 간에 병원의 신축이나 보강, 의약품과 의료장비의 기부 등을 통한 국제협력 ·일본 후쿠오카와 중국 광조우 간의 의료 보건 협력사업 등
사회개발	·성차별, 노동조건, 지역사회개발 등 사회적 쟁점에 대한 지자체 간 국제협력 ·미국 신시내티와 우크라이나 카키브 간의 성 문제 협력사례
공정무역	·개도국 상품을 적정가격으로 수입하여 적정이익을 보장해 줌으로써 무한경쟁과 약육강식의 자유무역 폐해 시정. ·유럽 지방자치단체들이 지원하는 1000여 개의 "제3세계 상점"
문화교류	·결연관계를 맺은 양측의 상호 이해와 우의를 다지는 전형적인 지자체 국제협력 분야 ·호주의 다아윈과 동티모르의 딜리 사이의 요트경기를 통한 양 지역 간의 우의와 경제적 이익의 증진

자료: 안성호, 2001:16-25

(4) 지방정부의 국제협력을 위한 국제기구 및 단체

지방정부의 국제협력을 지원하기 위한 국제기구나 단체들은 무수
히 많다. 그중에서 중요한 몇몇 기구들을 살펴보고자 한다.(한국지방
자치국제화재단, 2003:8-72)

① 세계지방자치단체연합(United Cities and Local Government:
  UCLG)

UCLG는 두 개의 대규모 지자체 국제기구인 IULA(지방자치단체 국
제연합)와 UTO-FMCU(국제자매·교류도시연맹)의 통합으로 생긴
세계 최대규모의 지방자치단체 국제기구로서, IULA에서 가장 큰 비중
을 차지하고 있던 지자체협회 회원들과 UTO의 개별 지자체 회원들을
한데 묶어주는 역할을 하게 되었다. 새로운 세계 지자체 기구를 만들자
는 생각은 1996년 이스탄불에서 열린 UN 인간정주회의(United Nations
Is tanbul Conference on Human Settlements)에서 도태되었다. 이 회
의에서 지방 분권과 지자체 강화에 대한 국제적 인식이 증대된 것이다.
이에 따라 이스탄불에서 열린 WACLA(World Assembly of Cities and
Lo cal Authorities)에서 참석자들은 국제적인 지자체 기구를 만들어
협력을 증대시키고 단일한 세계기구를 위한 토대를 만들어야 한다고
주창하기에 이르렀다. 그 이후로 IULA와 UTO는 함께 UCLG를 만들
게 되었고, 2001년 5월 IULA-UTO 통합총회(Unity Congress)가 브라
질 리오데자네이로에서 열렸으며, 그 결과 두 국제기구의 통합 결정이
공식화되었다. 현재 UCLG는 스페인 바르셀로나에 사무국을 두고 있
으며, 아시아·태평양, 아프리카, 중미, 동지중해·중동, 유럽, 남미의 7

개 지역으로 나누어 각 지부별로 특성에 맞는 활동하고 있다. UCLG는 지자체를 강화하기 위한 다양한 활동을 하고 있다. UCLG는 도시 간 국제협력을 증진시키며, 프로그램·네트워크·파트너십을 도모하여 지자체 및 지자체협회의 역량을 증대시킨다. UCLG는 모범사례의 전파와 지자체 지원의 중요한 방법으로서 지자체협회를 강화시키는 것이 필요하다는 판단하에 협회역량강화(ACB: Association Capacity Building)를 추진하고 있다. ACB 프로그램은 협회 간의 파트너십을 도모하며 협회가 없는 나라에는 지자체협회를 구성하는 것을 지원한다. UCLG는 도시 간 협력(City-to-City Cooperation)을 통해 학습과 교류를 추구하며 주제와 지역별로 도시 간 네트워크를 지원한다. 국제적 역량 및 기관 발전(CIB: International Capacity and Institutions Building) 플랫폼은 지방행정인들의 경험을 교류하고 파트너십을 개발하여 지자체 및 지자체협회의 역량을 강화하려는 목적으로 추진되고 있다. 지자체 결정과정에서 여성의 참여 확대 프로그램(Promoting Women in Local Decision-Making)은 UCLG에 추구하는 또 하나의 중요한 활동이다.

② 자치단체 개발(Towns & Development: T&D)

자치단체와 개발(이하 T&D라 칭함)은 남-북 협력관계(North-Sou th Partnership)를 홍보하고 지방 차원의 지속 가능한 개발을 위한 활동의 협력을 목적으로 하는 지방자치단체, NGO 그리고 지역공동체 단체들의 국제 네트워크이다. T&D는 IULA 산하네트워크로서 국제사회에서, 특히 남-북 관계가 생활에 직접적으로 미치는 영향과 그 속에서 자신들의 역할에 대한 인식을 증진을 목적으로 설립되었다. T&D는 국제사회 및 환경 개발에 지방의 기여와 인력 활용을 지원하고 개발 협력과 교육 활동 등에 지방의 전문가와 자원을 적극 활용하는 것을 그 목표로 한다. T&D의 모든 활동은 1992년 『지방 주도의 지속 가능한 개발을 위한 남-북 국제회의(International North-South Conference on Local Initiatives for Sustainable Development)』에서 채택된 베를린 헌장과 의제 21의 28장에 근거한다. 베를린 헌장과 행동 강령이 T&D가 핵심 프로그램이 근간이 되는데 T&D의 모든 활동은 다음 두 개의 상호 보완적인 분야에 초점을 두고 있다.

〈분권화 협력(Decentralised Cooperation)〉
분권화 협력은 지역공동체 주민들의 삶의 질을 향상시키고 보다 나은 서비스를 제공하자는 공공 협력 활동의 원칙에 기본을 두고 있으며 이 원칙에 근거한 구체적인 프로그램의 계획과 실행을 위해 적당한 파트너들을 모은다. T&D의 프로그램은 지방 차원에서 구체적인 발전 프로젝트를 기획하는 NGO와 지방 자치단체들의 국가 지역 네트워크들과의 협력을 강조하고 있다. T&D의 분권화 협력관련 활동은 중복되는 활동을 피하고 상호 보완성을 공고히 하기 위하여 실행 이전에 IULA와 다른 국제기구들과의 충분한 논의와 상담을 거친 뒤에 행해진다.

〈지방 위주의 활동 홍보 및 교육〉
T&D는 다음의 네 가지 주제에 초점을 둔 프로그램의 기획 또는 지원을 통해서 지방 주도의 여러 활동과 역할에 대한 인식 및 교육을 증진시킨다. 첫째, 공정무역 거래로서 공정무역 거래 상품의 홍보를 통해 남-북 관계에 대한 일반적인 인식을 높이고 각 개인과 기

관이 공정무역거래 상품을 통해 더욱 공정한 무역 관계 형성과 생산
자들의 생활수준의 향상에 기여할 수 있도록 한다.

둘째, 일반 대중에 대한 개발 교육 홍보활동으로서 T&D 활동은
지방자치단체들의 개발교육센터 설립, 운영 및 유지 방법에 대한 연
구 및 성공 사례들을 다른 지역의 자치단체들과 공유하는 데에 초점
을 맞추고 있다. 셋째, 지속 가능한 발전을 위한 생활 방식으로서 지
방의제 21과 관련된 남-북 차원의 수많은 기구와 네트워크가 환경
과 조화를 이루는 지속 가능한 개발에 관심을 기울이고 있는데 그중
에서 남-북 문제에 초점을 두고 있다. 넷째, 지방의 다양성으로서
지방자치단체들이 인종차별주의, 외국인에 대한 반감, 그리고 그 외
여러 형태의 편견과 차별에 대항함으로써 핵심적인 역할을 수행하고
있다. 다섯째, 지구촌의 자치단체로서 국제협력 증진을 위해 노력하
고 있는 자치단체들 간의 상호 정보 교환을 위한 네트워크인『지구
촌 자치단체 프로그램(Global Cities)』을 마련했다. 이 프로그램은
1995년 IULA 세계 대회의 주제인 "자치단체의 세계: 혁신적인 국제
협력을 위한 지방자치단체의 방향"에 대한 후속조치로 시작되었다.

③ 인간정주관리를 위한 지방정부망(The Regional Network of
   Local Authorities for the Management of Human Settlements:
   CITYNET)

1982년 UN-ESCAP(유엔 아시아 · 태평양 경제사회위원회)와 UNCHS
(유엔 인간정주센터)의 공동 주관으로 요코하마에서 열린 '인간정주
개발을 위한 아시아 · 태평양지역 지방자치단체회의'에서 역내의 지방
정부 간에 효율적인 연계망을 구성하자는 내용의 요코하마 선언문이

채택되었다. 그 후 1987년 나고야회의에서 Citynet이 창설되었다. Citynet 은 급격한 산업화와 인구의 도시 집중으로 야기된 환경파괴와 대도시 의 빈곤계층 확대 등 풍요로운 삶의 질을 저해하는 위협 요소로부터 인간을 보호하고 효율적인 도시개발과 인간정주를 보장하고자 아시 아·태평양지역 내의 개별 도시, 자치단체연합, NGO를 연계하여 종합 적이고 다각적인 협력과 교류 진흥을 목적으로 한다. 주요 사업은 첫 째, 기술지원사업으로서 도시개발과 관련해서 개별 분야 전문가와 도 움을 필요로 하는 희망도시에 기술고문과 지원사업 알선을 펼치고 있 다. 둘째, 자치단체 공무원 또는 NGO 소속 위원을 대상으로 단기연수 를 알선한다. 셋째, 개별 정책사안별로 합작연구팀을 만들어 프로젝트 연구를 실시하고, 그 연구결과를 연수 프로그램에 활용한다. 넷째, 효 율적 도시개발 및 인간정주 관리 사례와 자료를 수집, 분석하여 비디 오, 사진, 소책자 등으로 발간, 배포해 아시아·태평양지역 내의 인간 정주관리 정보은행(Data Bank) 역할을 한다.

④ 세계대도시정상회의 (Summit Conference of Major City of the
    World: SUMMIT)

세계의 도시, 특히 대도시들은 경제, 사회, 문화 활동의 중심지로 수많은 인구가 도시로 유입되어 급격한 발전과 함께 인구 집중에 따 른 환경 악화 등 해결이 곤란한 많은 문제들이 야기되고 있다. 이런 문제들의 해결을 위해 스즈키 동경도지사의 제창으로 1985년에 시작 된 세계대도시정상회의(이하 SUMMIT라 칭함)는 대도시 행정의 최 고 책임자인 시장들이 정치, 경제체제 그리고 문화의 상이함이나 국 경, 인종의 벽을 넘어 한자리에 모여 갖가지 도시경영 이념과 정책에 관해 솔직한 의견을 교환하는 토의의 장을 가진다. SUMMIT는 세계 대도시 공통문제의 해결을 도모하고 시장 상호간 이해를 돈독히 함으로써 세계평화의 실현에 공헌하고 있다. Summit는 1985년 제1회 동경회의 이후 3년마다 개최되고 있다. 개최 시기는 가능한 많은 시장이 참가 가능토록 배려하여 개최도시가 결정된다. Summit 개최도시는 참가도시 중에서 선발되는 理事 도시의 협의에 의해 결정된다. 정상회의 후의 후속처리 및 다음 회의개최 도시 결정 등을 理事 도시로 선출된 10개 도시 - 아비쟌(아이보리코스트), 북경(중국), 베를린(독일), 카이로(이집트), 멕시코시티(멕시코), 뉴사우스웨일즈(호주), 뉴욕(미국), 파리(프랑스), 상파울로(브라질), 도쿄(일본) - 가 맡는다. Summit 네트워크는 아래 27개 도시에 의해 구성되어 있다. 1991년 몬트리올에서 개최된 제3차 Summit부터 Summit는 IULA, METRO POLIS, UTO와 함께 1992년 지구정상회담에서 지방자치단체들의 입장을 표명하는 등 활발한 활동을 펼쳐 왔다. 그 결과 지구정상회담에서 채택된 지방의제 21에서 G4가 지방자치단체 관련 프로그램을 지원하는 국제기구로 언급되었다. 1992년부터 G4는 지방자치단체 차원에서 지구정상회담의 정신을 구현하는 구체적인 실천 방안과 이에 따른 문제들을 논의하기 위해 필요할 때마다 개최하고 G4는 지방자치단체들의 의견이 Habitat II와 같은 국제회의에 충분히 반영되도록 노력하고 있다.

⑤ 세계대도시 협회(World Association of the Major Metropolises: METROPOLIS)

도래하는 21세기 문명을 이끌어갈 주체인 대도시 경영 담당자들이 경제발전과 환경보존, 삶의 질 향상으로 대변되는 인류의 공동 목표

달성을 위한 협조체제를 구축하고 정보를 교환하며 시민참여를 제고하는 데 공동의 구심점이 되고자 1985년 세계대도시협회(이하 메트로폴리스라 칭함)가 창설되었다. 메트로폴리스는 1985년 4월 캐나다의 몬트리올에서 결성된 국제조직으로 세계 대도시의 인프라 정비, 도시개발, 환경보전, 경제개발 등에 관한 정보, 의견 교환 및 기술 원조를 통하여 도시 간의 국제협력과 교류 촉진을 목적으로 한다. 현재 메트로폴리스는 UN, WHO, UNEP, UNDP, HABITAT, 세계은행, 유럽연합, OECD 등 전 세계 유수기관과 네트워크를 형성해 활발한 활동을 전개하고 있다. 메트로폴리스의 운영은 매년 개최되는 연례 이사회(실무정보워크숍 동시개최)와 3년마다 개최되는 총회에 의해 이루어진다. 메트로폴리스의 활동을 집대성하는 심포지엄인 메트로폴리스와 최고의사 결정기구인 총회를 3년에 1회 개최하여 메트로폴리스의 기본방침을 결정하며 이사 선출 등의 업무를 처리하고 있다. 1984년 파리, 1987년 멕시코, 1990년 멜버른, 1993년 몬트리올, 1996년 동경에서 각각 총회가 개최되었는데, 이들 총회에서는 이론 및 실무정보 교환과 협조체제 구축을 모색하였다. 1999년 바르셀로나 총회에서 서울시가 총회유치에 성공, 2002년 5월에는 서울시에서 총회가 열렸다 4개의 상임위원회가 주제별로 계속적인 연구 활동을 벌인 활동 내용은 다음과 같다.

첫째, 개발기획/경영 위원회(멜버른, 리스본)로서 주요 대도시 구조개선 프로젝트를 연구하고 있으며, 둘째, 환경/도시환경/보건 위원회(코르도바, 바르셀로나)는 환경문제, 특히 수자원보존과 관련된 문제 연구를, 셋째, 경제개발 위원회(리우, 바르셀로나)는 제조업 실태와 경제, 또 경제가 도시개발에 미치는 영향에 대한 연구를, 마지막으로 사회/문화개발 위원회(토론토, 아비잔)는 대도시 청소년문제를 집중적으로 연구하고 있다. 메트로폴리스는 회원도시 간의 정보교환을 장려하고 도시개발 및 경영 프로젝트 입안 및 실행을 지원하기 위해 기술지원 프로그램도 실시하고 있다.

⑥ 기타 국제기구들

날로 심각해지는 환경문제에 관한 지방자치단체 간 국제협력을 위해, 1990년 8월 뉴욕 UN본부에서 개최된 "지속가능한 미래"를 위한 지방정부 세계총회를 계기로 발족된 자치단체국제환경협의회(International Council for Local Environment Initiatives: ICLEI), 지방자치단체들의 재난에 대한 대처 방안의 효율성을 향상시키고, 재난 극복 및 재난의 충격을 완화하기 위해 국가기구나 국제기구들과 함께 연구 활동 증진을 목적으로 설립된 지방자치단체 재해대책 국제회의 (Local Authorities Confronting Disasters & Emergencies: LACDE) 등 많은 지방자치단체의 국제협력을 지원하는 기구들이 있지만 생략하기로 한다.

(5) 지방자치단체 간 국제협력의 장점

협력관계를 유지하는 지방자치단체 간의 관계가 한 나라 자치단체에만 일방적으로 유익하도록 협력이 이루어지는 것이 아니고 '상호 간의 이익'을 위해 협력을 원하는 자치단체끼리 동반자의 관계 위에 성립된다. 즉, 교류 자치단체 상호간 추구하는 이익이 다르다고 할지라도 이들이 앞으로 다양한 교류협력 계획을 추진함에 있어서 자유의지에 따른 선택을 가능하게 할 수 있는 미래지향적 우호관계의 형성을 말한다. 이런 의미의 자치단체 간 국제교류협력관계가 보여주는 주요 장점들을 다음과 같이 정리할 수 있다(안영훈, 1999: 193-195).

첫째, 선진국과 후진국의 자치단체 간 교류관계는 그 성격에 있어서 민주화, 자치화의 과정을 보다 신속하게 추진할 수 있도록 지원해 주는 국제협력과 국제적 단결의지의 차원이 많이 작용하였다. 예를 들면 아프리카, 라틴아메리카, 중앙유럽과 과거의 사회주의 국가들에 대하여 미국, 유럽 등 선진 민주국가들의 자치단체들이 이들 나라와 교류협력관계를 구축하여 지속적으로 발전시킴으로써 인류박애정신의 실천과 세계평화유지에 상당히 기여하였다.

둘째, 경제적 중요성에 의해 경제교류발전이 자치단체 간 협력계획의 주요 목표가 되기도 한다. 이러한 경제적 동기는 다른 계획이나 다른 교류동기와 함께 연계되는데, 전체적인 교류의 틀 속에서 기술협력 또는 민간기업 간의 사업발전 등과 같은 경제협력 주제가 담겨지게 된다. 또는 반대로, 교류협력의 목적이 경제적인 것이 아니었음에도 불구하고 상호 협력 활동들이 경제적 차원으로 발전하는 경우도 발생한다.

셋째, 국제교류협력관계를 맺음으로 해서 지역사회와 지역문화에 상당한 영향을 줄 수 있다. 이는 자치단체 간 단순협력의 차원을 넘어서 지역사회의 문화적인 교류형태로 발전하는 경우이다. 자치단체의 고유경험을 서로 부딪쳐 보고 외부와의 접촉에 의한 문호의 수입과 개방으로 자치단체의 정체성을 더욱 강화시켜 나갈 수 있다는 점에서 긍정적이다. 이때는 지역사회를 구성하고 있는 자치단체 행정기관, 시민협력단체, 전문경제단체, 기업, 여러 부류의 민간단체 등 지역공동체의 다양한 구성원들이 적극적으로 국제교류 협력관계에 연계가 되어 지역사회의 활력소로 작용한다.

넷째, 국제적 차원에서의 교류관계는 상대국과의 이미지 문제가 관련된다. 특히, 한 나라의 특정한 지방 또는 도시가 갖고 있는 경제적, 문화적, 그리고 관광 차원에서의 잠재적 가치를 외부세계와의 접촉으로 높여 보려는 의지를 준다. 이러한 의도가 자치단체 간의 국제협력을 위한 하나의 전략이 되기도 한다.

다섯째, 보다 효과적인 지방자치가 실천되기 위해서는 지방자치단체의 재정적 책임성, 전문기술교육, 법제도, 주민을 위한 열린 교육, 민주절차의 확립 등이 요구되고 있는데 이러한 점들은 사실상 자치단체 스스로 조성하기가 쉽지 않다. 그러므로 시민단체 전문기업, 이미 여러 경험을 축적해 두고 있는 선진국의 지방자치단체 등 다양한 파트너들과의 국제협력을 통해서 더욱 확실하게 발전시킬 수 있다는 점을 지적하지 않을 수 없다.

3) 국제통상

(1) 개념 및 의의

국제통상이란 "국제적인 거래를 위하여 상업적인 이익을 추구하는 상행위"라는 점에서 근본적으로 무역의 개념과 다를 바 없으며, 영어로 International Trade 또는 International Commerce로 표기하고 있는데 이는 둘 다 국제무역 또는 국제통상의 의미로 사용하고 있기도 하나 실제로 의미상의 차이는 없다는 견해(박종수, 1997:3)도 있으나 국제통상을 '국가와 국가 간에 이루어지는 모든 국제경제거래'

를 의미하며 특히 재화의 국제적 교역을 지칭하는 유형무역 외에 무형무역(지적 소유권 및 서비스 등의 교역)과 국제투자까지를 포함하는 개념으로 정의하고 있다. 즉, 국제통상의 개념을 운영 주체라는 측면보다는 거래 대상이라는 측면에서 국제무역보다 더 확장된 개념으로 정의하는 것이 바람직하다는 것이다(노택환, 2003:151). 오늘날 국제통상에서 말하는 상행위의 범위는 국가와 국가 사이에서 정부 간 또는 정부와 기업 간이나 또는 개인 상호간에 이루어지는 거시적 국제경제관계 및 거래당사자 간의 사경제적 관계 모두가 포함된다. 결국 국제통상은 수출입을 지원하는 정부 간의 대외교섭 활동과 무역업계의 통상진흥을 위한 각종 지원 활동(전시, 홍보, 지도, 마케팅 등) 및 전략을 포함하는 개념으로 사용된다. 국제통상은 수출입을 지원하는 정부 간의 대외교섭 활동과 무역업계의 통상진흥을 위한 각종 지원 활동 및 전략 등 제반 활동을 포함한다. 또한 국제통상은 세계화와 가장 밀접한 관계를 가지고 있는 분야로서 국가 간에 이동될 수 있는 모든 자원이 국제통상 활동의 대상이 된다고 할 수 있다.

한편, 지역기업의 수출 진흥을 목표로 하고 있는 지방자치단체의 국제통상정책은 상품의 수출입에 직접적인 영향을 주는 무역정책(관세 및 시장개방 정책 등)을 입안하여 제도화하는 것이 불가능하다. 그래서 지방자치단체는 수출 진흥에 보다 많은 관심을 가질 수밖에 없으며, 이를 위해서 수출 진흥을 중심으로 국제통상 진흥정책을 수립하여 추진하고 있다. 이러한 점에 비추어 볼 때 지방자치단체의 국제통상정책은 협의로는 "지역 내 기업의 수출 증대를 지원하는 제반 활동"으로 정의할 수 있으나 보다 넓은 의미로는 "지역 내 기업의 해외투자와 당해 지역 내에 외국기업이나 자본을 유치하거나 유치된 기업을 지원하는 활동"을 포함하는 개념으로 파악한다.(김주완, 2001:4)

(2) 지방자치단체 국제통상의 필요성

지역경제개발정책의 대외적 측면인 국제통상 분야는 시대적 흐름에 비추어 볼 때, 그 개발 주체가 지방자치단체이어야 하며 지방자치단체의 정책 영역 중에서도 비중이 가장 높아져야 할 것이다. 이러한 이유는 다음과 같은 데서 찾아볼 수 있다.

첫째, 국제질서의 기준으로 작용하던 이데올로기가 종식되고 각국의 경제적 이익과 논리가 국제질서의 주요 기준으로 대체되었으며, 이러한 표상으로 자유무역을 지향하는 WTO 체제라는 개방화가 진행되고 있다. 따라서 한 국가의 안보는 과거의 정치적 지향에서 경제적 지향으로 전환하고 있으며, 각국의 생존전략은 경제발전에 기초하고 있어서 정치적으로 국경이 희박해진 무한경쟁시대에 개방화에 대응할 수 있는 전략의 수립과 실천이 큰 과제로 대두되게 되었다. 둘째, WTO 체제의 형성과 함께 세계경제에는 경제블록화가 가속됨으로써 경제 활동 주체의 단위가 변하고 있다. 과거 국가의 역할과 책임하에서 이루어지던 국제관계와 경제교류 및 협력을 전이시켜 지금부터는 지방자치단체의 역할과 책임하에서 국제적으로 지방자치단체 간의 경제 및 통상부문의 교류와 협력을 적극적으로 활성화시켜야 된다는 것이다. 셋째, 지방자치제도의 실시는 지방행정의 내용과 성격을 변화시키고 있다. 즉, 지방자치의 실시로 지방자치단체에 대한 지역주민의 지방적 이익과 논리에 따른 지역개발욕구가 다양해지고, 이전에 경험하지 못했던 새로운 정책 영역이 지방자치단체에 추가됨과 동시에 행정서비스의 확대 및 유형의 변화가 요구되며, 특히 지역경제의 활성화 및 개방경제체제에의 적극적 대응이 지역발전의 주요 관건이 될 뿐만 아니라 지방자치단체가 해결해야 할 우선 과제가 됨을 의미한다.

(3) 지방 차원의 국제통상의 영역

지방 차원의 통상정책은 주로 지역 내 기업의 수출 촉진과 외국
기술 및 자본의 도입, 지역 내 기업의 해외진출 등과 관련된 제반
활동으로서 그 영역을 보다 세분하여 정리해 보면 [표-8]과 같다.

[표-8] 지방 차원의 국제통상 활동의 영역

영 역 별	주 요 활 동 내 용
① 수출진흥정책	· 무역회사, 수출협동조합, 해외무역사무소 설치 등을 비롯한 해외 마케팅 지원 · 해외시장개척단 파견, 국제박람회, 전시회 참가 등 수출입 활동의 지원 · 자유무역지대 등 지역 내 수출입 자유지역 지정
② 수출특화기업정책	· 수출기업화 사업, 수출특화지구, 지방자치단체 수출보증제도, 지방자치단체의 자금보증제도, 지방자치단체 품질인증제도, 무역실무교육
③ 국제통상정보개발정책	· 국제통상정보센터의 설치, 인터넷 무역의 지원 등
④ 국제협력정책	· 해외인력망, 외국인근로자 수입, 산업영수생의 파견 및 도입
⑤ 투자유치정책	· 외국인투자진흥기관과의 협력, 외국인기업전용공단의 지정, 외극인투자인큐베이터, 국내외 투자유치설명회 등
⑥ 해외투자정책	· 해외투자컨소시엄, 해외투자공단의 조성 · 업종별·지역별 해외투자 활동 지원 등
⑦ 기술발전정책	· 기술개발컨소시엄, 해외기술협력, 테크노마트 등

자료: 박경국, 2001:238

[표-8]에서 보는 바와 같이 지방 차원의 통상 활동을 분류하여 정
리해 보면 크게 수출진흥정책, 수출특화기업정책, 국제통상정보개발
정책, 국제협력정책, 투자유치정책, 해외투자정책, 기술발전정책 등
일곱 가지 분야로 나누어 볼 수 있다.

그중에서 특히 지역 내 생산품의 수출 진흥을 위한 정책이 가장 대표적인 정책으로 간주되어 왔다.

(4) 지방 차원의 국제통상의 한계

무한경쟁체제 속에서 외국 또는 국내의 타 자치단체 간의 경쟁에서 우위를 점하기 위해서는 경제 및 통상정책이 국제화, 개방화, 정보화시대의 추이에 따라 신축적으로 변해야 할 것이다. 이러한 국제통상의 지방적 수요를 효율적으로 충족시켜야 한다는 당위성에도 불구하고 현실적으로 지방자치단체가 국제통상을 수행하는 데 있어서는 여러 가지 제한요인을 가지고 있다.

첫째, 우리나라 지방자치단체는 과거 중앙정부 주도의 경제 및 통상행정체제에서 완전히 탈피하지 못하고 있으며, 자생력의 부족으로 인하여 아직 많은 부문에서 과거의 정책을 답습하는 경향이 있다. 또한 중앙정부의 권한이 지방자치단체로 분산되어 가는 시대적 변화에 대처할 수 있는 행정체제도 완전하게 갖추어지지 못한 실정이다. 국제통상 정책개발 및 국제통상 행정서비스의 지방적 수요는 기존의 중앙정부 또는 관련기구의 지부 및 지역사무소에 의해 충족되기가 어렵다. 또한 국제통상정보의 제공에 있어서도 지방의 기업이나 수요자의 접근가능성이 낮을 뿐만 아니라 정보의 내용 또한 지방적 현실에 부합치 못하고 국가적 수준에 맞추어져 있다.

둘째, 변화하는 시대에 적합한 종합적인 전략은 세계적 변화의 양상을 정확하게 예측하는 능력에서 출발한다고 볼 수 있다. 그러나 현재 우리나라 지방자치단체의 국제통상 정책개발 및 국제통상 행정체계가 미약하거나 조직화되어 있지 못하기 때문에 대체로 정책 산출이나 서비스공급 능력이 부족하다. 지방자치단체의 국제통상 담당 공무원의 전문성과 경험의 부족, 경영마인드와 봉사정신의 결여, 그리고 관 우위적 사고와 관료주의 등에서 나오는 의식과 형태 등이 국제통상 행정서비스 공급을 원활하게 유지하는 데에는 적합하지 않은 면이 있다. 또한 경제에 영향을 미치는 국내외적 요인들을 분석하고 종합적인 전략을 마련하는 기능이 부족하기 때문에 급격한 개방화와 국제화에 따른 교역의 증가, 수출관련 국제통상교섭 등에 있어서 지방 차원의 대응능력이 미약하다고 볼 수 있다.

셋째, 국제통상 행정서비스의 배분에 있어서 그 공급 주체를 누구로 하는 것이 효율적이냐 하는 것이다. 국제통상의 기능은 사무의 소관을 중심으로 할 때 대부분이 기관위임사무이므로 지방의회의 관여가 배제되어 있으며, 국제통상 관련기관의 직할기관 설치에 의한 위탁처리방식은 지방자치제도의 실시 이후에도 여전히 관례로 존속되고 있다. 이러한 중앙정부 주도의 국제통상 행정서비스 제공은 지방적 수요에 대한 구체적 대응을 어렵게 하고, 동시에 지방자치단체의 경우에는 그 능력이 갖추어져 있지 않기 때문에 효율적 행정서비스 공급체계의 모색을 쉽지 않게 하고 있다.

넷째, 지방자치단체는 경제통상정책을 수립함에 있어 지역경제의 발전과 연관된 장기적이고 거시적인 안목이 결여되어 있어서 국제정세의 변화에 신축성 있게 대응할 수 있는 대외전략을 마련하는 데 어려움을 겪고 있다. 이것은 다양한 국제통상 현안에 대한 종합조정 기능이 미흡하다는 데에서 그 원인을 찾아볼 수 있다. 각 부서 간 조정된 입장을 정책수립에 반영하는 기능이 취약하여 일관된 국제통상정책의 운영이 어려운 실정이다. 지방자치단체의 국제통상정책 개발체계 및 국제통상 행정체계의 미약성은 정책 산출이나 서비스의 공급능력에 있어서 많은 한계점으로 작용하며, 분산적인 통상행정체계는 체계적이고 조직적인 업무계발을 어렵게 하고 있다.

다섯째, 지방자치단체의 국제통상정책 영역에 있어서 실효성이 높을 수 있는 지방기업에 대한 조세감면정책과 금융우대정책 등은 지방자치법상 그 집행이 지방자치단체에서는 제한되는 국가사무로 규정되어 있어 지방자치제 실시 전후를 비교할 때 아무런 변화가 없다. 따라서 지방자치단체가 수립한 지역경제 발전계획이나 국제통상정책은 중앙정부의 그것과 같은 정도의 금융·재정적 지원이나 행정상의 혜택을 부여할 수 없는 한계를 계속 가지고 있어서 지방자치단체의 국제통상 활동은 제한적으로 이루어질 수밖에 없다.

여섯째, 과거 우리나라는 경제전문가 양성의 필요성을 인식하지 못하였다. 또한 현재 지방자치단체 공무원인사제도는 채용, 교육훈련, 그리고 보직관리에 있어 경제 및 통상전문가 양성에 적합하지 않는 형편이다. 따라서 국제화 및 정보화시대를 맞이하여 경제전문가 확보에 어려움을 겪고 있다. 이것은 공무원 개인의 전공이나 경험보다는 순환보직에 의한 일반 행정가로서의 자질을 향상시키는 데 주안점을 두고 있는 데서 그 원인을 찾아볼 수 있다. 교육훈련의 경우에도 자신의 전공부문이나 업무능력을 향상시키기 위한 것보다는 승진을 위한 필수과정으로만 생각하는 경우가 많다. 우리나라 공무원 승진체계는 주로 연공서열에 의존하고 있으므로 승진하려면 개인의 전문성과 관계가 없는 부서를 거치는 것이 일반적인 관례이므로 보직관리 역시 경제전문가를 양성하는 기회를 제공하는 것과는 거리가 멀다(박경국, 2001:239-240).

4) 지역의 국제화

(1) 개념 및 의의

지역 내부의 국제화(內なる國際化)란 지역사회 차원에서의 국제사회에 대응하는 방안으로서 외국인들도 아무런 불편 없이 생활할 수 있는 열린 지역사회를 만드는 것이다(일본재단, 2001:2-3). 즉, 외국의 영향력(외국인, 상품, 물자, 정보 등)이 국내의 정치·경제·사회에 미치는 영향에 대응한 국제화(강형기, 1999:14), 또는 밖으로부터의 이질적인 것을 받아들인다고 하는 "의식적인 면에 있어서의 국제화"(강신일, 1995:12)를 말한다. 지방자치단체는 당해 지역주민에게 서비스를 제공하는 조직이므로 그가 외국인이든 내국인이든 간에 지구시민으로서 존엄성을 인식한 가운데 공존, 공유할 수 있는 지역사회를 건설함으로써 자연히 해외로 그 힘을 뻗어나가게 하는 역할을 수행해야 한다. 지방의 국제화는 양방향(two-way)으로 이루어져야 하므로, 이에는 해당 지역의 외적 진출과 교류 및 내적 개방과 국제화를 포함한다.

즉, 대외적으로 다양하게 진출하는 차원에 그치지 않고, 대내적으로도 세계를 향해 '열린 지방'을 만드는 것을 의미한다. 따라서 지방의 국제화는 지방공간의 개방화란 소극적 의미의 "지방의 국제화"와 아울러, 세계경제에 대한 지방의 주체적 대응능력을 제고시키는 "세계의 지방화"가 병행되어야 한다. 따라서 진정한 의미의 지방의 국제화는 세계경제가 '지방적으로 동화'(Local assimilation)되게 하는 것으로서, 이 같은 지방화는 생산과 소비의 양면에서 이루어져야 한다(김익식,

1999:97-100). 이러한 의미에서 일본의 가나가와현(神奈川縣)에서는 이를 내부에서의 民際外交라고도 한다(윤설현, 1996:39).

(2) 지역의 국제화를 위한 영역

외국인도 내국인과 같이 아무런 불편이 없이 살 수 있는 열린 지역사회를 건설하기 위해서는 국가 차원에서는 외국인의 지방선거권 보장, 의무교육, 의료보험의 적용 등 지역사회의 일원으로 살아가는데 필요한 관련법과 제도를 정비하여야 하며, 지방자치단체도 가능한 한 외국인도 국적에 관계없이 '지구동포'로서 같이 공존하는 지역을 건설하려는 자세를 갖추어야 한다. 이를 통과형 외국인에 대한 대책과 장기 체류형 외국인에 대한 대책으로 나누어 검토해 보면 다음과 같다(강형기, 2001:436-439).

① 통과형 외국인에 대한 대책

외국인 체류자·방문자의 증가에 따라서 외국인에게도 살기 편한 지역을 건설할 필요성이 높아지고 있다. 따라서 주요 공공시설, 교통기관 도로 등에는 외국어로 안내판을 설치해야 한다. 그리고 특히 음식점에서 메뉴를 외국어로 표기하는 것도 중요하며, 또한 도시계획 등 각종의 개발계획을 수립할 때에는 외국인에 대한 배려를 함으로써 국제적으로 열린 지역사회를 건설해야 한다.

② 장기 체류형 외국인에 대한 대책

지방자치단체에 외국어능력을 겸비한 직원의 배치 등으로 창구서
비스를 충실히 하고, 외국인 상담 코너를 개설하여 주택·교육·의
료, 쓰레기 처리를 비롯한 일상생활상의 습관 등과 관련된 생활상담
서비스를 제공하여야 한다. 외국인을 위한 홍보자료의 작성, 외국어
로 표시된 지도의 배부 및 기타의 행정정보 제공체제도 정비할 필요
가 있다. 즉, 외국인 등록에서 시작되는 창구의 대응방법, 외국인의
교육·복지에서 과세, 외국인의 취업노동기준, 도서관이나 의료의 이
용방법, 도로표지의 외국어 표시, 외국인용 정보센터 설치, 외국인용
광고, 외국인용 한국어 학습 등이 지방자치단체의 시책으로 추진되
어야 한다(松下圭一, 1988:273).

또한 지역 내에서 외국인의 취향과 기호 및 애로점을 파악하여
국제적으로 통하는 지역사회의 건설과 아울러, 우리 주민의 국제감
각 증진을 도모하기 위해서, 주민과 외국인 체류자 그리고 행정과
외국인 체류자 간의 간담회를 개최하고 외국인 체재자를 위한 자원
봉사시스템도 구축할 필요가 있다. 그 밖에 외국인과 그 자녀를 위
한 향토장학금 수여, 주기적 앙케이트 조사 등을 통해 외국인의 관
점에서 본 지역사회의 국제화 정도의 평가 및 보완 등을 추진하여
외국인이 살기 좋은 지역사회를 만들어 가야 한다.

③ 민간의 협력시스템을 통한 공존의 실천

지역 차원에서 국제교류를 추진함에 있어서 처음에는 정보, 조직,

인재, 자금 등의 제약상 지방자치단체가 선도적 기능을 담당할 수밖에 없다. 그러나 장기적으로 볼 때 국제교류사업 등은 지역주민, 민간단체, 학술연구기관, 기업 등을 주된 담당자로 하는 민간부문주도형으로 전환되지 않으면 안 된다. 따라서 우선 당장에 지방자치단체가 국제교류사업을 추진해 나가면서도 민간의 담당자를 지원·조성하고, 국제교류 활동을 수행할 각종 단체를 조직화해 나감과 아울러 통역, 민박 등의 자원봉사자를 육성해 나가는 것도 긴요한 사업이라 할 수 있다.

④ 국제화 기반의 확충

지방자치단체는 지역주민과 외국인들이 자유롭게 왕래하고, 지역 내 외국인들이 아무 불편 없이 생활할 수 있도록 국제화와 관련된 기반시설과 제도를 확충해야 한다(松下圭一, 1988:283). 우선, 국제화를 위해 가장 중요한 것이 자녀들을 교육할 수 있는 외국인교육시설 및 국제표준에 맞는 각종 공공시설의 정비 확충 등이 지방자치단체 주도로 추진되어야 한다.

(3) 지역의 국제화 비전

지역의 국제화 비전은 현재의 지역의 국제화 환경과 동향을 고려하여 미래의 국제화 모습을 보여주거나, 미래상을 제시하는 것이라 할 수 있다. 오늘날의 지방은 정보화, 세계화 등 급격한 환경변화에 의하여 공간과 시간의 제약이 완화되고, 교류 및 협력이 국경을 초월하여 원활하게 이루어지게 된다. 기존과는 전혀 다른 새로운 질서가 형성되고 이로 인한 무한경쟁에서 살아남기 위하여 모든 주체들은 국제화에 총력을 다 하고 있다. 이러한 상황에서 우리나라 미래의 국제화는 어떤 모습이 어야 할까. 이를 간단히 기술하면 지방의 국제화 비전은 개방적 국제화, 실리적 국제화, 전략적 국제화, 그리고 통합적 국제화를 이루는 것이라 할 수 있다(이윤식, 2004:107-110).

① 개방적 국제화

지방은 개방적 국제화를 도모해야 한다. 개방적 국제화는 지방의 개별 주체들(공무원과 주민), 그리고 그들을 둘러싼 지역자원(정치, 경제, 사회, 문화 및 교육)의 개방을 의미한다. 먼저 개별 주체들의 개방적 국제화는 의식과 활동부분으로 구분할 수 있다. 공무원의 경우, 급변하는 환경변화를 파악할 수 있는 안목을 갖추고, 행정서비스 대상을 외국인까지 확대하여 요구를 파악하고, 이를 업무에 반영하고자 하는 개방적 의식을 갖춰야 한다. 그리고 업무에 있어서 외국인과 쉽게 의사소통할 수 있으며, 그들의 요구를 해소할 수 있어야 한다. 주민의 경우, 국내외에 있는 외국인과의 만남을 두려워하지 않고, 그들과 대화하고, 그들과 친구가 되고자 하는 개방적 의식을 갖춰야 하며, 다양한 정보원을 통하여 국제적 정보와 지식을 습득할 수 있어야 한다. 그리고 지방자치단체의 국제화 활동에 대한 적극적인 참여를 통하여 지방자치단체가 바람직한 방향으로 국제화사업을 추진할 수 있도록 유도하여야 한다. 지역 차원(정치, 경제, 사회, 문화 및 교육)은 폐쇄적·지엽적인 모습을 털어버리고 그 자원의 활용가치를 높여야 한다. 우선적으로 지역자원을 활용하는 주체들은 국제사회를 공존공영의 장으로 보고, 국제화에 개방적이며, 적극적으로 참여하여 이익을 극대화하여야 한다. 그리고 외국의 지역자원에 관심을 갖고, 이들의 변화에 적절하게 반응할 뿐만 아니라 활용할 수 있어야 한다.

② 실리적 국제화

지방은 실리적 국제화를 추진하여야 한다. 국제화는 엄청난 비용을 수반하기 때문에 국제화를 위한 정확한 비전과 전략을 세워서 접근하여야 한다. 전략을 수행함에 있어서 지역의 상황(주체, 지역자원)을 충분히 고려하여 사업의 우선순위를 정하고, 다양한 교류와 협력 프로그램이 결국 통상으로까지 이어져 실리적 이익을 나눌 수 있도록 하여야 한다. 또한 국내 지방자치단체와 정보를 공유하고, 협력체계를 형성할 수 있는 장이 활성화되어야 하며, 지방의 국제화사업에 대한 평가를 통하여 바람직한 방향으로 전환하거나, 확대 실시하여 지방의 편익을 증진시켜야 한다.

③ 전략적 국제화

지방은 전략적 국제화를 추진하여야 한다. 지방의 국제화 현황과 수준은 엄연히 존재한다. 이러한 현실을 뛰어넘어서 비약적인 국제화를 기대하기는 어렵다. 그렇기 때문에 현재 상황에 맞는 구체적 계획과 발전전략이 필요하다. 즉, 지방의 국제화를 위해서는 중장기적 계획과 전략이 요구된다.

④ 통합적 국제화

지방은 통합적 국제화를 이루어야 한다. 지방의 국제화를 위한 주체, 전략 및 공간(on-line, off-line)은 통합적으로 추진되어야 한다. 주체에 있어 관이 주도하거나 일부 민간기관이 참여하는 식이 아니라 민관협력체를 통하여, 지방과 지방 간의 협력체를 통하여, 지역과 사업 영역에 따른 협력체를 통하여 추진되어야 한다. 가장 기본이 되는 것은 주체들의 적극적인 참여에 있다. 이러한 주체 간의 협력체 형성은 국제화의 불확실성의 심화, 영향력 증가, 국제적 전문인력과 무수한 재원이 요구되기 때문에 더욱 필요하다. 이러한 협력체를 통하여 개별 지방의 부족한 부분을 보완하고, 역량을 향상시키는 기회를 갖출 수 있다.

전략에 있어서 인적·물적, 개인적·조직적, 전방위적 및 선택과 집중 등 통합적으로 이루어져야 한다.

그리고 공간이 활용에 있어서 온라인과 오프라인이 통합적으로 활용되어야 한다. 기존의 국제화는 오프라인으로 주로 이루어졌다면 이제는 주민의 참여와 지방자치단체의 국제화사업 홍보, 그리고 외국 주민과의 교류 및 홍보를 위하여 온라인 영역은 그 역할이 강화되고 있다. 공간의 활용에 있어서 온라인과 오프라인의 특성을 충분히 고려하여 상호 보완하는 수준에서 통합적으로 이루어져야 한다.

2. 지방외교정책의 수단

　지금까지 선구적 지방자치단체들이 활용해 온 국제교류협력 수단으로는 자매결연, 협력네트워크, 협약체결, 시민교육, 캠페인, 프로젝트 지원, 보조금 지원, 혜택과 제재, 규제 등으로 구분될 수 있다. 이들 지방자치단체 국제교류협력의 수단들은 지방자치단체들이 재량권을 가지고 개발 협력을 위해 선택할 수 있는 수단들의 범위를 보여준다. 지방자치단체가 어느 수단을 선택할 것인지는 자치권의 수준, 정치적 성향, 용기, 아이디어 등에 따라 다를 것이다(안성호, 2001:8-15; 행정자치부 외, 2001:369-377).

　다만, 앞서 살펴본 지방외교의 영역별 특성과 현장에서의 활용경험에 따라 지방외교 영역별로 활용 가능한 수단을 구분해 보면 [표-9]와 같다.

[표-9] 지방외교 영역별 주요 외교수단

지방 외교의 영역	주로 활용되고 있는 지방외교수단
국제교류	·자매결연, 우호교류협정의 체결, 보조금 지급, 기관형성
국제협력	·협력네트워크 구축, 국제협약체결, 시민교육, 캠페인 전개, 공동프로젝트 추진, 보조금, 혜택과 제재, 규제, 기관형성
국제통상	·우호교류협정의 체결, 보조금 지급, 혜택과 제재, 규제, 기관형성
지역의 국제화	·시민교육, 공동프로젝트 추진, 보조금 지급, 혜택과 제재, 규제

1) 자매결연(sisterhood relationship)의 체결

전통적으로 자매결연은 지방자치단체의 외교 수단으로 가장 널리 이용되어 왔다. 외국 지방자치단체와의 자매결연은 외국 지방자치단체와의 우호교류를 통해 상호 공동관심사에 대한 긴밀한 협력을 바탕으로 인적, 문화, 경제, 행정 등 각 분야에서의 친선과 공동발전을 도모해 나가는 가장 보편화된 국제교류 활동이다. 중앙정부에서 국제협력이 외교(diplomacy)라고 하면 지방자치단체에서 국제자치단체 간 자매결연은 국가의 외교를 뒷받침하고 협력기반을 조성할 뿐아니라 국가 간의 우호증진에도 크게 기여하거나 보완하는 역할을 수행한다고 할 수 있다(행정자치부 외, 2001:38). 자매결연은 무엇보다도 서로 돕고 배우며 상호 이해와 우의를 깊게 함으로써 인간관계를 개선하는 데 주효하다. 즉, 자매결연의 목적은 지방자치단체가 국가와 국가 간의 벽을 넘어 도시와 도시 사이에 쌍방의 주민이 여러 가지 교류를 통하여 상호 이해를 깊게 하고 우호·친선관계를 강화하여 지구의 평화에 공헌하는 것이다(市岡正夫, 2000:1-2). 이러한 자매결연이 지방외교수단으로 소기의 성과를 거두기 위해서는 분명하고 구체적인 목표를 설정하고, 쌍방이 모두 관심을 갖는 사업을 선정하며, 진솔한 자세로 끈기 있게 추진하는 것이 중요하다. 이러한 자매결연은 1940년대 말 서유럽 도시들 간에 체결되기 시작하여, 제2차세계대전 후의 전쟁의 상처를 아물게 하고 유럽의 시민의식을 함양하는 데 크게 기여하였다. 특히 프랑스와 서독의 도시들 간에 '1000개의 자매도시 결연 운동'이 전개되었다. 1956년 미국의 Dwight Eisenhower 대통령은 자본주의와 민주주의를 확산시킬 목적으로 국제적 자매도시 운동을 장려했다. 이 운동을 계기로 미국의 주 및 지방자치단체들의 자매결연사업을 지원하는 자매도시 인터내셔널(Sister Cities International: SCI)이 설립되었다. 1998년 말 현재 SCI의 지원을 받는 미국 1200개 주와 지방자치단체들은 전 세계 125개국 2100여 개의 주 및 지방자치단체들과 자매결연하고 있다.

2) 우호교류협약의 체결

우호교류협약은 흔히 자매결연의 전 단계로서 의회나 중앙정부의 승인 없이 특정 분야나 몇몇 분야의 교류를 목적으로 체결된다. 자매결연은 가급적 1국가 1지방자치단체와의 결연을 고수하는 경향이 있고, 의회의 동의를 구하거나 중앙정부의 승인을 얻어야 하는 등 비교적 절차가 복잡하고 까다로운 데 반해, 우호교류협정은 자치단체의 수나 레벨에 관계없이 체결할 수 있으며 형식과 내용 면에서도 비교적 자유롭기 때문에 특정 분야의 협력을 위해서나 혹은 자매결연의 전 단계로 활용되기도 한다.

3) 협력네트워크의 구축

최근에는 국제적 협력네트워크가 지방외교수단으로 활용되기 시작했다. 자매결연과 우호교류협정이 쌍방의 관계로서 인간관계의 개선에 초점을 맞추어 왔다면, 협력네트워크는 다자간 협력망으로서 특정지역이나 이슈를 중심으로 결성되어 왔다.

대표적인 예가 1985년 지구적 문제들을 지방이 해결하는 것을 돕기 위해 지방자치단체연합들과 NGO들과 지역사회단체들이 결성한 Town & Development(T&D), 1992년 리우 지구정상회의에서 세계의 지방자치단체들을 대표하는 위원회로 인정받은 세계지자체연맹(IULA), 세계도시연합(UTO), 세계대도시연합(METROPOLIS), 세계도시정상회의(Summit) 등을 들 수 있다.

4) 국제협약의 체결

특정 사안에 대한 지방자치단체들 간의 약속으로서, 가장 일반적인 국제협약의 예는 국경을 접한 지방자치단체들의 국제협약에서 찾아볼 수 있다. 미국과 멕시코의 국경지대에 위치한 지방자치단체들은 공동의 도로와 교량의 유지, 불법 이주나 약물 밀수에 대한 순찰, TV와 라디오 주파수의 할당, 공유수자원과 에너지자원의 관리를 위한 국제협정을 맺고 있다.

국제협약은 때로 호소문·선언문·헌장의 형식으로 발표되기도 한다. 1985년 독일의 쾰른(Cologne)에서 열린 제1차 T&D 유럽회의에서 채택된 개발원조와 협력에 관한 지방자치단체와 NGO의 참여를 호소하는 쾰른호소문(Cologne Appeal), 1998년 11월 IULA 세계집행위원회에서 채택한 성평등과 베이징 강령(Beijing Platform)에 대한 헌신을 재확인하는 '지방자치단체의 여성정책에 관한 세계선언(Worldwide Declaration on Women in Local Government)', 1999년 3월 스페인의 바르셀로나(Barcelona)에서 열린 제34차 IULA 세계총회에서 채택한 지방분권화의 촉진과 지방민주주의의 심화, 지방의 제21의 충실한 이행 등에 관한 바르셀로나 총회선언(Barcelona Con gress Declaration) 등이 그 좋은 예를 보여주고 있다.

5) 기타 지방외교의 수단

기타 지방외교의 수단으로 활용되고 있는 시민교육, 캠페인, 공동 프로젝트 추진, 보조금 지급, 혜택과 제재 및 규제와 기관형성 등에 대해서는 간략한 개념과 주요 골자만 정리하고자 한다(자세한 사항 은 안성호, 2001:8-15; 행정자치부, 2001:369-377을 참고).

첫째, 시민교육은 가장 널리 활용되는 지방자치단체의 국제협력 수 단으로써 지방외교의 성공은 주민들의 적극적인 관심과 참여에 의해 좌우되므로 지방외교가 해결하려는 지구적 문제들에 대한 시민의 관 심과 이해를 촉진하고 기량을 기르는 시민교육이 매우 중요하다.

둘째, 캠페인으로써, 지금까지 많은 지방자치단체들이 설득과 로비 를 통해 중앙정부 또는 초국가기구의 행동이나 정책을 변화시키는 캠 페인 외교를 전개해 왔는데 대표적인 것으로 1989년 네덜란드 지방자 치단체들에 의해 시작된 열대목재캠페인, 1980년대 말 유럽지방자치 단체들이 주도했던 니카라과에 대한 캠페인 외교 등을 들 수 있다.

셋째, 공동프로젝트 추진으로서 외국의 지방자치단체가 추진하는 특정 프로젝트를 지원하는 방식으로 추진되는 지방외교를 말한다. 1980년대 네덜란드 로테르담시의 인도네시아 자카르타시의 공공교통 개선사업 지원 등을 그 예로 들 수 있다.

넷째, 보조금 지급은 지자체와 국제기구들이 기금을 설치하여 해 당 지자체나 NGO 등에게 특정사안의 촉진을 위한 보조금을 지급하는 형태로 추진되는 지방외교 방식을 말한다.

다섯째, 혜택과 제재로서 외국 지방자치단체나 국제기구에 금전적으로 혜택을 주거나 제재를 가함으로써 소기의 성과를 달성하려는 것이다.

여섯째, 일부 지방정부들은 지구 온난화와 오존감소를 예방하기 위해 수백만 그루의 나무를 심도록 요구하고, 살충제 사용을 제한하는 등 규제를 지구적 문제들을 해결하기 위한 국제협력 수단으로 활용하기도 한다.

일곱째, 기관형성으로서, 지방자치단체들은 국제협력을 효과적으로 추진하기 위하여 공공기관이나 준공공기관을 설치하기도 한다. 이상과 같은 활용 가능한 지방외교 수단을 표로 정리한 것이 [표-10]이다.

[표-10] 기타 활용 가능한 지방외교 수단

외교수단	주요 내용	사례
시민교육	지방자치단체가 외교적 노력으로 해결하려는 지구적 문제들에 대한 시민의 관심과 이해를 촉진하고 기량을 기르기 위한 시민교육	·유럽 지방자치단체들의 '제3세계시장' ·남북문제에 관한 주민교육 등
캠페인	설득과 로비를 통해 중앙정부 또는 초국가기구의 행동이나 정책을 변화시키는 캠페인 전개	·1989년 네덜란드 지방자치단체들의 '열대목재캠페인' ·1980년대 말 유럽 지방자치단체들의 '니카라과에 관한 캠페인 외교'
공동프로젝트 추진	공동프로젝트를 준비하고 수행하는 과정에서 당사자 간 진정한 욕구의 파악, 자발적 참여 등을 통해 자연스런 외교 활동이 유발됨	·독일 브레멘주의 중국·인도·아프리카 지자체와의 '생물개스침지기 설치사업' ·1980년대 네덜란드와 인도네시아 도시 간의 '공공교통개선사업'
보조금 지급	지자체와 국제기구들이 기금을 설치하여 해당 지자체나 NGO 등에게 특정사안의 촉진을 위한 보조금 지급	·1999년부터 EU에서 추진하고 있는 '아시아도시개발사업'
혜택과 제재	금전적인 혜택을 주거나 제재를 가하여 외교적 목적을 달성하는 것	·1980년대와 1990년대 초 미국 지방자치단체의 '남아공 인종차별 철폐'를 위한 조치
규제	특정행위의 금지 또는 제한 등을 통해 지구적 문제의 해결	·지구 온난화 방지를 위한 나무식재와 살충제 사용제한, 플라스틱 및 프레온가스의 사용금지 등
기관형성	국제협력의 효과적 추진을 위한 공공기관이나 준공공기관의 설치	·1988년 독일 아야펜베르그시에 설립된 "남북포럼" ·우리나라 지방자치단체의 국제화를 지원하기 위한 "한국지방자치단체국제화재단"의 설립

자료: 안성호, 2001:8-15; 행정자치부, 2001:369-377

제4장

지방외교정책의 분석대상과 구성 요인

외교정책은 한 국가의 정책일반 중 외교에 관한 정책을 말함으로 일반 정책에 관한 이론이 그대로 외교정책결정에 적용된다고 할 수 있다(박상식, 1993:328). 지방외교정책 역시 지방정부의 여러 정책 중 외교에 관한 정책이기 때문에 일반적인 정책에 관한 이론은 물론, 국가의 외교정책에 관한 이론들을 원용할 수 있다. 다만, 지방외교정책은 국가의 하위체제인 지방정부가 산출해 내는 정책이므로 지역적 여건과 특성이 고려되어야 하고, 지방외교의 개념적 특성과 영역 및 수단의 차이에서 오는 보다 다양하고 특수한 요인들을 고려하여야 하는 점이 다르다고 할 수 있다. 또한 본 연구의 주된 목적이 지방외교정책의 결정요인을 규명하고 요인 간의 상관관계는 물론, 이들 요인들의 상호 작용의 결과인 정책효과와의 관계를 규명하려는 것이므로 우선 일반적인 외교정책 결정요인과 과정들을 살펴본 다음, 이를 토대로 지방외교정책에 대한 연구에서 분석대상으로 삼아야 할 지방외교정책의 결정요인과 과정을 규명하고, 이를 통해 산출될 수 있는 정책효과는 무엇이며, 요인 간의 관계는 어떻게 설정될 수 있는지를 검토해 보고자 한다.

1. 외교정책의 결정요인과 과정에 관한 제 이론

1) 외교정책 결정요인

결정이란 이스톤(David Easton)에 의하면, 어떤 사회 내에서 제 가치가 권위적으로 배분되도록 하는 정치체제의 '산출'(output)이라

136

고 한다. 따라서 결정의 본질은 많은 가능성 중에서 하나를 선택하는 것이며, 이는 추상적이거나 이상적인 선택이 아니라 상황에 적합한 실용적인 것이라는 점이다. 또한 정책결정이란 정책결정자가 어느 정도 불확실성을 내포하고 있는 몇 개의 대안들 중에서 어느 하나를 선택하는 행위를 말하는데 이때 대안은 '주어지는' 것이 아니라 의견이 대립되는 불확실한 상황 속에서 여러 가지 대안 중 하나를 선택해야 하는 것이다(Dougherty, James E. & Pfaltzgraff, Robert L. Jr. 1981:468-469). 외교정책 역시 정책결정자가 정책을 결정하고 이를 행동으로 옮기는 데 있어서 여러 가지 제약조건에 직면하게 되는데, 이러한 제약조건을 외교정책의 결정요인이라 한다. 외교정책행위에 영향을 주는 요인은 다양하고 복합적이다. 그래서 관찰자마다 다양하게 결정요인을 분류하고 체계화시키고 있다. 이러한 분류와 체계화는 소위 분석수준(level of analysis)과 관련된 논란인 동시에 국가행위를 일반화하는 가운데 필연적으로 부딪치는 이론적 쟁점이기도 하다. 또한 외교정책행위는 대내외적 환경요인에 의해 기계적으로 영향을 받는다기보다는 정책결정자들이 그 상황을 어떻게 보며 또 어떤 대안을 선택하느냐에 따라 달라질 수 있다(김달중, 1999: 17-19). 외교정책의 결정요인에 대해서는 학자마다 다양한 모델을 제시하고 있는데 이를 요약해 보면 다음과 같다(유태영, 1993:5-12).

(1) 스나이더(Richard C. Snyder) 모델

외교정책연구에 큰 공헌을 한 사람은 스나이더와 그의 동료인 브룩(H. W. Bruck) 그리고 사핀(Burton Sapin)이라고 할 수 있다.

1950년대 초기 그들은 국제관계에 있어서 행위자의 행태를 이론적으로 서술하고자 노력하였다. 그들의 목적은 국제정치에서 국가들의 행위를 형성케 하려고 영향을 주는 요인들과 환경들에 대하여 충분하게 서술하려 한 것이었다. 그리하여 그들은 외교정책연구에서도 결정과정에 초점을 두었다. 상호작용분석(interaction analysis)의 입장에서 국가체제의 내부에 있는 현상을 파악하고 국가체제가 투입(inputs)에 대하여 어떻게 반응하며, 국제체제에 대한 산출(outputs)을 어떻게 준비하는가를 분석하는 데 힘을 썼다. 특정한 문제에 대하여 어떠한 상황에서든 행위하는 결정단위(decisional unit)로서 국가를 정의하였고, 정책결정성향의 근거로서 행위자에 의한 「상황 인식(the perception of the situation)」의 중요성을 강조하였다. 정책결정자들은 우선 상황에 대한 개개인의 정의(즉 이미지)에 의한 영향이 크고, 그 후 환경의 영향도 받는다고 가정하였다. 환경은 내적 그리고 외적인 부분으로 구성되어 있으며, 내적 환경을 구성하는 요인은 개성(the personalities), 역할, 결정단위 내의 조직, 정책결정자를 둘러싸고 있는 정부적 구조, 물리적이고 기술적인 조건의 넓은 범위, 기본적 가치와 목표성향, 그리고 크게는 사회 내에서의 정책결정자의 행위와 조직에 영향을 주는 행위로 되어 있다. 외적 환경은 국제체제의 전체적인 상황에 관련되는 요인들을 포함한다. 스나이더와 그 동료들은 행위의 장으로부터 야기되는 수정행위(the corrective action), 또는 환류기능(feedback function)을 포함시키고 있다. 그들의 정책결정의 틀(the decision-making framework)은 외교정책연구에 있어서 국제정치에서 한 국가가 어떻게 그리고 왜 행위하는가를 고려하여야만 한다는 것을 의도하고 있었다. 그들은 행위 주체인 정책결정자의 인식과 더불어 체제적 변수도 고려하고 있음을 볼 수 있다.

(2) 앨리슨(Graham T. Allison) 모델

스나이더 모델을 비판한 대표적 학자로는 앨리슨을 꼽을 수 있다. 그도 또한 외교정책결정에 대한 모델을 제시하였는데, 쿠바위기에서의 결정을 사례연구(case study)로 하여 첫째, 「합리적 정책 모델」, 둘째, 「조직과정 모델」, 세 번째, 「관료정치 모델」의 세 가지 모델을 병용하는 방법을 썼다. 이들 세 가지의 모델은 부분적인 설명에 있어서는 타당하다고 말할 수 있으며 이들 세 가지를 병용시킴으로써만이 비로소 정책결정과정에서의 전체상을 알 수 있다는 것이다. 합리적 정책 모델에서 합리성이란 가치극대화를 이룩하기 위한 선택이고, 조직과정 모델에서의 정책결정은 정책결정자가 정점에 위치하는 완만한 연합관계에 있는 제 조직의 집합체로 이루어진다고 보고 있으며, 관료정치 모델은 세 가지 가정하에 전개된다. 첫째, 정부의 외교행동은 행위자들의 술수의 결과라는 가정, 둘째, 「조직상의 지위」가 행위자의 외교행동을 규정한다는 가정, 셋째, 행위자는 외교정책에 관한 기본적인 가치와 이미지를 공유하고 있다는 가정의 세 가지이다. 이 모델이 관료제의 수준에까지 분석대상을 확대한 것은 높이 평가되나, 조직과정 모델과 관료정치 모델을 별개의 것으로 취급하고 있다는 비판을 받는다.

(3) 월러스(William Wallace) 모델

월러스는 외교정책 결정요인을 네 가지로 나누어 제시하고 있다. 첫째, 국제환경(international environment)으로서 정책결정자에게 세 가지 수준의 제한요소를 안겨주고 있다. 즉, 영구적 제한요소(the most permanent limiting factors)로서 국가의 지정학적 가치, 비교적 안정된 제한요소(strong and relatively stable limiting factors)로서 국력(군사력, 경제력, 국가자원 ……), 덜 영구적인 제한요소(less permanent limiting factors)로서 국제체계나 국가 자신에 대한 타국의 태도와 견해 등이 지적되며, 또한 월러스는 국제체계에 의해 산출된 사회적 압력으로 국제법, 국제적 규범(shared values), 국제여론(international opinion)을 아울러 지적하고 있다. 둘째, 정책결정(policy-making)으로서 정책결정의 개념 틀(conceptual framework)을 국제 행태의 확고한 결정의 관점, 타 세력의 외교정책 행태의 일련의 관점, 세계 내 자국의 위치, 자국의 국가이익의 관점, 자국 처분하의 자원평가라는 다섯 가지 요소를 제시한다. 여기서 보다 중시되는 것이 국가목표로서의 국가이익이다. 셋째, 국내적 과정(domestic process)으로서 대중의 여론, 압력단체 또는 이익단체(pressure groups or interest group), 엘리트, 비정부 공무원의 역할을 말한다. 넷째, 교차 영역(crossing the boundary)으로서 한 나라의 외교정책은 타국의 국내정치에 끊임없는 영향을 주고 있다. 국가 간의 경계를 넘는 정치적 상호 작용은 새로운 현상이 아니다. 근대 대중사회의 발달은 점차로 국가와 그 구성원을 환경과의 관계에서 구분하기 어렵게 만들고 있으며, 국가를 초월한 개인, 또는 단체들의 국제적 영향력도 점차 증대되고 있다.

(4) 브레처(Michael Brecher) 모델

체제론적인 접근을 시도한 브레처는 이스라엘의 외교정책분석을 통한 일반적인 이론화를 지향하였다. 그는 정책결정자가 국제환경과 국내환경의 변화를 자신의 이미지와 가치라는 필터를 통해 상황을 인식하고 규정짓는다고 하였다. 그는 환경을 조작적 환경(operational environment)과 심리적 환경(psychological environment)으로 나누었다. 조작적 환경은 군사력, 경제력, 정치제도, 이익단체의 외교정책에 대한 요구 및 경쟁하는 엘리트의 요구로 형성되는 내적 환경과 국가 간의 경계를 넘는 외적환경으로 구성된다. 심리적 환경은 정책결정자의 태도적 프리즘(Attitudinal Prism)과 이미지, 사회적 요인으로서 이데올로기와 전통, 개인적 요인으로서 정책결정자의 성격 등이 포함된다.

브레처의 분석 틀은 크게 투입, 전환과정, 산출로 구성되어 있다. 투입은 정책결정과정을 통하여 외교정책과정으로 전환되고 전환과정은 구조와 정책작성 통로의 규칙하에서 공식적 비공식적으로 이루어진다. 산출은 외교정책의 결정과 행위로 나타난다. 브레처의 모델은 외교정책연구의 체제론적 접근을 가능하게 하였다. 이를 그림으로 요약한 것이 [그림-4]이다.

[그림-4] 브레처 모델

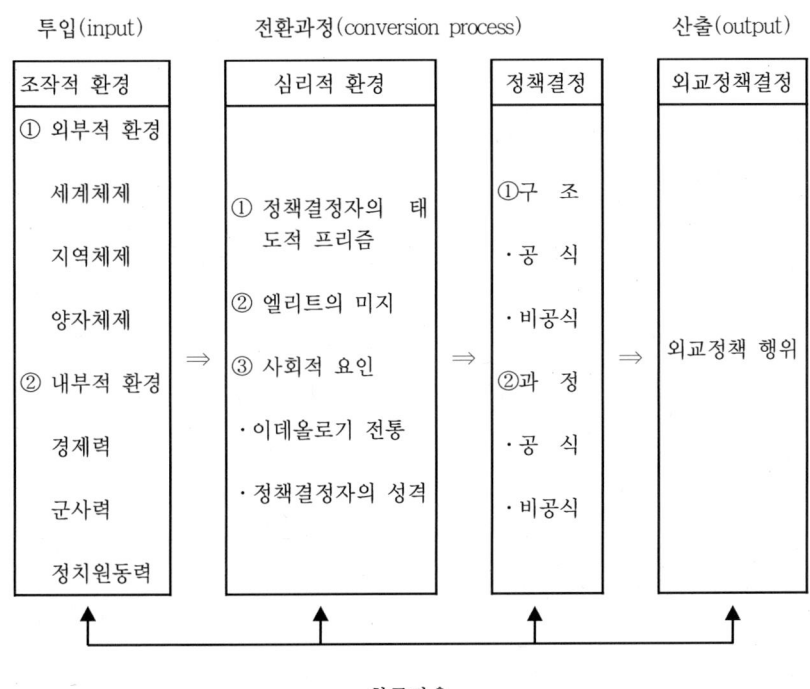

투입(input)	전환과정(conversion process)		산출(output)
조작적 환경	심리적 환경	정책결정	외교정책결정

투입(input)
조작적 환경
① 외부적 환경
　세계체제
　지역체제
　양자체제
② 내부적 환경
　경제력
　군사력
　정치원동력

⇒

전환과정(conversion process)
심리적 환경
① 정책결정자의 태도적 프리즘
② 엘리트의 미지
③ 사회적 요인
· 이데올로기 전통
· 정책결정자의 성격

⇒

정책결정
①구　조
· 공　식
· 비공식
②과　정
· 공　식
· 비공식

⇒

산출(output)
외교정책결정
외교정책 행위

환류작용

자료: 유태영, 1993:10

(5) 매크리디스(Roy C. Macridis) 모델

매크리디스와 톰슨(Kenneth W. Thompson)은 비교적 객관적이고
포괄적인 외교정책 결정요인을 제시하였다. 그들은 비교적 영구적인
물질적 요소로 지리, 식량생산량, 에너지를 들고 있으며, 덜 영구적
인 물질적 요소로는 산업시설, 군사시설, 산업·군사능력의 변화를
그리고 인적 요인으로는 인구, 정책결정자와 지도자, 이데올로기, 정
보의 역할을 제시하고 있다.

(6) 로즈노(James N. Rosenau) 모델

외교정책연구를 더욱 심리적으로 발전시키려는 문제는 경험적 조사와 밀접한 관련을 가진다. 외교정책의 비교연구는 경험적 조사를 토대로 이루어지는 것으로 여러 가지 상황에서 국가유형과 관련된 행위유형을 찾기 위하여 다양한 국가단위 사이의 행태를 비교하려는 것이다. 로즈노는 외교행위를 규정하는 제 변수에 의해 국가들을 유형화시키기 위해 외교정책 결정요인을 다섯 가지의 변수로 분류하였고, 국가의 상대적 잠재력을 국가의 크기, 경제발전 정도, 정치체제의 개방, 폐쇄여부에 따라 여덟 가지의 국가유형을 제시하였다. 외교정책 결정요인으로 로즈노가 제시한 변수는 첫째, 개인적 변수(individual variables)로 정책결정자의 가치관, 재능, 경험 등으로 그의 외교정책결정과 행태는 다른 결정 작성자들과 구별된다. 둘째, 정부적 변수(governmental variables)는 외교정책결정을 제한하는 정부구조 전체에 관계되는 변수이다. 셋째, 사회적 변수(social variables)는 사회의 비정부적 양상으로 국가의 외교정책결정이나 행위에 영향을 미치는 사회가치 정향, 국가통합의 정도, 산업화의 정도, 사회여론 등이 그 내용이다. 넷째, 체제변수(system variables)는 공무원에 의해 수행되는 선택에 영향을 주거나 규정하는 행위로 국외에서 일어날 행위 또는 대외적인 환경의 비인간적인 측면이 포함된다. 이러한 네 변수의 영향력이 지리, 물리적 요건, 경제적 발전상태, 정치체제의 형태에 따라 어떻게 달라지는가 하는 로즈노의 분석의 비교외교의 틀을 제공하고 있다.

(7) 종합정리

이상의 여러 모델들이 제시하고 있는 외교정책의 결정요인들을 종합적으로 정리해 보면 [표-11]과 같다.

표에서 보듯이 외교정책 결정요인들을 크게 분류해 보면, 정책결정자와 관련된 요인, 정책결정의 구조와 과정에 관련된 요인, 국내외적 환경과 관련된 요인 등으로 구분해 볼 수 있다.

이상의 여러 모델에서 제시하고 있는 요인들과 최근 여러 학자들이 제시하고 있는 요인들을 종합하여 정리해 보면 다음과 같다.

[표-11] 모델별 외교정책 결정요인에 대한 종합 정리

스나이더 모델	앨리슨 모델	월러스 모델	브레처 모델	메크리디스 모델	로즈노 모델
① 내적 환경 ② 외적 환경 ③ 환류기능 ④ 정책 결정의 틀	① 합리적 모델: 합리성 ② 조직과정 모델: 조직 ③ 관료정치 모델: 행위자, 조직상의 지위, 기본적 가치와 이미지	① 국제환경 ② 정책결정의 개념틀 ③ 국내적 환경 ④ 교차 영역	① 조작적 환경 ·내적 환경 ·외적 환경 ② 심리적 환경 ③ 정책결정 구조와 과정 ④ 외교정책 행위	① 비교적 영구적인 물질적 요소 ② 덜 영구적인 물질적 요소 ③ 인적요인	① 개인적 변수 ② 정부적 변수 ③ 사회적 변수 ④ 체제 변수

① 정책결정자의 개인적 요인

정책결정자와 관련된 요인으로 로이드 젠슨(2001:28-68)은 개인 심리적 요인, 생물학적 요인, 학습된 반응, 동기적 요인, 성격적 속성, 성격과 환경, 인식 등에 대해 검토하였고, 로즈노(1980:115-169)는 가치, 재능, 경험 등을 박상식(1993:350-353)은 개성, 경험, 건강, 지식, 가치관 등을 들고 있다.

② 역할적 요인(role variables)

역할이란 한 조직체 내에서 어떤 개인의 활동범위를 정하는 규범이
다. 이 규범은 직책을 규정하는 법령, 직책을 맡은 당사자 자신의 역할
에 대한 개인적 견해, 상관과 동료의 당사자 역할에 대한 개인적 견해,
상관과 동료의 당사자 역할에 대한 견해, 선례, 당사자가 직면한 문제
의 특수성, 채용방법 등 여섯 가지의 요소에 의해 결정된다(박상식,
1993:353-354).

③ 구조적 요인

스나이더와 월러스 모델에서 정책결정의 틀, 브레처 모델의 정책결
정 구조와 과정, 로즈노 모델에서의 정부적 변수 등으로서 외교정책
의 대안을 제한 또는 촉진시키는 정부(혹은 체제상)의 구조에 관한
요인(로즈노, 1980:115-169)을 말하며, 로이드 젠슨(2001:130-189)은
외교정책결정과정과 국내 행위자로서 정부구조, 행정부, 관료기구, 군
부, 정당과 이익집단, 여론, 정책결정 상황 등에 대해 언급하고 있다.
박상식(1993:357-362)은 정치구조와 정치변동으로 정치체제, 정부형
태(정부의 크기, 관료제도, 입법부와 행정부와의 관계) 등에 대해 언
급하고 있다.

④ 경제구조·경제변동

외교정책에 영향을 미치는 경제적 요인은 주로 경제체제(type), 경

제발전 정도(level), 경제발전 단계(stage), 그리고 경제상황(conditions) 등을 들고 있다(박상식, 1993:362). 한편으로는 제국주의 다국적 기업, 군산복합체, 자원의 분배, 인구, 경제적 상호 의존성 등을 외교정책의 경제적 요인으로 들고 있으며(로이드 젠슨, 2001:190-137), 식량생산량, 에너지, 산업시설 및 산업체 등도 주요 요인으로 제시되고 있다.

⑤ 사회·문화구조 및 변동

사회·문화적 요인으로서, 인종, 사회불안과 위기 또는 국민성, 민족주의, 사회적 속성, 이념 및 역사적 전통 등을 주요 결정요인으로 제시하고 있다(박상식, 1993:366-368; 로이드 젠슨, 2001:69-129).

⑥ 국가의 능력

국가의 능력이란 타국에 대한 자국의 영향력으로서 국가의 힘을 말한다. 국가의 힘이란 외교정책행위에 결정적 역할을 하는 중요하지만 모호한 개념이다. 이 개념에 관한 많은 혼란은 행위할 수 있는 능력과 실제 힘의 사용을 구별하지 못하는 데에서 온다. 이 둘은 반드시 동일한 것이 아니기 때문이다. 힘이란 동시에 상대적이고 상호적인 개념이며, 특히 영향력의 상호 관계에서 합법성, 전문성, 역할유형의 기능 때문에 사안에 따라 다른 결과를 낳기도 한다. 이러한 힘의 원천으로 지정학적 위치, 군사력, 경제력, 국가의 크기 등을 들고 있다(로이드 젠슨, 2001:238-276).

⑦ 국가 간의 관계 및 국제체제적 요인

스나이더 모델의 외적 환경, 월러스 모델의 국제환경, 브레처 모델의 조작적 환경 중 외적 환경에 관한 것이다. 즉, 국제적 행위자 및 국제체제의 구조가 국가의 외교정책적 행위에 미치는 영향에 관한 것으로서 어떤 의미에서는 외부적 요인이 없다면 외교정책이란 존재하지 않는다. 국가는 국가를 둘러싸고 있는 외부환경 속의 특정한 조건이나 사건에 대하여 대응하며, 그 대응행위가 외교정책으로 나타난다(로이드 젠슨, 2001:277). 어느 국가의 외교정책도 놓여져 있는 국제체계의 구조와 상황에 의해 그 행동의 자유가 크게 규정된다. 뿐만 아니라 관계국의 행위, 국제기구, 국제여론과 도의, 국제법 등도 주요 결정요인으로 작용한다.

2) 외교정책의 결정과정

외교정책결정에 관한 이론은 외교정책의 결정에 영향을 미치는 여러 요인(variables)들이 여하히 상호 작용하여 특정한 외교정책이 결정되는가에 관한 이론이다. 외교정책 결정과정에 있어서 누가, 무엇을, 어떻게, 어떤 상황하에서, 어떤 단계를 거쳐 외교정책을 결정하는가가 중요하다. 즉, 외교정책결정 참여자, 외교정책의 대상, 외교정책 결정방법, 외교정책 결정상황, 외교정책 결정단계 등이 중요한 과제가 된다. 현재까지의 대표적인 외교정책 결정이론은 정책 참여자와 정책결정방법, 정책결정 상황에 관한 문제를 주로 다루고 있다. 외교정책결정 참여자 문제를 다루는 이론으로는 지도자 모델, 소그

룹 모델, 관료주의 모델, 엘리트 갈등 모델 등이 있으며, 외교정책의
결정방법을 다루는 이론으로는 합리적 정책결정 모델, 누진적 정책
결정 모델이 있고, 외교정책 결정상황에 대한 이론으로는 위기정책
결정이론이 있다(박상식, 1993:328-329).[5] 한편, 외교정책 결정과정
은 외교문제를 정의하고, 대책을 수립·정통화하며, 그것을 기획·집
행하며, 결과를 평가하는 일련의 광범한 활동을 포함한다. 외교정책
결정과정은 때론 합리적으로 때론 비합리적으로 어떤 경우에는 너무
도 많은 변수에 영향을 받아 인과관계를 파악할 수 없는 과정을 거
친다. 그래서 그 과정을 완전히 이해하기가 쉽지 않다. 사실 대부분
의 경우 정책결정자들이 정책을 선택할 때 여러 결정요인과 변수들
이 그 원인으로 작용하지만 상황과 결정과정에 참여하는 행위자에
따라 그 영향력이 다르며, 또 요인들 간에 서로 반대방향으로 작용
하기도 한다. 그러나 외교정책결정과정은 단순한 정책결정자의 통찰,
인식, 창조적 직관으로 이루어지는 지적과정(intellectual process)
일 뿐만 아니라 사회적·준기계적(準機械的) 과정(social and quasi-
mecha ni cal process)의 문제이기도 하다는 것이다(Dougherty,
James E. & Pfaltzgraff, Robert L. Jr, 1981:468-469). 그동안 복잡
한 외교정책 결정과정을 쉽게 이해하고 예측하기 위해 다양한 접근
법과 이론이 개발되어 왔다. 합리적 모형(rational model), 사이버네
틱모형(cybernetic model), 관료정치모형(bureaucratic politics model),
인지모형(perceptional model) 등이 그것인데, 이들 모형은 각자가
나름의 장점과 설명력을 갖고 있는 동시에 단점과 한계도 가지고 있
다. 따라서 이들 모형들은 단독으로보다는 상호 보완적으로 외교정
책과정을 설명할 수 있다고 볼 수 있다. 외교정책 결정과정이 본 연

---

5) 외교정책결정모형에 대해서는 박상식, 1993:329-438 참조.

구의 주된 관심대상은 아니므로 여기에서는 간략히 개관해 보고자
한다(김달중, 1999:19-22).

(1) 합리적 모형

정책결정자가 외교정책을 선택할 때 가능한 모든 정책결정대안을
나열하고 각 대안의 효용득실을 산정하여 기대효용이 가장 큰 대안
을 선택하는 것으로 전제하고 있다. 이러한 접근법은 외교정책결정
과정을 덜 복잡한 방법으로 간결하게 이해시켜 준다는 데 장점이 있
다. 그러나 정책결정자의 계산과 사고가 합리적으로 전제하는 것이
이상적인 상황일 뿐 실제로 실현되는 경우는 드물다. 즉, 이 모형이
상정하고 있는 '합리성'이 충족되려면 우선 정책결정자가 모든 정책
대안에 대해 완벽한 지식을 가져야 하며, 나아가 선호도에 따른 정
책대안들을 일관성 있게 순위를 정할 수 있어야 하는데 이러한 합리
성의 요건은 인간의 사고능력을 초월하는 것이다.

(2) 사이버네틱모형

이 모형은 합리적 선택에 의해서보다는 효율적인 자동조절장치에
의해 정책결정이 이루어지고 있다는 점을 주목한다. 즉, 정책결정자
가 외교정책문제를 파악하는 감시기능을 통해 상황을 파악하고, 제
한된 문제가 발생하면 미리 정해진 정책대안들을 차례로 검토해 보
고 가장 만족스런 대안을 선택함으로써 안정을 도모하는 것으로 이
해한다. 이러한 접근법은 외교정책결정과정에서 관련조직들이 미리

작성한 '표준행동절차(standard operating procedure)'를 적용하는 과
정을 잘 설명해 주지만 위기시의 결정과정을 제대로 설명하지 못하
는 것이 단점이다.

(3) 관료정치모형

이 모형은 외교정책결정과정이 '국가이익의 극대화'를 위해 합리적
으로 결정되기보다는 다양한 이해관계를 가진 관료조직들이 자신의
이해관계에 따라 '밀고 당기는' 타협과 흥정에 의해 이루어지는 정치
적 결과로 이해한다. 이 모형에 따르면 정책결정과정에 참가하는 여
러 관료조직이 조직이익에 따라 견해를 달리하고 고유의 표준행동절
차를 반영한 정책대안을 제시함으로써 줄다리기와 흥정이 일어나 일
관성 있는 정책추구가 어렵게 된다는 것이다. 그러나 이러한 접근법
은 관료와 관료집단에 초점을 맞춤으로써 대통령의 역할을 상대적으
로 과소평가하고, 정당 및 의회와 같은 국내 정치적 요인들이 정책
결정과정에 미치는 영향력을 낮게 평가하는 경향이 있다. 나아가 정
책결정과정에서 관료의 역할을 지나치게 갈등적이고 정치적인 것으
로 해석함으로써 공통의 태도와 이미지의 존재를 간과할 가능성도
있다.

(4) 인지모형

인지모형은 정책결정단계에서 정책결정자의 지각(perception)에
주목하는 것이다. 이 모형은 외교정책문제가 발생하면 정책결정자

는 우선 전례로부터 얻어진 역사적 교훈을 통해 문제의 성격을 파악하며, 유추된 전례에 따라 일단 정책방향이 정해지면 여러 가지 인지적 메카니즘이 작동하여 정해진 정책방향과 상반되는 정보를 거르거나 수정함으로써 정책을 합리화하는 것으로 이해한다. 이러한 인지적 메카니즘 중 대표적인 것이 인지적 일관성(cognitive consistency)과 집단사고(group hinking)이다. 이러한 인지적 접근법은 정책결정상의 주요 함정이나 인지상의 실패를 잘 보여주는 장점이 있지만 정책결정자의 머릿속에 존재하는 인식을 어떻게 측정하느냐는 방법론상의 한계를 가지고 있다.

(5) 종합정리

외교정책 결정과정에 대한 여러 가지 모형들은 정책결정 현실을 설명하는 데 부분적인 타당성을 갖고 있기 때문에 상황에 따라 상호 보완적인 것으로 이해할 필요가 있다. 예컨대 다양한 경험적 연구에 의해 충분하게 확인되진 않고 있지만, 스트레스가 아주 낮은 상태에서의 정책결정과정은 사이버네틱모형이, 중간수준의 스트레스 상태에서는 합리적 모형이, 그리고 높은 스트레스 상황에서는 인지적 모형이 더 많은 타당성을 갖는 것으로 이해되고 있다. 또 정책결정단위와 관련해서는 압도적인 단일 지도자에 의해 정책결정이 이루어질 때는 인지적 과정이, 단일집단에 의해 주도될 때는 집단사고가, 그리고 복수의 독립집단에 의해 주도될 때는 관료정치적 흥정이 상대적으로 자주 나타나는 것으로 이해되고 있다. 이외에도 문제 영역과 관련해서 가치가 추상적이고 정책의 국내적 효과가 균등하게 분배되는 영역에서는 사이버네틱모형이, 가치가 구체적이고 정책의 국내적 효과가 불균등하게 규제되는 영역에서는 관료정치모형이, 그리고 안보와 같이 가치가 추상적이고 정책의 국내적 효과가 균등하게 배분되는 영역에서는 합리적 모형이 상대적으로 타당성을 가진다고 볼 수 있다.

2. 지방외교정책의 분석대상과 구성요인

본 연구의 주된 관심대상인 지방외교정책의 분석대상과 구성요인은 어떠한가를 살펴보고자 한다. 그러나 이 분야에 대한 연구가 비교적 최근의 일이고 연구성과도 미미하기 때문에 지방외교정책을 연구함에 있어 분석대상으로 삼아야 할 지방외교정책의 결정요인과 과정을 정립하기는 매우 어렵다. 또한, 지방외교는 앞서 살펴본 바와 같이 국가 차원의 외교와는 달리 주체, 목표와 이념, 수단이 다를 뿐만 아니라 지방외교만의 특성을 가지고 있으므로 일반적인 외교정책의 결정요인을 그대로 적용할 수는 없다. 그러나 지방외교정책 역시 지방정부의 외교에 관한 정책으로서 정책에 관한 일반적인 이론과 국가단위의 외교정책에 대한 그간의 연구성과를 상당 부분 활용할 수 있으므로, 앞서 검토한 외교정책 결정요인 중 지방외교정책과 관련이 적은 요인은 제외하고, 여기에 미미하나마 지방외교정책에 관한 그간의 연구성과를 참고하여 가미한다면 나름대로 지방외교정책의 결정요인과 과정 및 정책효과를 구성하고 있는 요인들을 정리해 볼 수 있을 것으로 보인다. 다만, 어느 요인을 제외하고 어느 요인을 추가할 것인가는 그동안의 연구성과를 최대한 활용하되 부족한 부분은 어쩔 수 없이 연구자의 현장실무경험에 의존할 수밖에 없었음을 밝혀 두고자 한다.

1) 지방외교정책의 결정요인 검토 시 고려해야 할 사항

지방외교는 앞서 살펴본 바와 같이 국가 차원의 외교와는 달리 이념과 종교, 체제, 국가 간의 이해, 경제력이나 군사력과 같은 요인들을 초월하여 순수하게 지역과 지역 간의 우의와 신뢰를 바탕으로 전개되는 외교이므로, 국가 차원의 외교정책에서 중요시하고 있는 사회·문화구조 및 변동요인, 국가의 능력, 국가 간의 관계 및 국제체제적 요인 등은 직접적인 결정요인이 아니라고 볼 수 있다. 지방외교는 오히려 그러한 요인들을 초월하여 이루어질 수 있는 외교라는 점에 그 특징이 있기 때문이다. 따라서 국가 차원의 외교정책 결정요인 중 이들 요인을 제외하면, 정책결정자의 개인적 요인, 역할적 요인, 구조적 요인 및 기타 환경적 요인 등이 지방외교정책의 결정요인으로 고려될 수 있다. 반면, 지방외교정책은 중앙정부의 하위체제인 지방정부에 의해 추진되는 정책이기 때문에 국가 차원의 외교정책과는 다른 제약조건을 가지고 있다. 첫째, 중앙정부와 지방정부 간의 관계에서 오는 여러 가지 요인을 고려하여야 한다. 특히 외교활동은 속성상 국가의 경계를 초월하여 이루어지기 때문에 중앙정부가 지방정부의 외교적 활동을 어느 수준까지 인정하고 보장해 줄 수 있는가가 매우 중요하다. 둘째, 지방외교는 생활외교, 종합외교로서의 특징을 가지고 있기 때문에 국내외의 정치적 상황이나 국제체제의 변화와 같은 거시적 환경의 변화보다는 인구나 산업여건, 문화적 특성, 각종 기반시설 등 지역 단위의 미시적 여건들이 더 중요하게 작용한다고 볼 수 있다. 특히, 지역이 개방된 국제도시로 발전하기 위한 기반시설과 여건, 즉 외국인들도 지역에 거주하거나 경제 활동을 하는데 아무 불편이 없도록 국제적 수준의 기반시설과 여건을 갖추는 일 등이 중요한 과제가 되고 있다.

2) 지방외교정책의 결정요인

위와 같은 제반 고려요소를 감안하고 그간의 연구성과를 종합하여 지방외교정책의 결정요인을 정리해 보면 다음과 같다.

(1) 정책결정자: 자치단체장의 인식과 태도

정책결정자는 보통 공직의 최고 책임자로서 지방자치단체에서는 당연히 자치단체장이 되며, 넓은 의미로는 정책에 참여하는 소수의 엘리트 관료조직을 포함한다. 지방외교정책 역시 우선적으로 고려해야 할 요인은 정책결정자인 자치단체장의 외교정책에 관한 인식과 태도, 성향, 가치관, 경험 등 개인적 요인들이다. 그러나 이러한 요인들은 정책결정자의 심리적 요인은 물론, 성격적 속성과 학습된 반응 등에 관한 것으로서 이를 객관적으로 분석하기란 매우 어려우며 정책결정 상황과 환경에 따라 매우 유동적인 것이 특징이다.

(2) 구조적 요인

일반적으로 구조란 '공식적인 제도 일반'이라고 할 수 있으며 목표, 법제, 직책, 절차, 역할 등을 말한다. 따라서 지방정부의 구조란 지방정부를 구성하고 있는 지방정부의 목표와 정책, 지방정부의 과업수행을 위한 조직과 절차, 그리고 이것을 만들어 내고 있는 법령과 조례 및 규칙, 이들에 의한 역할 등을 포함하는 매우 광범위한 개념이다(최봉기, 1996:20). 모든 기구(機構)는 움직이는 하나의 체계로서 그리고 보다 포괄적인 체계의 하부체계로 생각될 수 있다. 알몬드(Gabriel A. Almond)는 베버(Max Weber)와 파슨스(Talcott Parsons)의 사회학 이론을 빌어서, 모든 정치체계가, 어떤 특정한 구조와 과정에서 한 사람이 무엇을 해야 하는가, 왜 그렇게 해야 하는가, 다른 사람이 하는 일과는 어떻게 관련되는가 하는 문제를 결정 지워 주는 정치체계의 단위로서의 '역할(the role)'을 지닌 하나의 행동체계라고 정의하였다(최창윤, 1990:432-433). 따라서 국가 차원의 외교정책 결정요인에서 제시되었던 역할적 요인과 구조적 요인을 합한 개념으로 이해해도 큰 무리가 없어 보인다. 즉, 지방외교정책의 목표와 법제, 전담조직, 활용 가능한 인적 물적 자원 등과 관련된 요인으로서 그간의 많은 연구에서도 이러한 개념으로 사용해 왔다(황정홍, 1998; 조홍남, 1994; 임판택, 1999; 허수정, 1998). 이를 보다 상세하게 검토해 보면 다음과 같다.

① 지방외교정책의 목표

지방정부의 외교정책이 추구하는 목표로서 일반적으로는, 국제교류를 통한 지역산업과 경제의 활성화 도모, 선진국의 발달된 행

정·기술·제도의 도입, 공무원의 해외연수를 통한 견문 및 시야의
확대, 국가외교의 보완, 주민의 국제의식 및 국제이해의 함양, 지역
에 필요한 해외정보의 수집 활용 등(이은재, 1999:245)을 들고 있으
나 지방정부가 어디에 중점을 두느냐에 따라 외교정책의 내용과 방
향이 달라질 것이다. 참고로 일본의 경우는 국제공헌과 인도적 배려,
환경문제 등 국경을 초월한 공통과제에의 대처, 자매도시제휴의 강
화, 자치단체 간의 우호협력관계의 강화, 지역경제의 진흥과 지역산
업의 활성화, 지역의 국제화, 지역주민의 국제화에 대한 이해의 촉
진, 지역의 NGO, 프론티어 활동의 촉진, 이주자 지원, 자치단체 직
원의 인재양성 등을 들고 있다(吉田 均, 2001:13).

② 지방외교정책 관련 법령과 제도

주지하는 바와 같이 외교는 중앙정부의 전권사항으로 외교에 관한
정책 역시 중앙정부가 전적으로 관장해 왔다. 그러나 앞서 검토한
바와 같이 외교 주체의 다원화와 외교 영역의 다양화로 지방정부는
물론, 시민단체, 일반시민까지 외교 활동의 주체로 나서고 있는 추세
이기 때문에 외교정책과 관련한 기능의 지방이양이나 정책연계, 지
역이익의 실현을 목표로 하는 지방정부의 독자적 외교 영역의 설정
등이 중요한 이슈로 등장하게 될 것이다. 또한, 이러한 지방외교정책
을 제도적으로 뒷받침하기 위한 법령의 제정, 지방정부의 외교적 활
동을 위한 절차, 지방자치단체의 외교정책관련 조례와 규칙, 외국의
지방자치단체와 체결한 자매결연협정, 우호교류협약 등 외교문서 등
이 검토되어야 한다. 특히, 중앙과 지방 및 민간 간의 합리적 역할분
담 방안이 강구되어 제도화되어야 한다(김익식, 1999:122-139).

③ 지방외교정책 전담조직

어떤 정책이든지 그것을 능률적이고 효과적으로 추진하기 위해서는 추진체제가 안정적이고 지속적으로 구성되어 있어야 한다. 특히 우리나라 지방자치단체와 같이 경험이 일천하면서도 지방외교의 주체가 되어야 하는 경우에는 더욱 그러하다. 따라서 지방자치단체의 지방외교정책의 추진체제와 그 하위체제의 기능분석은 교류사업의 능률성과 효과성을 가늠케 하는 매우 중요한 연구 작업이다(이형민, 1999:149).

또한, 조직의 규모와 수, 편제 등은 당해 지방정부의 해당 분야에 대한 관심과 지원 정도, 행정수요의 양과 질, 주민과 자치단체장의 의지 등을 평가할 수 있는 주요 지표가 된다. 따라서 그간의 많은 연구도 전담조직의 규모와 기능부여 실태에 초점을 맞추어 왔다(강신일, 1995; 최봉기, 1996; 이현길, 1996; 황정홍, 1998; 허수정, 1998). 전담조직의 설치는 지방자치단체의 국제교류를 위한 필수적 사항으로 지적하고 있으며(신기현, 1996:169), 각 지방자치단체들은 국제적인 시야를 넓히기 위하여 실질적인 국제교류를 지원하는 조직을 구성하고 지방자치단체뿐만 아니라 민간 차원에서의 국제교류를 지원해야 함을 강조하고 있다(김종호, 1999:130).

④ 지방외교정책 전담인력

전담조직과 마찬가지로 전담인력도 당해 자치단체의 정책의지를 파악할 수 있는 지표가 된다. 단순한 전담인력의 수가 문제가 아니라 전문성의 정도, 직급별 구성비, 외부 전문인력의 활용은 물론, 특별한 충원제도, 교육훈련, 보직관리, 처우 등이 종합적으로 검토되어야 한다(오성호, 1999:165-186). 지방외교정책 분야는 비교적 최근에 관심을 갖기 시작한 분야이기도 하지만 업무의 특성상 고도의 전문성과 외국어 구사능력 등을 요구하기 때문에 담당인력의 전문성 향상이 중요한 과제로 대두되어 왔다(신기현, 1996:178).

⑤ 지방외교정책 관련 예산

지방정부의 예산은 국가예산과는 달리 재정자립도가 낮기 때문에 특정 분야에 투자되는 예산은 자치단체장의 의지의 표현일 뿐 아니라 지방의회의 심의과정을 거쳐 확정되기 때문에 지역주민 전체의 의사를 표현한 것으로 파악할 수 있다. 특히 지방외교정책은 정책의 효과가 해당 관할구역이나 특정시기를 넘어서 나타나는 이른바 외부효과(externality)를 갖는 정책 분야(김병준, 1999-①:24-25)이기 때문에 이 분야에 투자되는 예산은 그만큼 각별한 의미가 있는 것이다. 물론, 예산이 많다고 효과성까지 확보하고 있다고는 할 수 없으나 세계화의 흐름을 거부할 수 없고 이를 위해서는 기반확충이 필요 불가결하다고 하였을 때 공무원의 해외교류, 기반시설, 교류관련 재정 등이 꾸준히 확대되어야 한다(이형민, 1999:175). 투자되는 예산을 분석하는 지표로서는 예산총액과 이 예산이 전체 예산에서 차지하는 비중, 그리고 예산의 성격(경상적 경비, 사업성경비), 전년대비 증가율 등이 될 것이다. 이상의 구조적 요인을 표로 정리한 것이 [표-12]이다.

[표-12] 지방외교정책의 구조적 요인

요 인	정 의	구성요소	세부 내용
목 표	지방정부의 외교정책이 지향하는 것	목표의 내용	세계평화와 공동번영 등 구체적으로 추구하는 목표의 내용
		목표의 수	추구하는 목표의 수
제 도	지방외교정책을 규정하고 있는 각종법령과 제도 및 절차	관련법령	지방외교정책 관련 법령 및 자치법규
		역할분담	중앙과 지방 간 기능분담체계
		절 차	지방외교업무처리절차
조 직	지방외교정책 담당 부서	국 내	지방정부 내 설치된 외교정책 전담부서
		해 외	해외에 설치된 외교정책 전담부서
인 력	지방외교정책 담당자	담당자 수	외교업무 담당자의 직급별, 직렬별 인원 수
		전문성	외교담당자의 외국어 구사능력, 학력, 경력 수준
		인사제도	특별한 채용·보직관리·처우·교육훈련 제도
예 산	지방외교정책에 투자되는 물적 자원	투자금액	외교 분야에 투자되는 예산액
		비목별 구성	사업비·경상비 등 예산의 성질별 분류
		구성비	외교 분야 예산이 전체 예산에서 차지하는 비율
		증가율	전년도 대비 증가율

(3) 기능적 요인

기능적 요인은 지방자치단체가 추구하는 정책 목표를 달성하려는 조직의 구체적 활동에 관한 것으로 지방외교정책을 수행하는 구조의 활동 내용이 주요 분석대상이 된다. 다만 지방자치단체의 구조와 기능은 상호 밀접히 관련되어 있어서 이를 둘로 나누어서 구조적인 것과 기능적인 것으로 구분하기가 어려운 것이 현실이다(최봉기, 1996:21; 황정홍, 1998:36-37). 그러나 개념적으로는 지방외교정책의 결정 구조와 과정을 통해 산출되는 정책적 행위에 관한 것으로서 보다 구체적으로는 지방외교정책의 내용에 관한 것으로 정리해 볼 수 있다.

① 지방정부 간 국제교류

앞서 설명한 바와 같이 국제교류는 지방외교정책의 가장 기본적인 분야로서 주로 외국 자치단체와의 자매결연, 우호 도시협정, 특정 분야의 국제교류협정 등의 체결에 따라 이루어지는 외국 지방자치단체와의 교류를 말한다. 국제교류를 좁은 의미로 해석하면 국제협력의 앞 단계라고 할 수도 있다. 다시 말해서 상호 교류를 중시하는 국제교류가 심화되면 상호 협력의 관계인 국제협력으로 발전할 수 있게 되는 것이다(김판석, 2000:10). 자매결연이 가장 대표적인 국제교류 사례로서 지방외교의 시발점이 되었다. 통상적으로 자매결연단체와는 우의 증진은 물론 양 지역의 발전을 위한 폭넓은 교류가 실시되며 교류의 형태도 다양하기 때문에 별도로 분리하여 분석하게 될 것이다. 기타 국제교류 현황은 크게 인적 교류와 물적 교류로 구분하여 각각의 현황과 문제점, 정책효과에 미치는 영향을 분석하게 될 것이다. 국제교류를 분석하는 지표는 주로 국제교류를 하고 있는 자치단체와 하지 않고 있는 자치단체 간의 차이를 분석하고, 지방자치단체 간의 국제교류실적이 정책효과에 미치는 영향 등을 분석할 것이다.

② 외국 지방정부 및 국제기구 등과의 국제협력

국제협력기능은 특정 분야의 과제에 관한 다자간 협력형태의 지방외교 활동으로서 국제교류가 주로 쌍방 간의 지역이익을 위한 보편적 교류라면, 국제협력은 다자(多者)가 참여하는 특정 분야 사업의 공동 추진이나 환경·보건·인권·인종차별 문제 등 인류 공통의 과제 해결을 위한 다자간 협력을 말한다. 주로 국제기구에 가입하거나 별도의 협의체 구성, 특정 분야 사업을 위한 다자간 협력 등의 형태로 나타난다. 이러한 지방정부 수준에서의 국제적 지역협력체제의 등장은 지방외교의 자주화, 독립화를 의미한다. 즉 국제지역협력체제의 형성은 국가외교를 보완하고 지역주민의 의사를 수렴하여 지방수준에서 외교관계를 전개시켜 나간다는 데에 큰 의미가 있다(이형민, 1999:163). 본 연구에서는 각 지방자치단체별 국제협력 실태를 분석할 것이다.

③ 외국자본 및 기업의 유치, 수출 촉진 등 국제통상 활동

지방정부의 국제통상 활동은 지방외교정책의 중요한 정책 분야의 하나로 정책효과를 단시간 내에 느낄 수 있는 분야이기도 하다. 즉, 지방정부가 지역 내 산업의 진흥을 위해 주요 생산품에 대한 해외시장 개척 활동에 직접 나서거나 지원하는 한편, 지역 내의 외국인 기업 및 투자유치, 지역 내 기업의 해외진출 등을 지원하는 경제통상 분야의 대외정책을 말한다. 앞서 설명한 바와 같이 해외시장 개척 지원의 형태로는 해외시장개척단 파견, 해외상설전시장 운영, 상품전시회 참가 유도 등이 있으며, 외국인의 국내 투자는 국내 산업의 부족한 자본, 기술, 생산방법을 보완하고 고용창출 효과, 산업관련효과를 발생시키는 등 지방의 국제화를 추진하는 수단이 되기 때문에 많은 지방자치단체가 관심을 가지고 있으나 지역 내 기업의 해외투자에는 미흡한 편이다.

이 분야의 주요 분석지표는 해외시장개척단, 전시회·박람회 지원

실적, 외국인투자유치 활동 현황, 지역 내 기업의 해외투자 지원실적 및 각종 지원제도 추진 현황 등이 될 것이다.

④ 지역의 국제화

앞서 설명한 제 기능들이 주로 외부지향적 정책이라면, 지역의 국제화 기능은 지역 내 거주하거나 일시 체재하는 외국인도 아무 불편 없이 생활할 수 있도록 하기 위한 지역사회의 준비 및 배려에 관한 것으로 내부 지향적 정책을 말한다.

장기 체류 외국인에 대한 대책에서부터 잠시 방문하는 외국인에 대한 대책에 이르기까지 아무런 불편이 없도록 외국인 학교와 안내 표지판에서부터 관련 시설이나 제도의 확충, 전용 서비스 실시, 외국인을 위한 행사 및 각종 국제행사의 개최에 이르기까지 다양하다. 뿐만 아니라 외국인도 걱정 없이 이용할 수 있는 의료체제를 만드는 등 이른바 Basic Human Needs를 충족시키기 위한 것이다(일본인터넷자료 ⑨, 2002:3). 또한, 외국과의 국제교류를 활성화하기에 앞서서 이러한 준비를 하는 노력이 필요하다. 왜냐하면, 지역 내에 거주하는 외국인들의 어려움이나 민원사항을 외면하면서 외국과의 교류를 추진한다는 것은 모순되고 이율배반적인 일이기 때문이다(김판석, 2000:25).

특히, 대규모 국제행사는 경제적으로는 외화획득, 고용창출, 세수증대, 관련 최신정보·기술의 습득, 국제수지의 개선, 연관산업의 발전촉진 등의 효과가 있음은 물론, 사회·문화적 측면에서도 도시환경 및 생활여건의 개선, 국제적 시민의식의 함양, 지방의 국제화 및 국제친선도모의 효과가 있고, 정치적으로도 국가나 지역·도시 의좋은 이미지 구축을 통한 홍보효과, 민간 외교적 활동을 통한 국제교류 및 협력의 증진, 외국 관광객 유치를 통한 수익 증대 등 다양한 효과(구연석, 2000:46-48)를 기대할 수 있어 많은 자치단체들이 국제회의나 전시·박람회 등을 적극 추진하고 있다.

이상과 같은 기능적 요인을 표로 정리한 것이 [표-13]이다.

[표-13] 지방외교정책의 기능적 요인

요인	정의	구성요소	세부 내용
국제교류	지방정부가 외국 지방정부 및 기관과 자매결연, 우호교류협약 등을 맺고 인적·물적 교류를 하는 것	자매결연	외국의 지방정부와 자매결연하고 인적·물적 교류 등 전반에 걸쳐 폭넓은 교류를 하는 것
		인적 교류	자매결연국가 이외의 국가와 공무원, 민간단체, 지역주민 등 주로 사람 간에 이루어지는 상호 교류.
		물적 교류	자매결연이 아닌 일반적인 교류협정이나 협약에 근거하여 추진되는 경제교류
국제협력	지방정부가 특정 분야나 사업에 대해 외국 여러 지방정부나 국제기구와 협력하는 것	인류공통과제에 대한협력사업	환경, 인권, 난민구호 등 인류 공통과제에 대해 이루어지는 국제협력사업.
		특정 분야 협력사업	당해 지역의 특수한 문제에 대한 외국 기관·단체와의 협력사업
국제통상	지방정부의 무역진흥과 투자유치를 위한 제반 활동	시장 개척	불특정 다수의 외국 바이어를 대상으로 한 시장개척단, 박람회, 전시회 참가
		투자유치	지역 내 외국자본 및 기업의 유치
		해외투자	지역 내 기업의 해외진출 및 투자 지원
지역의 국제화	지역 내 거주하거나 지역에 일시 체재하는 외국인도 아무 불편 없이 생활할 수 있도록 제도와 시설을 정비·확충하는 것	외국인 학교	외국인 자녀를 교육시킬 수 있는 시설
		외국인을 위한서비스	외국인을 위한 의료·복지·상담·안내 등의 서비스
		외국인 초청 행사	지역 내 외국인의 참여를 위한 각종 문화예술·체육행사
		국제행사	국제교류 및 지역주민의 국제의식 향상을 위한 국제행사 개최

(4) 환경적 요인

환경적 요인은 지방외교정책과 관련된 제반 외부적 요소를 말한다. 앞서 설명한 바와 같이 지방외교와 관련된 정치, 경제, 사회, 문화적 제 요인들은 물론, 국제정치상황과 권력구조에 이르기까지 실로 매우 광범위하고 다양한 요인들이 영향을 미치고 있다고 볼 수 있다. 정책결정자들은 끊임없이 자국 정치체제의 내적 배경(internal setting)과 외적 배경(external setting) 즉 국제환경의 영향을 받는다. 하지만 앞서 검토한 바와 같이 지방외교정책은 그 개념적 특성상 국제정치 상황이나 국제체제의 변화 등 거시적 환경보다는 국가의 외교정책과 지역의 사회·경제·문화적 여건 등 미시적 환경이 보다 직접적 영향을 미치고 있는 것이 특징이라 할 수 있다.

① 국제환경적 요인

국제적 환경요인이란 국제무역질서의 변화나 새로운 국제문제의 발생, 국제기구의 신설이나 정책변화 등 주로 국외의 여건변화를 말하는 것으로 국가 간의 이해가 얽힌 매우 복잡하고 예측하기 어려운 요인들이다. 지방외교정책은 국가 차원의 외교정책보다는 국제정치 상황이나 국제체제의 변화에 덜 민감하다 하더라도 국가의 경계를 초월하여 이루어지는 활동이기 때문에 국제적 환경을 당연히 고려해 넣어야 한다. 우리는 언제든 새로운 무역협상이 시작되거나 주요 수출 대상국의 새로운 무역기구 가입 등 무역질서의 변화에 직면할 수 있고, 최근 미국에서 발생한 대규모 테러사건과 그로 인한 아프간

사태 등 국제현안의 발생, 새로운 국제기구의 창설이나 정책의 변화, 국제사회의 우리나라에 대한 여론과 이미지 등이 지방외교정책에도 영향을 미칠 수 있다.

② 국내 환경적 요인

국내적으로는 지방정부의 대외적 자율성을 보장하는 중앙정부와 지방 정부 간의 관계의 변화, 지방분권에 관한 법과 제도의 마련 등 국내 정치구조의 변화는 물론, 국가의 외교통상정책의 변화나 당해 지역의 주요 교류국가와의 외교 현안의 대두 등 대외관계에 대한 정책 환경의 변화가 영향을 미치게 된다.

③ 지역의 여건

지역적 여건으로는 제조업체의 수, 경제 활동 인구 등 지역경제의 여건과 산업구조, 주민소득 수준, 재정자립도, 대외 지향적이거나 보수적인 주민들의 성향, 지방외교정책에 대한 주민들의 여론과 지지도 등이 지역여건으로 고려될 수 있다. 여러 연구에서 자치단체의 국제 활동을 제약하는 요인으로 지역경제의 낙후와 열악한 사회간접자본 시설을 들고 있다(신기현, 1996:178).

이를 보다 세분해 보면, 첫째, 지역의 경제적 여건으로서 인구 및 경제 활동 인구, 제조업체의 수 및 지역의 재정적 여건으로서 총예산 규모·지방세 수입·재정자립도 등 일반적인 여건을 들 수 있으며,

둘째, 사회·문화적 여건으로서 지역주민의 성향, 전통적 가치관, 문

화적 특성 및 관광자원과 관광숙박시설·관광객이용시설·여행업체 등 기반시설을 들 수 있다. 또한, 도시 내 기반시설로서 문화예술공연시설, 도시위락시설(쇼핑, 식도락, 기타 위락 시설), 도서관 각종 기념관과 박물관 등 문화시설 등도 중요시된다(이광희, 2000:11-14).

셋째, 국제교류 기반시설로서 이는 지역의 기반시설이나 편의시설 및 각종 환경요소들이 국제적인 보편성을 갖게 하고 이를 통해서 세계화의 기능을 수행토록 하는 것으로써 「이미지의 국제화」를 강화시킨다는 의미에서 중요하며, 지방자치와 관련해서는 외형적 환경을 개선시키는 요인이 된다고 할 수 있다. 즉 이동성(mobility) 혹은 접근성(accessability)과 관련되는 물리적 시설과 지식, 정보, 인력의 국제교류거점지로서 거점성을 만족시키는 기반시설 등 국제교류를 위한 하부구조를 보다 현대화시켜야 한다는 것이다. 이런 시설들은 크게 국제공항·국제항만·도로 및 철도와 같은 국제교류매개시설과 국제무역시설·정보교류시설·국제기술연수시설·국제컨벤션센터·코스모폴리탄 컬리지·정보고속도로와 같은 국제교류거점시설로 분류할 수 있다(이형민, 1999:156).

넷째, 주민의 여론 등 무형적 여건으로서 대외 지향적이고 진취적인 주민의식과 행태·지방정부의 외교정책에 대한 신뢰 또는 반대 여론 등을 들 수 있다.

④ 외부지원체제

지방외교정책은 외국과의 관계 속에서 이루어지기 때문에 대단히 전문적이고 고도의 외교적 수완이나 기술이 요구될 경우가 많은 업무이기 때문에 외국에 관한 지식이나 정보, 현지경험, 외국어 구사능력 등을 지원 받을 수 있는 외부와의 유기적 협조체제가 요구되는 분야이다. 특히, 외국의 사정이나 문화적 차이를 정확히 이해하지 못하는 데에서 오는 어려움과 언어의 장벽을 해소하는 문제가 관건이 되고 있다. 이러한 전문성과 정보부족에서 오는 문제를 해결하기 위해 지방정부에서 활용할 수 있는 「知的 인프라」를 4개 차원에서 구분해 볼 수 있는데, 제1레벨은 국제관계에 관한 고도의 연구·협력을 수행하는 국제적인 전문연구기관, 제2레벨은 국제관계에 관한 국내지향 연구·교육기관으로서 대학이나 대학원·지역 think-tank, 제3레벨은 외국과 국제교류·협력을 하는 일반시민단체로서 전문공개연구회·전문학교 등, 시민강좌·민간국제교류단체, 제4레벨은 외국과 국제교류를 하는 정보 수·발신, 축적기관으로서 지방언론·국제교류협회·지방도서관·지방자치단체·외국재외공관 등을 들고 있다(吉田 均, 2001:42). 여기서는 지방외교정책을 지원하는 외부지원체제로서 지역 내의 국가단위 지원 기관단체, 대학과 연구기관, 민간단체, 해외지원기관·단체 등으로 구분하여 살펴보고자 한다.

첫째, 국가단위 지원기관들로서 가장 대표적인 것은 관련 중앙부처와 그 산하기관 및 한국지방자치단체국제화재단 등을 들 수 있다. 관련 중앙부처로는 행정자치부를 비롯하여 외교통상부, 산업자원부, 문화관광부, 중소기업청 등 여러 부처가 기능별로 관련되어 있다.

또한 한국지방자치단체국제화재단은 우리나라 지방자치단체들이 공동으로 기금을 출연하여 설립한 재단으로서 지방정부의 외교정책 전반에 걸친 지원과 조언·알선 및 국제교류협력 프로그램의 운영, 각종 해외 정보의 수집·전파 등 매우 다양한 역할을 수행하고 있으며, 중소기업청 산하 지방중소기업청, 대한무역진흥공사의 시·도 무역관, 대한 무역협회 시·도지부, 중소기업진흥공단 시·도지부 등도 국가단위 기관·단체로서의 역할을 수행하고 있다.

둘째, 지역 내에 소재하는 대학 및 연구소로서 특히 대학은 우수한 인재들의 집합체인 동시에 지역인재 양성기관이기 때문에 매우 중요한 역할을 수행하고 있다. 지방정부의 국제교류 프로그램에 직접 참여하거나 국제통상 분야 전문인력 양성프로그램 운영, 외교문서 통·번역센터의 운영 등을 통해 지방외교정책을 지원하고 있으며, 지역 내의 연구소 역시 외국과의 기술협력 및 인재약성 프로그램 운영, 국·내외 정보의 수집 및 분석, 지방 차원의 외교정책 개발 등을 통해 지방정부를 지원하고 있다.

셋째, 국제 라이온스 클럽, 국제 로타리클럽, 상공회의소, 여성단체 등 각종 민간단체들도 지방정부의 외교정책을 지원하고 있다. 직접 외국의 민간단체와 국제교류협력 프로그램을 운영하거나 지방정부의 지원을 받아 교류협력 프로그램에 참여하기도 하면서 직·간접적으로 지방정부의 외교정책을 지원하고 있다. 이들 민간단체들의 국제교류협력 활동이야말로 지방외교정책의 가장 핵심적 내용이며, 지방외교정책은 지역주민이나 이들 단체가 주체가 되는 외교 활동이라는 점에 가장 큰 특징이 있는 것이다.

넷째, 해외 지원기관·단체이다. 지역 내에 소재하는 외국공관, 외국문화원, 외국의 상공회의소, 외국 지방자치단체의 사무소 등도 지방외교정책에서 중요한 역할을 담당하고 있다(신기현, 1996:178). 지방외교정책의 환경적 요인을 정리해 보면 [표-14]와 같다.

[표-14] 지방외교정책의 환경적 요인

요 인	정 의	구성요소	세부 내용
국제 환경	국제무역질서의 변화나 새로운 국제문제의 발생, 국제기구의 신설이나 정책변화 등 대외여건의 변화	무역질서의 변화	새로운 무역협상의 시작, 경쟁국의 국제무역기구 가입 등
		당면한 국제현안	테러, 전쟁, 질병, 재난 등 국제현안의 발생
		국제기구의 변화	새로운 국제기구의 창설, 국제기구의 정책변화
		국제사회의 여론	우리나라에 대한 국제사회의 인식과 여론
국내 환경	국가의 외교통상정책의 변화나 대외 주요 현안의 대두 등 대외관계에 대한 국내환경의 변화	외교통상정책	국가의 외교통상정책의 변화
		특별한 외교현안	한·일 역사교과서 왜곡문제, 통상압력 등 특별한 외교 현안
		국민적 여론	외교정책에 대한 지지 또는 반대의 여론
지역 여건	지역경제의 여건 및 주민성향과 여론 등 지역여건	경제여건	지역 내의 경제적·재정적 여건
		사회·문화적 여건	지역주민의 성향, 문화적 전통, 관광자원과 문화관광 관련 산업기반 등
		국제교류 기반시설	인적·물적 교류를 위한 기반시설
		주민여론	지방외교정책을 지지하거나 반대하는 주민의견
외부 지원 체제	지방정부의 외교정책을 지원하는 행정외부의 지원체제	국가단위 기관·단체	지방외교정책을 지원하는 지역 내 국가단위 기관 또는 그 하부조직
		대학·연구기관	지방외교정책을 지원하는 지역 내 대학·연구기관
		민간단체	지방외교정책을 지원하고, 참여하는 각종 민간·사회단체
		해외지원기관·단체	지역 내에 소재하는 외국기관·단체

3) 지방외교정책의 효과

정책효과는 지방외교정책의 구조적 요인과 기능적 요인 및 환경적 요인들의 상호 작용의 결과로 나타나는 최종 산출물이라 할 수 있다. 이러한 산출물은 다시 위의 제반 요인들에 영향을 미치고 그 결과로 또 다른 정책효과가 나타나게 된다. 즉 지방외교정책을 형성하고 집행하는 체제(system)는 이들 요인들의 끊임없는 상호 작용으로 이루어진다.

또한, 지금까지의 구조적 요인, 기능적 요인, 환경적 요인 등은 독립변수로서 지방자치단체의 외교정책을 구성하거나 영향을 미치는 변수들이지만 정책효과는 이들 요인들의 직접적인 영향이나 상호 작용에 의해 산출되는 종속변수로서의 특성을 가진 요인들이다. 즉 지방자치단체의 외교정책을 구성하고 있는 각각의 요인들의 상호 작용의 결과인 것이다. 외교정책이 가져다주는 효과는 유형적인 것과 무형적인 것, 경제적인 것과 비경제적인 것 등 여러 가지가 있겠으나 본 연구에서는 크게 경제적 교류효과, 인적 교류효과 및 무형적 효과 등으로 나누어 설명해 보고자 한다.

(1) 경제적 효과

먼저, 경제적 교류효과로서 대표적인 것은 무역규모와 외자유치 규모의 증가, 지역 내 기업의 해외투자 규모의 증가 등을 들 수 있다. 지방외교정책이 지역산업의 진흥과 삶의 질 향상에 일차적 목적이 있다고 가정할 때 경제적 효과야말로 지방외교정책의 가장 중요한 효과 중의 하나일 것이다. 우선 무역규모는 지역 내 주민과 산업체의 국제적 생산과 소비 활동의 총체적 지표로서의 의미를 갖는다. 단순한 무역규모의 증가보다는 무역구조의 변화도 매우 중요한 의미를 지닌다. 주력 수출입품의 변화는 지역산업구조의 전환, 생산유통구조의 전환과 고용구조의 변화를 대변해 주고 있다.

  외국기업과 자본의 지역 내 유치도 그 효과 면에서 볼 때 매우 중요한 정책목표이며 그 규모와 수준은 곧 그 지역의 국제화수준과 국제경쟁력을 나타내는 지표가 되기도 한다. 반면, 지역 내 기업의 해외진출은 긍정적인 면과 부정적인 면이 병존하는 문제이긴 하지만 긍정적 측면에서 볼 때 지역주민의 적극적이고 진취적인 성향을 나타내는 면으로 고려될 수도 있다. 일본 히로시마현에서 1990년에 조사한 바에 따르면, 국제화의 진전은 첫째, 무역의 확대, 특히 수출의 확대는 수출산업의 확대를 가져온다. 둘째, 해외투자의 증대는 지역 내 기업의 해외생산이전이기 때문에 지역 내 생산의 정체 혹은 축소를 가져오게 된다. 셋째, 무역의 확대 혹은 해외투자의 확대는 지역 내 생산구조의 전환뿐만이 아니고 지역 내의 상업·유통부문의 재편을 재촉하고, 또 고용구조에도 큰 영향을 미치게 된다. 네 번째로, 기술이전은 이전국에 생산 확대 혹은 경쟁력의 증대에 기여하고 장래에는 동일 산업에서 경합이라는 사태도 생겨난다. 다섯째, 노동력의 국제적 이동은 상품 혹은 기술이동에 동반해 생기는 것이지만 최근에 해외로의 이동은 해외생산·판매거점의 설치나 기술이동 등에 동반해 행해지고 있으며, 매년 증가하는 경향이 있다는 것이다(박복재, 1996:171).

[표-15] 지방외교정책의 효과와 주요 구성요소

요인	정 의	구성요소	세부 내용
경제적 효과	일정 기간 동안 당해 지역 내 기업이나 주민이 외국과 교류한 경제교류 실적	교역량	일정 기간 동안 당해 지역에서 이루어진 수출입실적
		외자유치	일정 기간 동안 지역 내 외국자본 유치실적
		해외투자	일정 기간 동안 지역 내 기업이 외국에 투자한 실적
인적 효과	일정 기간 동안 외국인과 주민 간의 상호 교류 실적	외국인 방문객 수	일정 기간 동안 지역을 방문한 외국인 수
		외국인 거주자 수	일정 기간 지역 내 거주하고 있는 외국인 수
		외국방문 주민 수	일정 기간 동안 외국을 방문한 주민의 수
		외국유학생 수	지역 내 학교에 유학하고 있는 외국학생의 수
		해외유학생 수	지역주민 중 외국에서 유학하고 있는 학생 수
무형적 효과	당해 지역이 외국과의 교류를 통해 얻은 무형적 효과	지역이미지 개선	지역의 대외이미지 개선을 통한 홍보효과
		주민의식 국제화	지역주민의 국제적 감각과 이 문화에 대한 이해의 증진 효과

(2) 인적 효과

인적인 것으로서 외국인 방문객 수와 외국인 거주자 수 및 지역 주민 중 외국방문자 수를 주요 분석대상으로 할 수 있다. 외국인 방문객 수는 당해 지역이 얼마나 매력 있는 지역으로 인식되고 있느냐를 가늠하는 척도가 될 수 있으며, 외국인 거주자 수 역시 지역의 국제경쟁력과 산업의 국제화 정도를 평가해 볼 수 있는 지표로서의 의미를 갖는다. 지역주민 중 외국방문자 수는 주민생활의 국제화수

준을 직·간접적으로 나타내 주는 지표로 활용할 수 있으며, 지역
내 외국인 유학생 현황도 좋은 참고자료가 될 수 있다.

(3) 무형적 효과

무형적 효과란 외국과의 교류를 통한 지역의 이미지 향상과 지역
주민의 국제적 감각과 외국 문화에 대한 이해, 사회 전반의 외국인
에 대한 배려, 주민의식과 생활양식의 개선 등 무형적인 효과를 말
한다. 유형적 효과 못지않게 지방정부가 고려해 넣어야 할 요인이다.
이를 표로 정리한 것이 [표-14]이다.

4) 지방외교정책의 결정과정과 요인 간의 관계

지방외교정책은 국가 간의 이해관계나 정치적 이념 및 종교, 민족
은 물론, 경제력이나 군사력, 국가의 규모 등 국가적 능력을 초월하
여 이루어지는 외교에 관한 정책이므로 국가 차원의 외교정책보다는
스트레스가 아주 낮은 상황에서 정책결정이 이루어지고 있다. 따라
서 앞에서 제시한 여러 모델 중 사이버네틱모형이 더욱 타당성이 있
을 것으로 보인다. 정책결정단위와 관련해서는 자치단체의 규모가
비교적 작고 자치단체장의 권한이 상대적으로 강한 기초자치단체의
경우는 인지적 모형이 비교적 규모가 크고 다양한 광역자치단체 수
준에서는 단체장보다는 단일집단이나 복수의 독립집단의 영향력이
큰 것으로 볼 수 있다. 문제 영역과 관련해서는 지방외교정책이 추

구하는 목표가 상호 신뢰와 우의 증진 등 추상적일 때에는 사이버네틱모형이, 구체적이고 실리적인 영역과 관련된 것일 때는 관료정치모형이 보다 설득력이 있을 것으로 보인다.

한편, 본 연구의 주된 과제인 지방외교정책의 결정요인과 정책효과 간에는 어떤 관계가 있는가를 개략적으로 살펴보고자 한다. 이를 위해서 앞서 살펴본 외교정책 결정요인에 관한 여러 모형들 중 체제적 접근방법을 취하고 있는 브레처모형을 활용하여 도식화해 보면 [그림-5]와 같다.

[그림-5] 지방외교정책의 결정요인과 정책효과 간의 관계

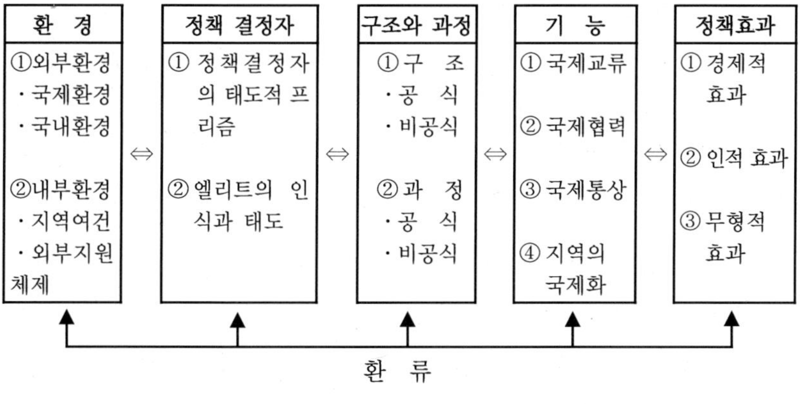

환 경	정책 결정자	구조와 과정	기 능	정책효과
①외부환경 ·국제환경 ·국내환경 ②내부환경 ·지역여건 ·외부지원 체제	① 정책결정자의 태도적 프리즘 ② 엘리트의 인식과 태도	① 구 조 ·공 식 ·비공식 ② 과 정 ·공 식 ·비공식	① 국제교류 ② 국제협력 ③ 국제통상 ④ 지역의 국제화	① 경제적 효과 ② 인적 효과 ③ 무형적 효과

환 류

그림에서 보는 바와 같이 먼저, 지방정부를 중심으로 볼 때 환경적 요인은 외부환경으로서 국제적 환경과 국내적 환경을 들 수 있으며, 지역 내부환경으로는 지역여건과 외부의 지원체제를 들 수 있다. 다음 단계는 이러한 정책 환경을 정책결정자가 인식하여 반응하게 되고, 이러한 정책결정자의 반응결과는 복잡한 정책결정 구조와 과정을 거쳐 지방외교정책 즉, 기능6)으로 산출되며, 이들 정책의 시행

결과가 정책효과로 나타나게 되고, 이러한 정책효과는 다시 각각의 요인으로 환류되어 순환되는 과정으로 정리해 볼 수 있다.

3. 선행연구의 검토

위와 같은 관점에서 그간의 선행연구결과를 자치단체의 장이나 정책결정 참여자에 대한 연구, 구조적 요인과 관련된 연구, 기능적 요인과 관련된 연구, 환경적 요인과 관련된 연구 및 정책효과에 관한 연구로 구분하여 정리해 보고자 한다.

1) 지방자치단체장의 개인적 특성에 관한 연구

지방외교정책의 결정자인 지방자치단체장의 개인적 특성에 대해서는 거의 연구된 바가 없었으나, 최근 이정주(2000)는 자치단체장의 연령, 학력, 재선 여부가 지방자치단체의 국제교류량에 미치는 영향에 대해 다중회귀분석을 실시한 결과 이들 요인들은 국제교류에 큰 영향을 미치지 못하고 있으나 로짓분석을 이용한 자치단체의 국제교류효과분석에서는 자치단체장의 특성변수 중 연령이 10% 유의수준

6) 지방외교정책을 기능적으로 구분하는 데는 여러 가지 의견이 있을 수 있다. 즉 지방정부의 외교정책을 국제교류와 국제협력, 국제통상 및 지역의 국제화 기능으로 구분하지 않고, 국제교류의 개념을 넓게 해석하여 이들 활동을 모두 포함하는 것으로 사용하는 경우도 있으나, 본 연구에서는 앞서 정리한 개념정의에 따라 각각의 기능을 구분하여 사용하고자 한다.

에서 부의 방향으로 유의성이 있는 것으로 나타나 자치단체장의 연령이 낮을수록 국제교류를 적극적으로 추진하고 있는 것으로 분석한 바 있다.

2) 지방외교정책의 구조적 요인과 관련된 연구

황정홍(1998)은 국제교류정책의 구조적 요인으로서 조직, 인력, 예산, 외부지원체제를 들고 담당자에 대한 설문조사를 토대로 조직의 적정규모와 개편 방안, 전담인력의 효율적 관리방안, 국제교류 예산의 확충방안, 중앙지원체계와 지역지원체계 등 국제교류지원체제의 개편 방안 등을 제시하였다. 조홍남(1994)은 조직과 인사행정 측면에서의 지방정부의 국제화 대응실태와 전략을 연구하면서 조직 측면에서는 구조적 실태로서 전담부서의 편성, 규모, 관련단체 등을 기능적·운영적 실태로서 전담부서의 기능, 관련 부서 간 의사전달 체계, 기관 간의 업무협조, 국제교류 등을 분석하여 대응전략으로서 구조적 측면에서는 규모의 확대와 통합정원제 도입, 기초자치단체에도 전담부서의 설치, 통합형 조직으로의 개편과 시·도지사 직속 기구화 등을 제시하고, 인사행정 측면에서는 제도 및 관리적 차원과 개인적 차원의 실태를 분석하여 충원제도의 개선, 교육훈련의 강화, 전보 및 승진에 있어서의 전문성 고려 등 제도적 차원에서의 대응 전략과 개인별 외국어능력향상방안, 학력을 고려한 인사배치, 사기진작 방안의 강구, 지방행정인의 새로운 자세확립 등 개인적 차원에서의 대응방안을 제시하였다. 이형민(1999)은 대구광역시와 경상북도의 국제교류추진체제를 전담부서와 지방과 중앙정부 간 관계, 민간협의체와의 관계, 산하협력 조직 등을 기준으로 비교 분석하였다. 임판택 (1998)은 지방정부의 국제화 추진전략에 관한 연구에서 행정 내적 자치역량과 행정외적 국제화전략을 분석하면서 자치역량의 구조적 역량으로서 권한구조, 조직구조, 인력구조, 재정구조를, 구조적 차원 의 국제화전략으로서 국제화 추진조직, 인력, 예산 등을 분석하여, 국제화 추진조직의 수준과 탄력성 제고, 타 부서와의 협조강화, 담당 인력에 대한 인사상 우대와 전문인력의 확충, 직무교육의 내실화, 국 제화 추진 예산의 우선 배정과 중앙부처의 지원 강화 등을 제시하 였다. 김종학(1997)도 지방정부의 국제협력체제 조기 구축을 위해 추진체제의 재정비와 전문인력의 양성 및 활용, 관련 예산의 확보 와 기금의 설치 등을 제시하였고, 이현길(1996)은 지방행정의 세계 화 대응실태를 분석하면서 지방정부의 국제교류협력 조직의 강화 및 신설, 지방재정의 확충, 분권체제의 구축 등을 제안하였다. 최봉 기(1996)는 지방정부의 자치역량을 구성하는 구조적 변수로 권력구 조, 조직구조, 인력구조, 재정구조를 들고 있으며, 허수정(1998)도 대 구광역시의 세계화 실태를 분석하면서 구조적 요인으로 조직, 인력, 예산을 들고 있다. 이상에서 보는 바와 같이 구조적 요인에 대한 연 구는 주로 조직과 인력 및 예산 등에 관한 것이었으며, 연구결과의 대부분이 전담부서의 설치 및 확대, 인력의 확충과 전문화, 관련 예 산의 우선 지원과 기금의 설치를 주장하고 있다.

3) 지방외교정책의 기능적 요인에 대한 연구

기능적 요인이란 지방자치단체가 추구하는 정책목표를 달성하려는 조직의 구체적 행동에 관한 것으로서, 외교정책을 수행하는 구조의 활동 내용이 주요 분석대상이 된다(황정홍, 1998:37). 기능적 요인을 '외교정책을 수행하는 구조의 활동 내용'과 관련된 것으로 파악할 때, 지방외교정책의 기능적 요인은 자연 외교정책의 영역과 관련이 깊게 된다. 따라서 본 연구에서는 기능적 요인(functional variables)을 국제교류기능, 국제협력기능, 국제통상기능, 지역의 국제화 기능으로 구분하여 그간의 연구결과를 정리해 본 후, 최근에 일어나고 있는 새로운 연구경향에 대해 정리해 보고자 한다.

첫째, 국제교류에 대한 연구로서 이은재(1990)는 지방자치단체의 자매결연과 공무원교류, 민간교류 실태를 분석하여 국제교류 활성화 방안을 제시하였는데 특히, 국제교류사업의 계속화·복합화·특성화와 민간교류 추진체제의 확립, 자매결연 및 공무원교류의 활성화 대책, 지방자치단체 간 국제교류협의체의 구성 등을 제안하였다. 강신일(1995)은 한국과 일본 지방자치단체의 국제교류 실태를 분석하여 국제교류 기반조성을 위한 추진체제의 정비와 인재의 육성 방안 및 지방자치단체 주체의 국제교류 추진과 민간부문에 대한 지원 방안 등을 제시하였다. 이정주(1995)는 대구광역시와 경상북도의 국제화 실태를 분석하여 지방자치단체의 국제화 모형의 정립을 시도하면서 내실 있는 자매결연의 추진과 이의 뒷받침을 위한 「대구·경북 자치단체 국제교류재단」의 설립을 제안하였다. 하영수(1996)는 우리나라 지방자치단체의 국제교류의 문제점으로 자매결연 정보의 부족, 형식적 공무원교류, 해외연수자 사후활용의 미흡, 조직·인력·예산의 부족, 민간교류의 미흡 등을 지적하면서 지방자치단체와 한국지방자치단체국제화재단, 중앙정부 간의 관계를 재정립하기 위한 새로운 국제교류 모형을 제시하였다. 윤설현(1996)은 일본 지방자치단체의 국제교류를 연구하면서 일본 지방자치단체의 국제교류 배경과 변천과정을 정리하고, 기본정책원리를 주민 주체 국제주의형, 지역자립 권한확대형, 지역활성화 수도권일체화형, 지역경제활성화 지역분산형으로 유형화하여 소개하고 神奈川현과 니이가타현의 사례를 비교 분석하였다. 배창제(1996)는 국제교류 실태를 인적 교류, 문화적 교류, 경제적 교류로 구분하여 설명하고 국제화전략으로서 관련 법령의 제정 등 제도개선, 시민의 국제화의식 제고 등을 강조하였다. 황정홍(1998)은 국제교류 실태를 자치단체 간 결연, 인적 교류, 비인적 교류 등으로 구분하여 실태를 분석한 후 활성화 방안을 제시하였다.

한편, 김판석(2000)은 지방자치단체의 국제교류 실태를 자매결연, 공무원 해외연수, 외국인투자, 해외시장 개척 활동 등으로 구분하여 살펴본 다음, 장·단기 추진전략을 제시하였는데 단기 전략으로 국제교류에 대한 공감대 형성, 재정확충, 내향적 국제화의 심화, 전문인력의 확충 등을, 중·장기 추진전략으로 국제화 기반에 대한 현황분석, 국제화 인식조사 및 수요조사, 중장기 추진계획의 수립, 공청회나 설명회를 통한 의견의 수렴 및 보완 등을 제시하였다. 그 밖에 허수정(1998), 임판택(1998), 이형민(1999) 등도 지방외교정책의 기능적 요인을 국제교류 기능과 국제통상지원 기능으로 구분하여 설명하고 있다.

둘째, 국제협력에 관한 연구로서 정덕주(1996)는 지방자치단체 간의 국제교류와 협력에 대하여 한국과 일본의 사례를 비교한 다음, 그 시사점으로서 국제협력의 이념이나 목표의 명확한 설정, 지방자치단체의 행·재정적 능력향상, 지방자치단체 국제화재단의 적극 활용방안 등을 제시하고, 지자체의 국제관계에 대한 현시적 과욕현상을 지적하였는데, 중앙정부는 국익과 관련된 국제화를 총괄 조정해 나가고 지자체의 자율성을 확대하는 한편, 지자체 국제 활동에 대한 법적 한계를 명확히 해야 함을 강조하였다. 박기홍(1997)은 지방정부의 국제관광협력의 효율적 추진을 위하여 국제관광협력의 이론적 틀을 체계화하고 국내외 지방정부에서 실시하고 있는 국제관광협력의 제 현상에 기초하여 국제관광협력의 체계와 이를 구성하고 있는 요인들 간의 영향관계 그리고 협력의 진행과정 등을 규명함으로써 실천방향에 중심을 두는 국제 관광협력모형을 제시하였다. 특히, 변수를 국제협력내용변수와 협력효과변수 및 협력 장애변수로 구분하여 가설검증을 실시한 결과를 토대로 바람직한 국제 관광협력모형을 제시하였다. 한편, 채은경(1996)은 서로 다른 국가에 속한 광역정부 간의 관계를 분석한 논문에서 미국 오래곤주의 포틀랜드 메트로와 워싱턴주의 퓨제사운드 지역, 케나다의 밴쿠버 광역정부와 그 주변 지역을 대상으로 한 지방정부 간 협력 사례를 분석하여 지방정부 간 국제협력의 필요성과 우리나라 지방정부 간 협력에의 시사점을 제시하였고, 문장순(1996)은 세계화와 지방화 추세에 따라 지방정부의 위상이 변화되고 있음을 강조하면서 특히 지방정부의 자율성 증대와 지역경제에 대한 관심이 높아지면서 지방정부 중심의 경제권이 형성되고 있음을 다자간 국제교류사례를 제시하여 설명하고 있다. 그러나 지방정부의 다자간 교류는 최근 등장된 지방정부의 교류로서 정형화된 틀을 도출하거나 성과를 평가할 단계는 아니지만 지방정부 간의 교류가 단순히 상대 지방정부와 관계만이 아니고 교류하는 지방주민 상호간의 신뢰감을 높여주고 국가 차원외교의 보완적 역할을 통해 국가 간의 선린관계를 돈독히 할 수 있는 계기를 마련할 수 있다는 점을 강조하고 있다.

최병익(1999)은 한국 국제협력단에서 실시하고 있는 외국연수생 초청, 전문가 파견, 청년해외 봉사단 파견, 의료단 및 태권도 사범 파견, 직업훈련, 무상자본원조, 개발조사 등을 분석하고, 해외직접투자실태를 분석하여 자치단체의 국제협력 활동을 위한 도시 간 자매결연, 국제교류지역 조성, 기술, 경제교류, 유학생의 초청과 파견, 외국인을 위한 정보제공, 외국인을 위한 어학교육, 외국인 생활상담, 외국인 노동자 지원, 자치단체직원의 국적개방 등을 제시하고 있다. 안영훈(1999)은 지방자치단체 간 국제교류협력의 중요성과 장점을 설명하고 그 방식으로 특정사업에 따른 협력관계(cooperation by project), 인류박애정신에 의한 원조 활동(urgent actions/ humanitarian aids), 상호 교류, 기술·문화의 이전, 교육훈련, 전문기술의 제공(exchanges, transfers, training, expertise)을 제시하고 자치단체 간의 국제교류협력사례와 활용 가능한 주요 국제기구를 상세히 소개하면서 국제교류협력관계 구축전략으로서 먼저 지역문제와 수요에 대한 철저한 사전파악, 필요한 협력 분야의 신중한 선택, 내적인 지원체제의 확립, 재정적 지원, 지방자치단체 간 연합체의 구성과 활용, 외국인들을 위한 규제완화와 기업 활동에 대한 지원, 인터넷 웹사이트의 활용방안 등을 제시하였다. 안성호(2000)는 지방정부의 국제협력수단으로 자매결연, 협력네트워크 구축, 시민교육, 캠페인, 프로젝트 지원, 행정능력 향상, 혜택과 제재, 규제, 협약체결, 기관형성, 보조금 지급 등을 제시하였다.

셋째, 국제통상 기능에 관한 연구로서 손용엽 외 3인(1998)은 지역경제 간의 협력모형으로서 상호 보완적 사업 추진, 무역투자 자유지역 및 자유무역지대의 설정 등을 제시하고 적용가능성을 검토하였으며, 지방정부의 대외경제 정책사례로서 일본과 중국, 미국, 영국의 사례와 이 사례가 주는 시사점을 분석하고 한국 지방정부의 대응실태를 요약한 다음 지방정부의 경제정책의 바람직한 방향으로서, 지역발전 철학 모색, 기업하기 좋은 환경 마련, 손쉬운 진입과 퇴출·투자 환경정비, 살기 좋은 환경 정비 등을 제시하였다. 박영철(1995)은 지역경제의 국제화수준을 외국인투자, 해외직접투자, 교역실태, 금융의 국제화 및 지자체의 국제적 기능, 국제교류 실태를 중심으로 분석하고, 지역경제의 국제화전략으로 지역산업의 경쟁력 강화, 외국인투자유치의 확대(안에서의 국제화), 합리적 해외직접투자의 추진(밖으로의 국제화), 국제화를 위한 기반시설의 확충 및 여건의 정비, 지자체의 국제적 기능의 증대 등을 제시하였다.

한편, 조돈영(1999)은 지방정부의 국제통상교류와 투자유치의 중요성을 강조하고 지방자치단체와 KOTRA 간의 전략적 제휴방안으로 전략적 목표의 설정하여 KOTRA에서는 해외정보의 제공과 교류활동을 지원하고 지방정부에서는 현지실정에 맞는 투자프로젝트를 개발하는 방안을 제시하였으며, 효율적인 외국인투자유치를 위해서는 외국인투자관련 국내 제도의 지속적인 개선과 지원제도의 확충 및 투자 대상기업에 대한 적극적인 유치 활동의 필요성을 강조하였다. 김선기(1994)는 지방의 통상교류시책의 범위를 해외시장의 개발, 지역산업의 경쟁력 강화, 지방의 통상교류기반의 정비 등을 통한 지방의 통상교류진흥에 두고 지방의 통상교류 실태를 지방자치단체의 통상교류지원 활동, 지방의 통상지원조직을 중심으로 분석하였으며 지방의 통상교류추진방향으로 해외시장개발을 위한 해외시장 개척활동과 지방기업의 해외진출 촉진, 지역산업의 국제경쟁력 강화를 위한 산업정책 및 제도의 국제화, 지방 중소기업의 기술경쟁력 강화, 외국인투자의 유치 등을 제시하는 한편, 지방의 통상교류기반의 정비를 위한 방안으로 통상지원조직 및 기능의 강화, 전문인력의 확충, 자치단체 간, 민·관 간 협력체계의 구축 등을 제시하였다. 또한, 이

희태(1995)는 지방행정의 국제화를 추진하기 위하여 내부의 추진체계 확립, 민간부문의 참여를 통한 민·관 일체의 종합적 국제화 추진, 민간단체에 대한 가이드라인 제시, 국제화에 대비한 사회간접자본의 구축 등을 추진해야 한다고 하면서 지방통상행정체제의 발전방안으로 국제통상관련 전문인력의 양성, 통상진흥을 위한 협력체제의 구축, 통상지원 거점시설의 확보, 지역주민의 의식개혁 등을 강조하고 있다.

넷째, 지역의 국제화와 관련된 연구로서 성기중(1999)은 국제화가 대두된 배경과 세계의 구조변화를 설명하고 이에 따른 지방행정의 과제와 역할로서 지방정부의 역할 재정립과 행정의 효율화, 지역 중심의 추진체제의 구축, 국제화 의식배양 및 지역사회의 종합정보망 수립, 자치단체의 국제화능력 배양, 지방의회의 국제능력 강화, 시민사회의 국제화 노력에의 참여, 자치단체 간의 협력체제와 통상 활동의 강화 등을 모색하였다. 우동기(1995)는 세계화에 따른 행정수요의 변화와 이에 따른 대응방안으로서 지방자치단체 세계화 정책의 전제조건으로 외부지향적 세계화(현상 측면)와 내부지향적 세계화(의식 측면)를 추구해야 하며 기본방향을 사회구조의 개방화, 세계가 필요로 하는 한국, 발전도상국을 중심으로 한 교류, 문화·스포츠 중심의 세계화, 지속적 국제교류, 세계화 마인드 형성, 독자성 있는 도시 간·주민 간 교류 등에 두어야 하고, 세계화 정책의 영역으로서 개인 간의 국제교류 지원, 세계화에 대한 높은 요구(needs), 지역활성화의 수단 등을, 정책과제로서 인재의 육성, 상호 수용기반의 구축, 세계화에 대한 요구와 지역활성화를 위한 도시기반구축 등을 제시하였다. 한편, 노화준과 이달곤(1995)은 지방의 세계화를 위한 비전을 제시하고 지방의 세계화 추진전략으로서 의식과 문화의 세계화

와 인적자원의 육성, 지방 정치 · 행정의 세계화, 지역경제의 세계화,
연구개발과 과학기술의 세계화 방안을 제시하면서 신중함과 창의성
그리고 리더십의 중요성을 강조하고 있다. 한편, 김병준(1999)은 지
방자치단체 국제화사업의 특수성으로 외부효과의 존재, 특히 사업효
과의 간접성과 추진 주체에 대한 제약과 과정의 공개성을 지적하고
있으며 제약요인으로 중앙정부와 관련된 요소로서 중앙과 지방 간
사무배분, 과정상의 간섭과 통제, 정치인 및 관료의 국제화 비전 등
을, 지방자치단체 관련 요소로서 전문성과 행정능력, 재정능력, 지도
자의 리더십 등을, 지역사회 요소로서 강한 이슈제기 집단의 존재
등을 들고 있다. 신인용(2000)도 국제화의 유형을 외향적 국제화와
내부의 국제화 및 국제교류로 구분하고 일반적인 국제교류 실태와
외국인투자유치 실태를 분석하여 투자유치 전략적 측면, 조직 및 제
도적 측면, 마케팅 측면, 환경적 측면에서의 활성화 방안을 제시하였
다. 강형기(1999)는 국제화의 명확한 개념과 필요성, 국제화의 조건
과 한계, 바람직한 지방의 국제화 방향 등을 제시하면서 국제화는
국경이 없어지면 남는 것은 지역이며 생활자 중심의 국제화가 가능
하기 때문에 지방의 업무라고 강조하고 국제화의 조건으로서 다양성
을 포용하는 개방적 자세 등 의식으로서의 국제화와 이동성을 높일
수 있는 기반시설의 정비나 법제도 내지는 관습의 투명화 등 제도 ·
물질 면에서의 국제화를 역설하고 있으며, 지방의 바람직한 국제화
방향으로 내향적 국제화와 외향적 국제화의 균형적 추진을 강조하면
서 국가 차원의 외국인 대책의 혁신과 지방 차원의 지구동포 공존형
지역의 건설을 제시하였다. 김종기 외(1994)는 국제화 기반을 특성
에 따라 도로 · 공항 · 항만의 건설, 국제 컨벤션시설, 국제교류 센터
의 설치 등 하드웨어적 요소와 국제교류의 활성화, 인력의 육성과

확보, 지자체의 국제화 역량의 배양 등 소프트웨어적 요소로 나눌 수 있으며, 국제화수준은 지역 내 거주 외국인 및 외국인 관광객 수 등 인적요소, 자매결연 수, 국제회의 및 전시회 빈도, 국제전화 횟수 등 국제교류 요소, 외국인투자기업, 상사 및 지사 수 등 경제적 요소, 외국공관, 국제기구 및 단체 수 등 행정적 요소로 평가할 수 있다고 하면서 국제화 기반조성의 단계를 초기 단계, 확산단계, 성숙단계로 구분하여 단계별 추진방향을 제시하였다. 또한, 국제화 기반조성 전략으로서 국제화 인력의 양성, 국제화 추진체계의 정립을 위한 중앙정부와 지방정부 및 민간부문 간의 역할분담, 국제교류의 활성화, 기반시설의 정비, 관광여건의 조성 등을 제시하였다.

다섯째, 최근 새로운 경향으로서 지방정부에서 추진하고 있는 국제교류 활동을 하나의 단위사업 내지 단순한 행정현상으로 볼 것이 아니라 하나의 정책으로 파악하여 국가 차원의 외교와 동일한 수준에서 검토하여 합리적 연계방안을 모색하거나 더 나아가 독자적인 지방외교정책의 영역을 개척해 나가야 한다는 주장이 제기되고 있다. 이러한 연구경향을 정리해 보면, 김기섭(1995)은 세계화 추세에 따라 지방정부의 위상이 변화되어야 하며 중앙집권체제의 한계와 분권화의 필요성을 제시하고 지방정부 간 국제협력, 통상외교 실태를 분석하여 지방정부의 세계화를 위한 과제로서 지방정부의 자율성 제고를 위한 지방정부의 외교권 부여문제를 미국과 일본의 예를 들어 설명하였으며 지방정부를 세계화의 중심단위로 자리매김해야 함을 역설하였고, 박복재(1995)는 일본에 있어서 지역국제화의 배경과 과정을 설명하고, 지자체에 있어서 국제화의 기본 정책원리를 주민 주체·국제주의형, 지역활성화·수도권일체화형, 경제활성화·지역분산형, 지역독립·권한확대형으로 구분하였으며 지방분권시대의 지역 간 교류의 새로운 경향으로 지역 간

외교의 가능성을 네 가지의 지방주도권(Local Initiative)의 사례를 들어 설명하면서, 지역국제화의 과제로 지역의 자립화, 수출산업육성을 위한 기반정비, 기업경쟁력 증대를 위한 조건정비, 인력확보 등을 제시하였다. 안성호(1997)는 지방자치외교의 발달과정과 국제적 네트워크를 통한 지방자치외교의 전개 사례를 설명하였는데 지방자치외교란 지방정부들이 국제무대에 나서서 국가외교를 지원, 보완, 시정, 중복 또는 도전하는 일체의 국제적 활동으로 정의하면서 용어의 정의에 대해서는 아직 합의를 이루지 못하고 있다고 하였다. 지방자치외교의 동인에 대해 여러 학자들의 의견을 제시하면서 경제적 이익의 추구를 위한 통상외교 등 자기이익의 동기와 인도적 원조, 안전보장, 환경보호 등에서 뚜렷이 나타나는 공동체 이익의 동기에서 주된 원인을 찾고 있다. 또한 지방자치외교에 대한 중앙정부의 반응은 무관심, 조정, 반대, 협조 등으로 나타나며 가장 일반적인 반응은 무관심이고, 지방자치외교에 대한 찬·반론에 대해 설명하면서 지방외교정책은 국가외교정책과는 달리 표출될 수 없는 의견들을 들을 기회를 제공하고, 외교정책의 공개를 유도해 실무자들의 책임성을 제고시키며, 일반 시민들의 창의성의 활용에 유리한 점 등을 장점으로 제시하고 있다. 끝으로 우리나라 지방자치외교에 대한 시사점으로 선진국들처럼 지금까지의 국제교류를 지방자치외교로 패러다임을 전환하여 외교정책이슈를 확장해야 하며 진정한 지방외교의 잠재력은 단순한 통상외교를 넘어 환경보호, 사회개발, 개발원조, 인권보장, 긴장해소 등 세계평화와 복지를 위한 국제협력에 있음을 역설하고 있다. 또한 지방자치외교의 패러다임은 지방정부로 하여금 국제적 비전과 전략만이 아니라 세계적 비전과 전략을 갖도록 요구하며 외교프로그램을 백화점식 나열식으로 전시적인 것이 아니라 몇 개의 중요 프로그램을 강도 높게 추진하는 것이 바람직하고, 지방자치외교의 성공에는 민·관 파트너십이 필수적이며 중앙정부의 관점과 자세가 전환되어야 함을 강조하고 있다. 심익섭(2000)은 국제화 세계화에 대한 명확한 개념정의 없이 어디까지가 지방자치단체의 국제 활동영역인지 불확실한 상황에서 국가 차원에서 중요한 지방외교정책이 지방자치단체 스스로에게 맡겨진 채 시행착오가 계속되고 있다고 지적하면서 지방외교(Kommunale Aussenpolitik)라는 말은 연역적이라기보다는 귀납적으로 생겨난 용어이며, 지방외교의 발전요건으로 외교를 관장하는 중앙정부가 지방외교를 국가적 외교정책의 중요한 한 부분을 담당하는 동반자로 인정하는 사고전환이 절대적으로 요구되며 지방외교를 적극 활용함으로써 세계화시대에 철저하게 국가이익을 챙기는 서구의 여러 나라들과 같이 국가 외교정책과 지방외교정책이 조화를 이루는 것이 세계화 실천전략으로 중요하며 남북화해협력시대를 위해서도 시급함을 강조하였다.

4) 지방외교정책의 환경적 요인에 관한 연구

환경적 요인은 지방자치단체의 외교정책을 형성하고 집행하는 데 관련된 외부적 요소로서 국제정치·경제적 환경과 국내의 외교정책 환경의 변화는 물론, 지역 내의 제반 요소에 이르기까지 매우 다양하다. 특히, 지방외교정책은 지방정부의 대외정책이므로 국가의 외교 정책보다도 더 많은 환경적 제약 속에서 추진되게 된다. 지방외교정책의 환경적 요인에 대한 연구는 그다지 많지 않다. 다만 연구의 전제로서 지방행정의 환경이 급속히 변화되고 있음을 강조하면서 정치환경, 경제환경, 기술·정보환경, 문화환경, 자연환경의 변화 등을 강조하고 있다. 우동기(1995)는 세계화에 따른 지방자치단체의 정책과 제로서 세계화 요구에 대응한 도시기반을 구축하기 위해 각종 도시인프라, 주거환경, 커뮤니케이션 문제, 교육, 정보제공, 오피니언 리더의 유치, 생활양식의 문제 등에 대응해야 하고, 지역활성화를 위해 국제 산업경제도시, 국제 문화도시, 국제 관광도시, 국제 정치도시를 지향해야 하며, 국제 산업경제도시 구축을 위해서는 교류기반의 정비, 정보제공, 민간경제교류 지원, 도시홍보 등을 국제 문화도시 구축을 위해서는 외국대학분교 유치, 컨벤션 유치, 사회교육 추진, 외국문화 보급 등을, 국제 관광도시 구축을 위해서는 관광기반 조성, 한국 문화의 고양 등을 국제 정치도시 구축을 위해서는 국제기구 유치, 도시홍보, 발전도상국에 대한 지원 등을 과제로 제시하였다. 최봉기(1996)는 지방정부의 대외 경쟁력 강화를 위한 국제화전략으로서 구조적 차원과 기능적 차원 외에 역내 산업구조의 개편과 산업 및 기업의 국제경쟁력 강화, 국제공항과 국제항만 등 SOC의 획기적 확충, 각종 국제기구 및 국제회의, 국제 이벤트의 유치, 국제 관광도시의 구축과 지역문화의 개발 정비, 지역주민의 국제적 안목확대와 국제화 마인드 조성, 효율적인 국제화와 경쟁력 강화를 위한 창조적 리더십의 발휘 등을 제시하고 있다. 배창제(1996)는 국제화를 위한 도시 여건으로서 도시생활의 편의성, 생활의 안전성, 경제적 활력성, 문화적 성숙성, 도시의 안전성을 기준으로 평가해야 한다고 하였으며, 김종학(1997)도 지방자치단체의 세계화 도시기반으로 도시생활의 편의성, 안정성, 경제적 활력도, 안전도, 문화적 성숙도 등을 제시하였다. 이정주(2000)는 지방자치단체의 국제교류 결정요인과 교류효과에 관한 연구에서 교역량에 영향을 미치는 요인으로 재정자립도, 세입액, 세출액, 정보화수준, 지방세 부담, 2차사업체 수, 3차사업체 수 등을 분석대상으로 하였다.

5) 지방외교정책의 효과에 관한 연구

지방외교정책의 효과란 지방외교정책의 결정요인들의 상호 작용의 결과로 나타나는 것으로서 유형적인 것과 무형적인 것, 경제적인 것과 비경제적인 것 등 여러 가지로 나누어 볼 수 있다. 지방외교정책의 효과에 관한 연구 역시 이론적이고 개념적인 측면에서의 정리가 대부분이고 실증적 연구는 거의 이루어지지 않고 있다. 다만 최근에 와서 지방자치단체의 외교 활동에 대해 그 효과를 실증적으로 분석하려는 노력들이 이루어지고 있다. 이은재(1990)는 국제교류의 효과로서 지방자치단체장 간의 교류가 자치단체 발전에 미치는 영향과 국제기구 가입을 통한 국제교류의 영향, 외국과의 국제교류 실태 등에 대해 언급했으며, 조정임(1998)은 국제교류의 파급효과에 대해 외국과의 우호관계 유지를 통한 자국의 안전보장과 세계평화에 기여하고, 경제적 수단을 통한 국제교류는 생활수준의 향상을 가져올 수 있으며, 문화적 수단의 국제교류는 정신적으로 풍요로운 생활을 실현시키고, 풀뿌리 수준의 국제교류를 통해 국제사회의 지역사회에 대한 이해와 지역 이미지 제고의 효과를 기대할 수 있다고 하였다. 김병준(1999)은 지방자치단체의 국제화사업은 높은 외부효과(externality effects)로 인해 지방자치단체의 의지를 확보하기 힘든 사업이라면서 이러한 외부효과는 지역의 범위를 넘거나 임기를 넘어 발생하며, 민간의 국제화사업은 그 효과가 직접적이고 계량화하기 쉬운 데 반해 지방자치단체의 국제화사업은 그 효과가 간접적이거나 장기간에 걸쳐서 나타난다고 한다. 김종호(1999)는 지방자치단체의 국제경쟁력 강화에 대한 연구에서 세계화 담당조직, 지방자치단체의 국제교류 및 국제화 관련 지원업무의 필요성 인식, 정책투명성, 산·학·관 협조체제, 홍보기능, 정보화 등에 관한 기초자료를 중심으로 각 요인 간의 관계에 관한 회귀분석을 시도하였다. 이윤식(1999)은 지방자치단체의 국제통상 활동을 평가하면서 국제화사업 예산의 규모가 상대적으로 크거나 국제화사업 활동이 비교적 활발한 특정지방자치단체를 대상으로 이용 가능한 기간의 교역량 추이를 그렇지 못한 지방자치단체의 경우와 비교 분석하여 총괄적으로 평가하는 비교변화설계(comparative change design)접근법과 비교 시계열설계(comparative time series design)접근법을 이용한 평가모형을 제시하였다. 이정주(2000)는 지방자치단체의 국제교류 결정요인이 교류효과에 미치는 영향을 다중회귀분석과 로짓분석 기법을 활용하여 분석하였다. 즉 자치단체의 정보화 수준, 지방세, 2차산업체 수, 3차산업체 수, 국제교류 예산, 총 종사자 수, 지방세 부담, 자치단체장의 개인적 특성을 독립변수로 하고, 2000년 1월 현재 총 교류량을 종속변수로 한 계량적 분석이 시도되었다.

6) 선행연구의 한계

선행연구결과에서 보는 바와 같이, 지금까지는 주로 국제화·세계화 추세에 대응하기 위한 전담부서의 설치, 소요 인력의 확충과 전문화, 예산의 확보 등 구조적 요인에 대한 연구와 자매결연 및 우호교류 협력 등을 통한 국제교류의 효율적 추진방안에 대한 연구가 대

부분이었으며, 분석의 수준도 현상파악과 실태분석 및 대응방안의
마련 등에 중점을 두어 왔다. 즉, 지방정부의 국제 활동을 제약하는
요인들에 대한 체계적인 정리와 구체적 정책효과에 대한 연구는 매
우 미흡하였다. 그러나 지방정부도 국제사회에서 중요한 외교 주체
로서의 역할을 수행하고 있으며, 이 분야에 대한 투자와 노력이 매
우 활발해지고 있는 점에 주목하여, 국제 활동의 제 영역을 종합하
고 체계화하여 지방외교정책의 독자적인 영역과 수단을 규명하려는
노력이 시도되어야 한다.

제5장
한국의 지방외교정책

1. 실태분석대상의 설정과 조사방법

1) 실태분석대상의 설정

앞에서 제시한 바와 같이 지방외교정책을 구성하는 많은 요인들 중 주요 요인을 선정하여 분석하였다. 우선, 구조적 요인으로는 지방외교정책의 목표와 방향, 관련법령과 제도, 전담부서와 인력 및 관련예산 등 5개 자료를 이용하였다. 기능적 요인으로는 국제교류 활동으로서 자매결연, 우호교류, 민간외교 활동을 분석하였고, 국제협력 활동으로 동북아자치단체연합 등 6개 협력 활동을, 국제통상 활동으로 지역 내 기업의 수출증대시책, 외국기업 및 외국자본 유치 활동을, 지역의 국제화는 외국인 학교, 외국인을 위한 행정서비스, 국제행사 등 3개 요인을 각각 분석대상으로 하였다. 환경적 요인으로는 외부지원체제로서 국가단위기관단체, 지역 내 대학, 외국 지방자치단체와 기관들의 한국사무소를 조사하고 물적 기반시설로서 공항과 항만에 대해 조사하였다.

[표-16] 요인별 분석자료

구 분	분석대상	자료수집 내용	자료출처
구조적 요인 (5)	정책목표와 방향	광역자치단체별 목표	조사자료
	관련법령과 제도	지방외교정책관련 법령, 조례와 예규	〃
	전담부서	지방외교정책을 담당하는 조직과 체계	〃
	인 력	지방외교정책을 담당하는 공무원	〃
	예 산	국제교류협력 분야에 투자되는 예산	〃
기능적 요인 (14)	국제교류	자매결연, 우호교류, 민간교류	〃
	국제협력	유형별 국제협력실태 및 동북아자치단체연합 등 6개 협력 활동 사례	〃
	국제통상	지역 내 기업의 수출 증대, 외국기업 및 외국자본 유치 활동	〃
	지역의 국제화	외국인 학교운영 현황, 외국인을 위한 행정서비스, 국제행사	〃
환경적 요인 (6)	외부지원체제	국가단위기관, 지역 내 소재하는 대학, 민간단체, 외국지방자치단체나 기관의 한국사무소	조사자료 및 해당 기관별 홈페이지
	국제공항	공항운영 현황과 지방 차원의 활성화노력	건설교통부
	항 만	지정항만 현황과 지방 차원의 노력	해양수산부

2) 조사방법

[표-16]은 2004년과 2005년을 기준으로 항목별로 자료명, 단위, 수집 내용, 출처 순 등을 정리한 것이다. 표에서 보는 바와 같이 구조적 요인과 기능적 요인에 대한 자료는 주로 시·도를 대상으로 한 실태조사에 의해 수집된 자료를 활용하여 작성하였다. 환경적 요인에 관한 자료는 각급 지방자치단체에서 발행하는 통계연보와 해당

기관의 홈페이지 게재자료 등 공식적으로 발표되는 통계를 활용하여 작성하였다.

다만, 지방외교정책의 목표는 지방외교정책 추진 실태 분석 시 기능적 요인들과 함께 검토하였다. 왜냐하면 지방외교정책의 목표 설정은 정책 수행을 첫 단계로서 목표가 어디에 있는가에 따라 분야별 추진 실태가 상이하게 나타나기 때문이다.

2. 지방외교정책 관련 법령과 제도 및 역할분담체계

1) 관련 법령

우리나라는 현행법에서 외교에 관한 권한은 국가에서 전담하도록 규정하고 있다. 즉, 헌법 제73조는 "대통령은 조약을 체결하고, 비준하고, 외교사절을 신임·접수 또는 파견하며, 선전포고와 강화를 한다"라고 규정하고 있으며, 정부조직법 제29조 제1항에서 "외교통상부장관은 외교, 외국과의 통상교섭 및 통상교섭에 관한 총괄·조정, 조약 기타 국제협정, 재외국민의 보호·지원, 국제사정조사 및 이민에 관한 사무를 장리한다."라고 규정하고 있고, 지방자치법 제11조에서는 법률에 특별한 규정이 있는 경우를 제외하고 지방자치단체는 "외교, 국방 등 국가의 존립에 필요한 사무"와 "수출입정책 등 전국적으로 통일적 처리를 요하는 사무"는 처리할 수 없도록 규정하고 있다. 다만, 외교통상부와 그 소속기관의 직제(대통령령 제17276호)

및 외교통상부와 그 소속기관의 직제규칙(외교통상부령 제29호)에서는 외교통상부 문화외교국 홍보과에서 "지방자치단체의 국제교류에 관한 지원"업무를 담당하도록 하고 있고, 지역통상국 통상투자진흥과에서 "기업·민간단체 및 지방자치단체의 해외시장 개척 활동 등 지원의 총괄, 외국인투자유치의 지원 및 대외홍보에 관한 사항, 우리 기업의 해외투자 지원에 관한 사항"을 담당하도록 하고 있다. 또한, 여권법 제15조 및 동법 시행령 제26조에서는 특별시장·광역시장 및 도지사에게 "일반여권 및 여행증명서의 발급, 기재사항의 변경, 유효기간 연장, 재발급, 반납명령 및 몰취에 관한 권한"을 위임하고 있으며, 한국국제협력단법(법률 제6475호) 제7조 및 동법 시행령(대통령령 제17268호)에서 "개발도상국에 파견되는 전문가 또는 한국청년해외봉사단원이 공무원인 경우에는 지방공무원법 제30조의 4의 규정에 의한 파견근무"로 볼 수 있도록 규정하고 있다. 한편, 지방자치단체에 대한 지원을 담당하고 있는 행정자치부의 경우에는 행정자치부와 그 소속기관의 직제(대통령령 제18858호, 2005. 6. 8) 제13조 제3항 제15호 및 동령 시행규칙(행정자치부령 제284호, 2005. 6. 8)제12조 제5항 제2호에 의거 자치행정본부 자치행정팀에서 "지방자치단체의 국제협력업무 지원"업무를 관장하고 있다.

지방공무원법 제30조의 4 제1항에는 국내외의 교육기관·연구기관 기타 기관에 일정 기간 파견근무하게 할 수 있는 근거를 마련하고 지방자치단체의 개방형직위의 운영 등에 관한 규정(대통령령 제17274호)제2조 제2항 제6호에는 "국제교류·통상업무를 담당하는 담당관 또는 과장"을 개방형직위로 지정하고자 할 때는 행정자치부장관과 사전 협의절차를 생략할 수 있도록 하여 개방형직위로의 운영을 유도하고 있다. 그 밖에 국제회의의 유치를 촉진하고 그 원활한 개최를 지원하여 국제회의산업을 육성·진흥함으로써 관광산업의 발전과 국민경제의 향상을 도모하기 위하여 국제회의산업육성에관한법률(법률 제5210호)을 제정하고, 제8조(전담부서의 설치)에서 "국제회의도시 또는 국제회의도시를 관할하는 지방자치단체는 국제회의 관련업무의 효율적인 추진을 위하여 필요하다고 인정할 때에는 국제회의 전담부서를 설치"할 수 있도록 규정하고 있으며, 국토기본법 제4조 제3항은 "국가 및 지방자치단체는 국제교류가 활발히 이루어질 수 있는 국토 여건을 조성함으로써 대륙과 해양을 잇는 국토의 지리적 특성이 최대한 발휘되도록 하여야 한다."라고 규정하고 있다.

2) 지방외교관련 지침, 예규, 훈령

지방자치단체의 국제 활동과 관련한 중앙부처의 지침, 예규, 훈령 등을 살펴보면, 우선, 행정자치부는 "국제도시 간 자매결연 업무처리 규정(행정자치부 훈령 제47호, 2000. 3. 27)"을 제정하여 국제도시 간 자매결연 체결절차와 방법들을 폭넓게 규정하여 "지방자치단체가 자매결연할 수 있는 외국도시의 수는 지방자치단체의 재정여건과 국제교류협력 수요 등을 감안하여 적정한 범위 내에서 정하되, 지속적인 교류가 가능하고 지역여건 등이 대등한 도시를 선정하여 추진"하도록 하고 있다. 또한 결연제의에서부터 사전교류, 결연승인, 자매결연의 체결, 교류 활동의 촉진, 사후관리 등에 관하여 규정하고 있다.

또한 외교통상부는 외교통상부지침(95. 3. 24)으로 「지방자치단체 대외교류」지원지침을 시달하여, 광역지방자치단체장의 공무국외여행과 지자체공무원 단체 공무국외여행 및 지자체공무원 외국기관 방문,

방문국가 사증발급 신청, 외국 지자체와의 자매결연추진, 광역지자체 주최 국제행사, 지자체 명예 해외협력관 임명, 자료수집 등에 관하여 규정하고 있는 등 지방자치단체의 국제 활동에 관하여 폭넓게 관여하고 있으며, 「국제관계자문대사 활동지침('95. 3. 24)」을 시달하여 지방주재 국제관계 자문대사는 지방자치단체의 국제관계 업무(자매결연, 방문 외국인사 영접 등 의전업무, 외국과의 인사교류, 주한 외교단과의 접촉 등), 지역사회의 세계화 지원(도시행정 개선 대상 발굴 및 외국의 제도 관례조사, 지방소재기업의 해외진출 및 해외시장 개척 활동 등), 지방자치단체의 국제문화, 학술, 체육행사 유치 및 개최 등을 지원하고 지방행정기관 및 지역주민에 대해 주요 외교현안에 대한 정부 입장 및 외교정책을 설명하도록 하고 있다. 현행 지방자치단체에 적용되는 중앙정부의 지침이나 예규 및 훈령 등은 [표-17]과 같다.

[표-17] 지방자치단체의 외교관련 업무에 대한 중앙부처의 지침, 예규, 훈령

명 칭	성 격	주요 내용	소관부처
국제도시 간 자매결연 업무처리규정	훈 령	지방자치단체와 외국도시 간의 자매결연에 관한 사항	행정자치부
국제관계자문대사 활동지침	지 침	지방주재 국제관계자문대사의 기본활동 지침을 정함	외교통상부
「지방자치단체 대외교류」지원 지침	지 침	광역자치단체장 및 지방공무원 공무국외여행, 국제행사, 자치체명예협력관 운영 등에 관한 지원지침	외교통상부
지방공무원국외훈련업무처리지침	지 침	지방공무원 국외훈련업무와 관련된 사항	행정자치부
지방자치단체 통상진흥에 관한 규정	예 규	지방자치법 제155조에 의거하여 지방자치단체의 국제통상에 관련된 업무를 촉진하기 위하여 필요한 사항을 규정	행정자치부

자료: 충청북도, 2001, 충청북도 내부자료

[표-18] 시·도별 자치법규 제정 운영 현황

시 도	자치 법규
서 울	△국제 경제 자문단 설치 및 운영에 관한 조례(2002. 04. 20)
부 산	△부산광역시 해외 무역 사무소 운영 규정(1997. 10. 30)
인 천	△인천광역시 국제도시 간 자매결연 체결에 관한 조례(1995. 4. 12) △인천광역시 해외명예국제자문관 위촉 및 운영 조례(1995. 1. 1) △인천광역시 시민명예외교관 위촉 및 운영 조례(1997. 10. 4)
대 구	△국제 도시 간 자매결연에 관한 조례(1993. 3. 10) △대구광역시주식회사 대구 전시 컨벤션센터 설립 조례(2002. 3. 11) △통상 모니터 요원 운영에 관한 조례(1995. 6. 10) △외국인투자 진흥관실 및 외국인투자 심의 위원회 설치 운영 규칙(2005. 1. 31) △한미 친선 협의회 조례(1992. 7. 20) △기업 유치 촉진 조례(2004. 10. 30) △국제회의 산업 육성에 관한 조례(2005. 7. 20)
광 주	△광주광역시 국제화추진 협의회 조례(1994. 5. 17) △외국인투자유치 자문관 운영 조례(1999. 4. 15) △국제 도시 간 자매결연에 관한 조례(1997. 1. 19)
울 산	△국제도시 간 자매결연에 관한 조례(2000. 10. 26) △울산광역시 해외사무고 설치 및 운영 조례(2003. 4. 17)
경 기	△해외협력관 운영 조례(2000. 11. 24) △명예국제관계고문 운영 조례(1996. 10. 7) △외국인투자유치 및 지원 조례(2004. 7. 19) △민간투자사업심의위원회 조례 (2005. 4. 11)
강 원	△강원도 해외자매도시연수장학금 지원 조례(1991. 1. 21) △외국인투자유치촉진에 관한 조례(2002. 11. 16) △강원도 외국지방자치단체와의 공무원교환근무에 관한 규정(1993. 6. 22) △해외주재 강원도 명예협력관 운영 규정(1997. 10. 18) △강원도 명예통역관 운영 규정(1998. 12. 26)
충 북	△충청북도 외국인투자진흥관실 및 외국인투자유치협의회 설치운영 규칙(2000. 9. 14) △충청북도 외국인자치단체와의 자매결연에 관한 조례(2001. 7. 6) △충청북도 국제자문관위촉 및 운영에 관한 규정(2003. 5. 30) △국제통상 센터 운영 규정(2002. 2. 28)
충 남	△충청남도 외국인기업투자유치 촉진 조례(2004. 11. 10)
전 북	△전라북도 무역회사설립 조례(1996. 1. 18) △국제교류협력 증진에 관한 조례(2004. 11. 12) △기업 및 투자유치 촉진 조례(2004. 7. 23) △NGO 국제교류 추진위원회 설치 조례(2002. 12. 13)
전 남	△전라남도 국제 자매결연에 관한 조례(1993. 11. 1)
경 남	△주식회사 경남무역설치 조례(1994. 4. 7) △경상남도 명예도민증서수여 조례(2003. 7. 18) △경상남도와 외국지방자치단체 간 자매결연에 관한 조례(1997. 6. 12) △경상남도 해외통상사무소설치 운영 규정(2003. 12. 4) △경상남도 해외통상자문관위촉 및 운영 규정(1995. 7. 26) △경상남도 기업 및 투자유치 등에 관한 조례(2004. 9. 30)

3) 지방외교정책 관련 지방자치법규

지방자치단체에서도 조례나 규칙 등을 제정하여 지방자치단체의
국제 활동에 관하여 규정하고 있는데 [표-18]에서 보는 바와 같이 외
국인투자유치와 관련한 조례와 지방외교를 뒷받침하기 위한 국제 자
문관, 각종 위원회, 통상센터, 해외사무소 설치 운영 근거를 마련하기
위한 규정들이 대부분을 차지하고 있다. 특이한 것은 인천, 대구, 광
주, 울산, 충북, 전남, 경남 등이 외국지방자치단체와의 자매결연을
조례로 정하여 자매결연의 대상, 자매결연의 제의, 사전교류, 자매결
연 체결, 사후관리 등에 관하여 규정하고 있으며, 전북은 보다 포괄적
으로 국제교류협력 증진에 관한 조례를 제정하여 시행하고 있다.

[표-19] 외교정책관련 중앙과 지방 간 기능분담 현황

구 분	담당기능	근거법령
외교 통상부	○외교정책의 수립 및 시행, 외국과의 통상교섭 및 통상교섭에 관한 총괄·조정, 조약 기타 국제협정, 재외국민의 보호·지원, 국제사정조사 및 이민에 관한 사무	정부조직법 제29조 제1항
	○지방자치단체의 국제교류에 관한 지원 ○기업 및 지방자치단체의 해외시장 개척 활동 지원에 관한 사항 ○외국인투자유치의 지원 및 국내투자환경 개선에 관한 대외홍보	외교통상부와 그 소속기관 직제 (대통령령 제17276호)
행정 자치부	지방자치단체의 대외협력업무추진에 관한 지도	행정자치부와 그 소속기관직제 (대통령령 제17277호)
	지방자치단체의 외국도시와의 자매결연 체결	국제도시 간자 매결연업무처리 규정(행정자치부훈령 제47호)
	지방자치단체의 통상진흥 지원	지방자치단체 통상진흥에 관한 규정(행정자치부 제1147호)
한국지방 자치 국제화재단	지방자치단체의 국제화전략 기획, 국제통상교류사업의 지원, 해외시장 개척, 투자유치 활동 지원, 해외연수·교육프로그램운영, 해외시장정보 수집, 제공	지방자치단체 통상진흥에 관한 규정

자료: 대한민국 현행 법령집

4) 지방외교정책 관련 중앙과 지방 간 역할분담체계

중앙정부와 지방정부 간의 효율적인 역할분담체계는 중앙정부 차원에서는 여러 가지 제약이 있는 국제적 교역장벽을 우회적으로 극복하는 데 활용될 수 있고, 지방정부는 국가의 기존 재외공관이나 정보를 활용하여 보다 손쉽게 실질적 교류를 할 수 있는 이점이 있으므로 전체 국익 차원에서 역할분담 방안이 마련되어야 한다. 특히, 지방정부와 중앙정부와의 관계는 아직까지 우리나라의 지방정부가 완전한 분권화를 달성하지 못하고 있기 때문에 어느 정도 자율성을 갖고 있느냐 하는 사실에서 지방의 국제교류의 외적 한계성을 파악하는 데 도움이 된다(이형민, 1999:149).

지방외교정책과 관련한 권한이나 기능 등이 중앙과 지방 간에 어떻게 배분되고 있는가는 명확하지 않으나 앞서 검토한 제반법령과 관련 부처의 훈령, 예규, 지침 등에 근거하여 구분해 보면 [표-19]에서 보는 바와 같이 외교통상부에서는 지방자치단체의 국제교류에 관한 지원, 기업 및 지방자치단체의 해외시장 개척 활동 지원에 관한 사항, 외국인투자유치의 지원 및 국내투자환경 개선에 관한 대외홍보 등을 관장하고, 행정자치부에서는 지방자치단체의 대외협력업무 추진에 관한 지도, 지방자치단체의 외국도시와의 자매결연 체결, 지방자치단체의 통상진흥 지원 등에 관한 사항을, 그리고 행정자치부 산하 한국지방자치단체국제화재단이 구체적인 지원실무를 맡고 있다. 즉 외교통상부와 행정자치부가 유사한 기능을 수행하도록 규정하고 있으나 관여의 정도는 소극적인 것으로 조사되고 있다. 이를 다시 분야별로 구분해 보면 [표-20]과 같다. 표에서 보듯이 국제교

류나 국제통상에 관해서는 포괄적인 규정을 하고 있으나 국제협력이
나 지역의 국제화에 대해서는 별다른 규정을 하지 않고 있다. 국제
협력과 관련해서는 소속 공무원을 파견할 수 있는 근거규정만 있을
뿐 구체적 언급이 없으며, 지역의 국제화에 대해서는 "국제관계 자
문대사 활동지침"에서 규정하고 있으나 국제관계자문대사가 극히 일
부 시·도에만 배치되어 있어 지역의 국제화와 관련된 규정을 없는
것으로 볼 수 있다. 지방외교와 관련한 중앙정부의 관장사항도 훈령
이나 지침에 불과하여 지방외교정책을 규정하고 있는 법적 근거는
매우 취약한 것으로 볼 수 있다.

한편, 지방자치법 제11조(국가사무의 처리제한)에서는 지방자치단
체에서 처리할 수 없는 국가사무로 외교, 국방 등 국가의 존립에 필
요한 사무와 물가, 금융, 수출입정책 등 전국적으로 통일적 처리를
요하는 사무 등을 명시하고 있다.

[표-20] 지방외교정책 관련 사무범위를 규정하고 있는 법령·중앙
부처의 지침

분 야	주요 내용	근거법령
국제교류	○외국 자치단체와의 자매결연의 체결	국제도시간자매결연업무처리 규정(행정자치부훈령 제47호)
	○국제대회유치, 외국정부기관과의 회의개최, 협 의체 신설 또는 합의문서 작성 ○지자체 명예 해외협력관 임명	「지방자치단체 대외교류」지원 지침(외교통상부지침)
	○외국지방자치단체와의 자매결연 ○방문외국인사 영접관련, 의전 업무 ○외국과의 인사교류	국제관계자문대사활동지침 (외교통상부지침 1995. 3. 24)
국제협력	○국내외의 교육기관·연구기관·기타 기관에 의 소속직원 파견	지방공무원법 제30조

분 야	주요 내용	근거법령
국제통상	○통상진흥계획의 수립 ○해외시장 개척 활동 ○지방무역회사의 설립·지원 ○지역상품의 해외 홍보 ○명예해외주재관의 위촉 ○통상진흥기금의 설치·운영 ○통상전문인력의 양성 ○통상정보체계의 구축·활용	지방자치단체통상진흥에관한 규정(행정자치부 제1147호)
	외국인투자유치 활동	외국인투자촉진법 제18조의4
	지역 내 소재기업의 해외진출 지원	국제관계자문대사활동지침(외 교통상부지침 1995. 3. 24)
국제화	○외국관광객을 위한 각종 서비스체제, 대민 봉사체제 및 일상생활에 밀접한 영향을 미 치는 행정사항의 개선 ○국제문화, 학술, 체육행사의 유치	국제관계자문대사활동지침 (외교통상부지침 1995. 3. 24)

자료: 충청북도, 2002, 충청북도 내부자료

　이 규정에 의해 지방자치단체에서는 외교와 수출입정책에 관한 사무를 전혀 처리할 수 없는가가 의문시될 수 있다. 그러나 여기에 규정한 것은 외교에 관한 사무 중 국가의 존립에 필요한 사무, 즉, 조약이나 국가 간 협정의 체결, 선전포고, 강화 등의 사무를 처리할 수 없다는 의미이며, 수출입정책도 국가적 차원에서 통일적으로 처리되어야 할 사무의 지방자치단체 처리를 제한하고 있는 것이지 지방자치단체가 외국과의 선린우호관계를 맺고 상호 교류하거나 지역 내의 산업의 진흥을 위한 수출입정책을 추진하는 것을 제한하는 것은 아니라는 것이다. 한편, 상위법령에는 명문규정이 없으나 시·도별 자치법규에서는 지방자치단체의 대외 활동에 대한 폭넓은 규정을 두고 있다. 즉, 시·도별 행정기구설치 조례와 동 시행규칙으로 실·국·과별 분장사무를 규정하면서 지방자치단체의 국제 활동과 관련된 사무를 폭넓

게 규정하고 있다. 참고로, 충청북도 경제통상국 국제통상과의 분장
사무를 살펴보면 [표-21]과 같다.

[표-21] 충청북도 경제통상국 국제통상과 분장 사무

```
1. 국제교류·협력업무
2. 외국인사 영접 안내
3. 국제통상정책 수립 및 집행관련 업무
4. 농·공산품 해외시장 개척 및 지원
5. 지역특화산업 해외홍보 사업
6. WTO, IMF대책 등 국제경쟁력 강화시책
7. 외국인투자유치·지원 안내
8. 중소기업 통상업무 지원
9. 수출진흥계획 수립 및 무역관련 민원 업무
10. 국제화시책 개발, 연구 및 외국 지방자치단체의 각종 자료 수집
11. 외국의 과학기술 진흥에 관한 조사, 연구 지원
12. 세계화추진 관련 업무
13. 농축산물 유통구조 개선방안 연구
```

자료: 충청북도 자치법규집

5) 법령과 제도, 역할분담 면에서의 특징

이상에서 살펴본 바와 같이 지방자치단체의 외교정책과 관련된 법
령과 제도, 역할분담 면에서의 특징을 요약해 보면, 첫째, 지방자치단
체의 외교정책과 국제 활동에 관한 법령이나 명문규정이 없다는 것
이다. 지방자치단체의 사무를 규정하고 있는 지방자치법이나 관련 법
령에는 명문규정이 없고, 중앙정부의 사무를 규정하고 있는 법령이나
대통령령, 훈령, 예규, 지침 등을 통하여 간접적으로 파악할 수 있을
뿐이며, 자치단체의 행정기구 설치 조례나 시행규칙으로 실·국·과

별 분장 사무를 규정하고 있는 데 불과하여 법적 근거가 미약하다.

둘째, 지방자치단체의 대외 활동에 대해 훈령이나 예규, 지침 등을 제정하여 조정·통제하고 있으나 법적 구속력이 없어 그 실효성은 의문시 되고 있다. 차라리 중앙정부에서 관여하거나 지원해야 할 사항, 지방정부의 의무와 책임 등은 법률로 명문화하고 그 외의 사항은 지방자치단체 자율에 맡기는 것이 효율적일 것으로 판단된다.

셋째, 지방자치단체의 대외 활동에 관한 자치법규 제정노력이 부족하다는 것이다. 앞서 살펴본 시·도별로 자치법규 제정 현황과 같이 지역에 따라 많은 차이를 보이고 있다. 지방외교정책에 대하여 법령에 명문규정이 없기 때문에 자치법규를 제정하여 지역별 특색에 맞는 지방외교정책을 발전시켜 나가는 노력이 필요할 것으로 판단된다.

3. 지방외교정책 전담조직과 인력 및 예산

1) 지방외교정책 전담조직

(1) 지방외교정책 전담부서

시·도에 지방외교정책을 전담하는 부서가 설치된 것은 비교적 최근의 일이다. 즉, 90년대에 들어와 우리 사회가 급속히 국제화되고, 지방자치제의 본격적인 실시로 지방 차원의 국제교류 활동이 활발해지면서, 이를 전담할 조직이 설치되기 시작했다. 초창기에는 계 단위

조직에서 출발하여 현재에는 최소한 실·과 단위, 나아가 실·국 단위 기구까지 설치하고 있는 지방자치단체도 있으며, 일부 시·도는 부지사 직속의 전담조직으로 설치하고 있다. 시·도별 전담조직을 표로 정리한 것이 [표-22]이다.

[표-22]에서 보는 바와 같이, 가장 많은 조직을 설치하고 있는 시·도는 경기도로서 3개 과 10개 팀을 두고 있으며, 서울, 전북, 경남이 2개 실·과, 기타 시·도는 대체로 1개 과 4개 팀 정도를 설치하고 있다.

현재, 16개 시·도의 외교정책 전담조직을 살펴보면, 첫째, 국제교류협력기능과 국제통상기능이 통합된 형태와 분리된 형태가 병존하고 있다. 즉, 부산, 인천, 강원, 제주 등은 국제교류협력 기능과 국제통상기능을 서로 다른 실·국 단위 조직에서 담당하도록 하고 있으며 기타 시·도는 경제통상 실·국 소속으로 전담조직을 설치하고 있다. 다만, 인천과 강원은 부지사 직속의 기구로, 서울은 산업국 내에 국제협력과와 투자진흥과를, 부산은 문화관광국 내에 국제협력과를, 제주는 국제자유도시관광국 내에 국제자유도시과, 투자유치과, 관광마케팅과 등을 설치하여 외교관련 기능을 분산 배치하고 있다. 외교기능과 통상기능의 분리·통합에 대한 많은 논의가 있어 왔으나 각각의 제도가 장단점을 가지고 있기 때문에 어느 형태가 효율적이라고는 판단하기 어렵다.

[표-22] 시·도별 외교정책 전담조직(2005. 9. 30 현재)

시 도	실·국 단위/실·과 단위		담당(또는 팀) 단위
서 울	산업국	국제협력과	국제통상, 국제행사, 미주, 구주, 아시아
		투자진흥과	투자정책, 금융도시, 투자자원, 투자사업
부 산	문화관광국/국제협력과		국제협력, 국제교류, 국제회의
	경제진흥실	투자유치과	기업유치, 외자유치, 민자유치, 경제자유구역지원
		산업입지과	통상진흥팀
인 천	(부시장직속)/국제협력관		국제협력, 중국교류, 구미교류, 투자협력
	경제통상국/기업지원과		수출진흥
대 구	경제산업국/국제협력과		국제교류, 미주협력, 전시컨벤션, 통상지원, 투자유치
광 주	경제통상국/경제통상과		국제협력, 통상진흥
대 전	경제과학국/국제통상과		국제협력, 통상지원, 투자유치
울 산	경제통상국/경제정책과		통상교류 담당
경 기	경제투자관리실	국제통상과	교류통상, 해외마케팅, 무역기반조성, 아주협력, 구미협력
		투자진흥과	투자정책, 아주유치, 미주유치, 구주유치, 투자입지
강 원	(부시장직속)/국제협력실		미주담당, 아주담당
	산업경제국/기업지원과		수출지원
	국제스포츠지원단		국제행사과, 시설과
충 북	경제통상국/국제통상과		국제기획, 아시아, 미주유럽, 투자진흥, 통상지원, 서울사무소
충 남	경제통상국/국제통상과		국제기획, 국제교류, 통상진흥, 투자유치, 중국지원
전 북	경제통상실/국제통상과		국제협력, 통상지원, 교류정책, 외자유치
전 남	경제통상국/경제통상과		통상지원, 국제교류
경 북	경제통상실	국제통상과	국제협력, 국제교류, 통상진흥
		투자유치과	해외투자유치
경 남	경제통상국/국제통상과		통상지원, 시장 개척, 국제협력, 산업이벤트
제 주	재정경제국/경제통상과		수출판매지원, 국제교류
	국제자유도시관광국	국제자유도시과	외국어지원팀
		투자유치과	투자유치담당
		관광마케팅과	중화권, 일본권

자료: 충청북도 내부조사자료, 2005

둘째, 16개 시·도가 거의 유사한 전담조직을 형성하고 있다는 것이다. 다만 서울, 경기, 경북 제주도가 비교적 큰 규모의 전담조직을 설치하고 있고, 부산과 제주도가 관광문화교류의 활성화와 이 분야의 투자유치를 위해 외교정책 전담조직을 문화관광국과 국제자유도시관광국 내에 각각 설치하고 있는 것이 다소 특이한 점이라고 할 수 있다.

셋째, 대부분의 시·도가 경제통상관련 실국 내에 전담부서를 설치한 것은 앞서 살펴본 지방외교정책의 목표와도 깊은 관련이 있다는 것이다. 즉, 우리나라 광역자치단체의 지방외교 목표가 외국 지방정부 간의 우호교류나 특정현안에 대한 상호 협력, 지방정부의 공동관심사에 관한 공동협력보다는 지역 내에 외국인투자를 유치하거나 지역 내 산품의 수출 증대 등 경제적 실리추구에 관심이 모아져 있다는 것을 단적으로 보여주고 있다.

[표-23] 시·도별 해외사무소 운영 현황(2005. 9 현재)

시·도	사무소명	근무인원	주요 기능
계	17개소	68	
서 울	계	8	해외시장 개척 지원
	북경해외사무소	2	
	LA해외사무소	2	
	동경해외사무소	2	
부 산	계	12	해외시장 개척 지원
	마이애미 무역사무소	4	
	오사카 무역사무소	4	
	상해 무역사무소	4	
인 천	계	7	해외시장 개척 지원
	기타큐슈 무역사무소	2	
	천진 대표처	3	
	필라델피아 무역사무소	2	

시·도	사무소명	근무인원	주요 기능
울 산	장춘 해외사무소	3	수출상담 및 지원, 바이어발굴
경 기	뉴욕 사무소	1	외자유치업무
강 원	길림성경제무역사무소	4	수출유망품목선정 집중 지원
충 남	계	8	해외시장 개척 지원
	구마모토 사무소	2	
	뉴욕 사무소	3	
	상해 사무소	3	
전 남	계	8	해외시장 개척 지원
	상해 사무소	4	
	오사카 사무소	2	
	뉴욕 사무소	2	
경 북	유럽 사무소(프랑스알자스)	1	해외시장 개척 지원
	계	16	
경 남	시모노세끼 통상사무소	2	해외시장 개척 지원
	산동성 통상사무소	4	
	상해 통상사무소	6	
	호치민 통상사무소	4	

자료: 충청북도, 2005, 충청북도 조사자료

(2) 해외사무소

일부 시·도에서는 외국과의 업무량이 급속히 증가하면서 소속직원을 직접 파견하거나, 현지인을 채용하여 해외사무소를 운영하고 있다. 주로 외국과의 업무연락이나, 외국인투자유치를 위한 설명회, 상담회 등을 개최하는 업무를 담당하고 있다. 해외사무소는 서울, 부산, 인천, 울산, 경기, 강원, 충남, 전남, 경북, 경남 등 10개 시·도에서 총 17개소를 운영하고 있으며, 경상남도가 4개 해외사무소에 16명의 직원을 파견하여 가장 많은 해외사무소를 두고 있다. 시·도별로 운영하고 있는 해외사무소를 정리한 것이 [표-23]이다.

표에서 보듯이 총 68명이 해외사무소에 배치되어 있으며, 그중 58
명은 공무원이고 10여 명은 현지인을 채용하여 활용하고 있다. 그러
나 아직 해외사무소 운영실적은 비교적 저조한 편이다. 그 이유는
해외사무소가 설치된 지 얼마 되지 않아 자리를 잡지 못한 탓도 있
으나 주된 임무가 외국과의 업무연락이나 현지를 방문하는 공무원이
나 인사들의 안내에 많은 시간을 뺏기고 있는 것도 그 원인의 하나
로 지적되고 있다. 그러나 고무적인 것은 부산, 울산, 충남, 경남의
경우 구체적인 목표를 설정하여 성과를 가시화시켜 나가고 있는 점
을 미루어 앞으로 그 운영이 기대되고 있으며, 타 시도에서도 해외
사무소 설치를 늘려 가고 있는 추세에 있다는 점이다.

(3) 해외주재관

해외사무소와는 별도로 외국주재 한국대사관이나 외국의 지방정부
에 해외주재관을 파견하고 있다. 이들의 주요 임무는 해당 지방자치
단체와 외국 지방자치단체 간의 업무연락, 주재국 동향파악 보고, 특
정 프로젝트의 추진, 어학연수, 본국 방문단의 안내와 통역, 해외 시
장 개척 및 외자유치 활동 지원 등 다양한 임무를 수행하고 있다.
대부분 자매결연 자치단체와 상호 파견 형태로 운영되고 있으나 서
울의 경우 프랑스 파리와 미국 뉴욕주재 대한민국대사관에 주재관을
파견하여 운영하고 있다.

2005년 10월 현재 우리나라 광역자치단체에서 해외에 파견한 주재
관은 9개 시·도에 총 26명으로서 중국이 11명으로 가장 많고, 일본
이 8명, 미국이 5명, 프랑스 1명, 베트남 1명 등이다. 이와 관련하여
몇 가지 특징 및 문제점을 정리해 보면 첫째, [표-24]에서 보는 바

와 같이 중국과 일본, 미국에 대부분의 해외주재관이 파견되어 있어
일부 지역에 편중 배치되어 있다.

[표-24] 시·도별 해외주재관

시 도	파견국가	파견인원	파견자직급	파견기간
계		26		
서 울	계	2		
	파리주재관	1		
	뉴욕주재관	1		
부 산	계	3		
	미 국	1	5급	2년
	일 본	1	5급	2년
	중 국	1	5급	2년
대 구	계	3		
	중국 칭타오	2		
	베트남 다낭	1		
인 천	계	3		
	일본 기타큐슈	1	7급	1년
	중국 제남	1	6급	1년
	중국 연대	1	7급	1년
광 주	계	4		
	미국 시카고	1	5급	2년
	미국 LA	1	5급	2년
	중국 꽝저우	1	5급	2년
	일본 동경	1	5급	2년
울 산	중 국	1	6급	1년
충 북	계	2		
	일본 야마나시현	1	6급	1년
	중국 흑룡강성	1	6급	1년
충 남	일본 구마모토	1		1년
전 남	계	3		
	중국 절강성	1	행정7급	1년
	일본 사가현	1	토목7급	1년
	일본 고치현	1	기계8급	1년
경 북	계	4		
	미국 국제화재단	1	행정5급	1년
	중국 국제화재단	1	행정5급	1년
	일본 KOTRA	1	행정5급	1년
	중국 KOTRA	1	행정6급	1년

이는 자매결연단체가 이 지역에 편중되어 있기 때문인 것으로 분석되고 있다. 둘째, 해외주재관의 직급이 기대하는 역할에 비해 지나치게 낮다는 것이다. 직급이 낮을 경우 이들의 활동범위나 역할, 접촉 가능한 인사들이 극히 제한적이어서 폭넓은 활동을 기대하기 어렵다는 것이다. 셋째, 파견기간이 1년 내지 2년으로 너무 짧다는 것이다. 1년 내지 2년으로는 현지 적응하기도 어려운데 과연 기대하는 역할을 해낼 수 있을지 의문시되고 있다.

(4) 지방외교정책 추진을 위한 지역 협의체

지방외교에 대한 지방자치단체의 전문성 부족을 극복하고 의사결정을 신중히 하기 위하여 지역 전문가들이 참여하는 각종 협의체를 구성하여 활용하고 있다. 이들 협의체는 비상설기구로서 사안 발생 시마다 소집하여 운영하고 있는 경우가 대부분이다.

[표-25] 지방외교정책 추진을 위한 지역협의체

서 울	△서울국제경제자문단(SIBAC)(19-23명) △외국인투자자문회의: 주한 외국상공회의소회장, 외국기업 지사장 등 26명
부 산	△자매도시 위원회(18명): 자매도시와의 교류활성화 추진 △부산 국제교류재단 설립 운영: 국제민간네트워크 구성, 국제정보서비스 활동, 국제교류 활동 지원, 국제자원봉사연계활동 △부산거주 외국인 대표자 회의(23명-30명): 문화교류를 통한 친목도모, 시정참여, 생활불편사항 모니터링

광 주	△국제화추진협의회(14명)
	  - 국제교류계획 및 교류방향 설정에 관한 협의와 국제교류협력사업선정, 추진지원
	△통상협력기업인협의회(29명)
	  - 해외 자매도시 등과의 교류협력사업에 적극 참여를 유도

대 전	△대전국제화포럼(200-300명)
	  - 지역의 국제화에 대한 폭넓은 정보교류의 장 마련
	  - 시민의 국제화에 대한 인식제고
	△대전국제화추진협의회 구성·운영(30인)
	  - 국제화를 위한 정책방향 제시 및 상호 정보교환
	  - 외국기관단체 등과 우호증진 및 국제교류사업 추진
	  - 시민의 국제화 의식함양 및 국제 홍보에 관한 사항 협의
	△자매도시교류연합회
	  - 9개 자매도시위원회를 통합, 연합회 단일체제로 운영
	  - 교류사업 관련 자문, 시민의 국제화 의식 제고

강 원	△국제 Sounding Board 운영(10-20명): 기업인 중심의 유력인사 중심으로 정책자문가 그룹을 구성, 중요한 도정시책에 대한 국제적 시각에서의 조언과 기업경영의 노하우를 행정에 접목하기 위한 인적 네트워크 구축 및 관리 △국제교류 기관·단체협의회(40명 내외): 국제화를 촉진하기위한 유관 기관단체 간 정보교환과 유기적인 협조체제 유지 △해외 명예협력관 운영회의(18개국 31명): 도정홍보 및 해외정보 수집
충 북	△국제민간교류단체협의회: 국제교류회, 청소년연맹, 사회복지협의회, 대학, NGO 등 참여 △국제교류부서협의체: 국제통상과, 체육청소년과 등 국제교류 관련 부서 협의체, 관련 부서 간 상호 정보 공유 교류 및 추진전략 협의

자료: 시·도별 내부자료 및 조사표에 의한 조사자료

[표-25]에서 보는 바와 같이 서울특별시는 서울국제경제자문단과 외국인투자자자문단을 구성하여 주로 외자유치와 외국기업인들의 애로사항이나 불편사항을 해소해 나가고 있다. 부산시는 자매도시 위원회를 구성하여 자매도시와의 교류정책에 대한 자문을 받고 있으며,

부산국제교류재단을 설립하여 국제민간네트워크 구성과 국제교류 활동을 지원하고 있다. 또한, 부산거주 외국인 대표자회의를 개최하여 시정에 참여시키고 있다. 광주시는 국제화추진협의회와 통상협력기업인협의회를, 대전은 대전국제화포럼, 대전국제화추진협의회 및 자매도시교류연합회를, 강원도는 "국제 Sounding Board"를 구성하여 기업인 중심의 유력인사를 중심으로 정책자문가 그룹을 참여시켜 중요한 도정시책에 대한 국제적 시각에서의 조언과 기업경영의 노하우를 행정에 접목하기 위한 인적 네트워크를 구축해 나가고 있으며, 국제교류기관·단체협의회도 운영하고 있다. 충북도는 국제교류회, 청소년연맹, 사회복지협의회, 대학, NGO 등이 참여하는 국제민간교류단체협의회를 구성하여 운영하고 있으며, 국제교류부서협의체도 운영하고 있다.

(5) 해외 시민 네트워크

기타 해외 동향이나 정보를 입수하고, 현지 사정을 파악하기 위해 다양한 형태의 해외 네트워크를 구축하고 있다. 대부분 해외 출향인사나 향우회원들 중 도움을 받을 만한 인사들을 명예영사, 명예대사, 국제자문관, 명예외교관 형태로 위촉하여 활용하고 있다. 이들이 주로 하는 일은 해당 시·도 방문단의 영접 및 안내, 통역, 거주국 동향파악 보고, 특정 프로젝트에 대한 협조, 현지 교류정보 및 시장정보 제공 등 다양하다. 이들은 대부분 해당 지역 거주 교민들로서 교민행사에 초청하거나 다양한 교류정보를 제공하여 지방외교의 가교 역할을 수행하고 있다. [표-26]은 시·도별로 운영되고 있는 해외

협력네트워크 현황을 정리한 것이다. 표에서 보는 바와 같이 시·도
별로 해당 지역 교민들 중 유력인사를 명예 영사관이나 국제자문관,
명예협력관, 명예외교관 형태로 위촉하여 활용하고 있으며, 충북의
경우 현지인 사무소를 해외사무소로 지정하여 통신비 등 최소경비를
지원하여 필요한 역할을 수행토록 하고 있다. 이들은 현지인들이기
때문에 현지 사정에 밝아 경우에 따라서는 매우 큰 도움을 받는 경
우도 있으나 위촉한 후 사후관리가 제대로 되지 않아 유명무실하게
운영되는 경우도 적지 않다.

[표-26] 시·도별 해외 시민 네트워크

시·도	해외 시민 네트워크
부 산	△명예영사관: 프랑스, 영국, 독일 등 24개국
인 천	△해외명예국제자문관(6개국 14명) △국제자문관(2개국 2명) △시민명예외교관 101명
강 원	△친 강원인 인적네트워크 영문 홈페이지 구축, △해외에이전트 운영: 국제교류 전반에 관한 업무 현지처리, 각종 정보의 실시 간 제공 △해외명예협력관(18개국 31명)
충 북	△국제자문관 위촉(33개국 84명) △해외충청향우회(11개국 23개 지역) △해외사무소(8개국 9개소)
충 남	△해외 충청 향우회 유대강화(17개 단체)
전 북	△국제교류자문관 (11개국 20명) △통상자문관(13개국 24명) △해외호남향우회(6개국 12개 단체)
전 남	△해외향우회: 3개국 11개 향우회
경 북	△경북명예국제자문관(31개국 67명) △해외도민회 (4개국 5개 단체)
경 남	△재외도민회: 재일도민 10개 도민회 6700명 등 재외도민 도정참여 강화
제 주	△관광홍보관 운영(중국 북경, 일본 후쿠오카, 오사카)

자료: 시·도별 내부자료 및 조사표에 의한 조사자료

(6) 종합정리

앞서 검토한 바와 같이 지방외교정책을 전담하는 조직은 시·도 본청의 1개과 내지 2개과와 해외사무소, 해외주재관, 민간 전문가들이 참여하는 협의체, 해외 시민 네트워크로 편제되어 있다. 충청북도의 경우 [그림-6]에서 보는 바와 같이 도 본청의 경제통상국 국제통상과를 중심으로 국제교류단체협의회가 있고, 각종 해외 정보 및 인터넷 무역을 담당하는 국제통상 센터, 8개국 9개소의 해외사무소[7] (중국 대련, 일본 동경, 오사카, 브라질 상파울로, 아르헨티나 부에노스아이레스, 독일 프랑크푸르트, 오스트리아 비엔나, 미국 LA, 러시아 모스크바), 자매결연 지방자치단체인 중국 흑룡강성, 일본 야마나시현에 해외주재관 2명을 파견하고 있으며, 세계 32개국에 82명의 국제자문관을 지정하여 각종 정보와 도움을 받고 있고, 서울에 연락사무소를 설치하여 각종 동향파악과 의전업무 등을 수행하게 하고 있다.

충청북도의 예에서 보듯이 본청의 기구도 국제통상 분야에 초점이 맞추어져 있으며 해외 네트워크도 주재관을 제외하고는 매우 느슨한 형태로 운영되고 있어 해외동향이나 정부를 수시로 파악하고, 지방외교에서 요구하는 전문성이나, 고도의 정책적 판단을 수행하기에는 매우 미흡한 실정이다. 이를 요약 정리해 보면, 첫째, 시·도 본청의 전담기구는 일부 시·도를 제외하고 대부분 경제통상 분야를 관장하는 실·국에 편제되어 있어 국제교류와 협력보다는 국제통상업무에 중점을 두고 있는 것으로 나타나고 있다. 즉, 단순한 수출진흥사업이

---

7) 충청북도의 경우 직원은 파견하지 않고 현지인의 사무실이나 사업장을 해외 사무소로 지정하여 활용하고 있다.

[그림-6] 충청북도 지방외교정책 전담조직 체계

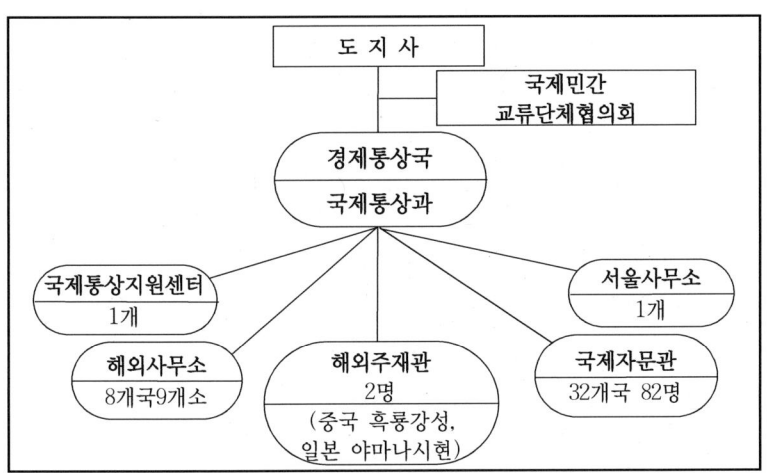

나 외자유치에 중점을 두다 보니 보다 차원 높은 국제교류나, 협력은 소홀할 수밖에 없으며, 시·도정의 각 분야를 국제적 수준으로 향상시키기 위한 종합조정기능은 기대하기 어렵게 되어 있다.

둘째, 해외사무소는 10개 시·도에서 17개의 해외사무소를 두고 있으나 아직은 큰 성과를 내지 못하고 있다. 그 이유는 설치지역이 일부 지역에 편중되어 있을 뿐만 아니라 배치된 인력의 전문성이 부족하고, 근무기간이 짧아 현지사정을 익힐 만하면 다시 복귀하는 현상이 빈발하고 있다.

셋째, 해외주재관은 10개 시·도에서 26명을 파견하고 있으나 해당 지방자치단체를 대표하는 지방외교관으로서의 역할을 수행하기에는 직급, 전문성, 근무기간, 활동 내용 면에서 모두 역부족이라는 것이다.

넷째, 지방외교정책을 지원하기 위한 지역협의체는 다양한 형태로 운영되고 있으며, 지역 내 많은 전문가들이 위원으로 위촉되어 있으나 비상설기구인데다 운영실적도 저조하여 별다른 도움이 되지 못하고 있다.

다섯째, 해외시민 네트워크로서 해외에 거주하는 관련 인사를 국제자문관, 명예대사, 통상자문관 등으로 위촉하여 활용하고 있으며, 현지 향우회와도 유대를 강화해 나가고 있으나 전반적으로는 크게 활성화되지 못하고 있다. 그 이유는 이들의 활동에 대한 실비 보상 등이 이루어져야 하나 그것이 현실적으로 어렵고, 위촉 후 사후관리가 되지 않아 이름뿐인 자문관들이 대부분인 것으로 파악되고 있다.

2) 지방외교정책 전담인력

(1) 직급별 지방외교 전담인력

16개 시·도의 지방외교정책을 담당하고 있는 인력은 2005년 현재 총 418명으로서 일반직이 329명, 계약직이 65명, 기능직이 24명이다. 그중 일반직은 4급(과장급)이 17명, 5급(팀장, 사무관)이 75명, 6급 이하가 237명 등 329명이며, 계약직은 언어, 통상정책 분야의 전문직으로서 석·박사급 전문가를 계약직으로 채용하고 있다. 이를 표로 정리한 것이 [표-27]이다.

[표-26]에서 보는 바와 같이, 가장 많은 외교담당인력을 배치하고 있는 시·도는 서울과 경기도로서 50명의 인력을 배치하여 각각 총 정원의 0.30%, 0.69%를 점하고 있다. 그러나 총 정원에 비하여 가장 많은 인력을 배치하고 있는 곳은 제주로서 23명을 배치하여 총 정원의 1.41%를 점하고 있다.

인력과 관련하여 몇 가지 정리해 보면, 첫째, 광역지방정부별로 인력의 편차가 심하게 나타나고 있다. 즉 울산 6명, 전남이 11명인 데 비해 서울과 경기가 50명, 부산, 인천, 광주가 각각 35명으로 나타나고 있다.

[표-27] 시·도별 외교정책전담인력   (단위: 명, %)

시·도	총 정원 (A)	외교정책 담당인력						B/A
		계(B)	4급	5급	6급 이하	전임계약직	기능직	
총 계	71,313	418	17	75	237	65	24	0.51
서 울	16,142	50	2	9	27	5	7	0.30
부 산	6,137	35	1	5	22	7		0.57
대 구	5,006	21	1	4	9	6	1	0.42
인 천	4,482	35	1	6	18	8	2	0.78
광 주	2,683	35	1	2	26	4	2	1.30
대 전	2,767	19	1	2	9	5	2	0.69
울 산	2,209	6	1	1	4			0.27
경 기	7,279	50	2	10	28	8	2	0.69
강 원	3,286	15	1	3	7	3	1	0.46
충 북	2,521	23	1	5	11	5	1	0.91
충 남	3,173	30	1	7	16	4	2	0.95
전 북	3,104	16	1	2	12	1		0.52
전 남	3,395	11	1	2	7	1		0.32
경 북	3,845	23	1	6	10	5	1	0.60
경 남	3,654	26	1	5	17	1	2	0.71
제 주	1,630	23		6	14	2	1	1.41

자료: 충청북도, 2005, 충청북도 내부자료

둘째, 고도의 전문성을 요하는 업무인 데 비해 하위직의 비중이 너무 높다는 것이다. 지방외교정책의 담당자는 직무의 성격상 싫든 좋든 지방정부의 외교업무를 담당하는 외교관으로서의 직무를 수행해야 한다. 따라서 국제적 시야는 물론 유창한 외국어 구사능력과 지역의 이익을 판단할 수 있는 전문지식이 요구되는 분야이다. 이러한 점을 감안한다면, 직급별 구성은 타 분야와는 달라야 할 것이다.

셋째, 표에서 보는 바와 같이 전임 계약직의 활용이 미흡하다는 것이다. 계약직은 일반직에 비해 상당히 개방적인 인사운영을 할 수 있는 직종으로서 외교 분야에 민간 전문인력을 활용할 수 있는 좋은 방안임에도 불구하고 적극적으로 활용되지 않고 있다.

(2) 재직기간

지방외교를 담당하는 공무원들의 재직기간을 조사해 본 결과 조사인원 190명 중 58.9%가 2년 미만의 짧은 재직기간을 보이고 있었다. 그러나 다행스러운 것은 3년 이상 장기 재직자가 전체의 33.7%를 차지하고 있어 지방차치단체의 잦은 인사이동에 비추어 볼 때 상당히 높은 비중을 차지하고 있다는 것이다.

지방외교 분야는 다를 분야와는 달리 여러 외국 지방정부와 교류를 해야 하고, 업무의 질 자체도 고도의 전문성과 경험을 필요로 하기 때문에 장기간 재직을 해야 하고, 공무원들의 자질과 능력 면에서 전문화가 매우 시급한 분야라고 할 수 있다.

[표-28] 지방외교전담인력의 재직기간

계	1년 미만	2년 미만	3년 미만	3년 이상
190	70(36.8)	42(22.1)	14(7.4)	64(33.7)

자료: 2005 시·도별 조사표에 의한 조사자료

(3) 담당 공무원의 학력수준과 전공 분야

지방외교를 담당하고 있는 공무원들의 학력수준을 8개 시·도 공무원을 대상으로 조사한 결과를 정리해 보면 [표-29]와 같다. 표에서 보는 바와 같이 대졸 이상의 학력을 가진 공무원들이 조사대상 공무원 138명 중 83.3%를 차지하고 있어 타 분야보다는 높은 수준을 보이고 있다.

[표-29] 지방외교전담인력의 학력수준

계	고 졸	전문대졸	대 졸	대학원졸업 이상
138	17(12.3)	6(4.3)	90(65.2)	25(18.1)

자료: 2005 시·도별 조사표에 의한 조사자료

　　한편, 시·도 지방외교 담당공무원의 전공 분야를 살펴보면 정치외교학을 전공한 공무원은 조사대상 127명 중 단 2명에 불과하고, 행정 법학, 경제통상이 각각 22%를 차치하고 있으며 외국어 전공자는 17.3%, 공학계열이나 자연계열 전공자가 8%, 기타 전공자가 28%를 각각 점하고 있는 것으로 나타나고 있다.

[표-30] 지방외교전담인력의 전공 분야

계	정치외교	행정 법학	외국어	경제통상	공학자연	기 타
127	2(1.6)	28(22.0)	22(17.3)	28(22.1)	11(8.0)	36(28.0)

자료: 2005 시·도별 조사표에 의한 조사자료

　　이를 종합해 보면, 지방외교 전담 공무원들의 학력수준은 꽤 높은 편이나 관련 분야 전공자는 매우 적은 것으로 나타나고 있다.

(4) 공무원 자질향상을 위한 프로그램

　　위와 같은 전문성 부족현상을 보완하기 위해 다양한 채용방식 및 교육 프로그램을 마련하여 운영하고 있다.

[표-31] 공무원 자질향상 프로그램

서 울	△특별채용을 통한 영어 우수자 확보 △재직공무원 영어학습 강화 및 영어인증보유자 승진우대제 도입
부 산	△자매도시와 직원 상호 파견 교류, 공무원해외장기연수 △국내대학 위탁 및 해외단기어학연수 △외국어학원 및 인터넷 강의 위탁교육 △청내 외국어강좌 개설 △외국어특기공무원 선발 △직원배낭여행
인 천	△공무원 외국어 경진대회 개최
강 원	△공무원영어연수프로그램 운영(20명, 케나다 앨버타대학교)
충 북	△국제교류 통상역량 제고 워크숍 개최 △국제행사 의전 전문교육과정 설치운영

충 남	△해외연수 사업 내실화: K2H 사업을 활용한 외국공무원 연수, 충남 공무원 해외파견
	△국제통상전문인력 효율적 활용: 전직 대사 등
	△공무원의 국제마인드 수준향상
	   - 공무원 국외연수를 통한 해외 정보망 구축(350명)
	   - 교류자치단체별 참고 시책자료 발굴 전파

전 북	△공무원 국제화 마인드 함양: 전문인력 양성을 위한 장기 해외연수(6개 과정 12명) △공무원 외국어 능력 강화(3과목 4과정 100명)
전 남	△외국자치단체와 공무원 상호 교류(8명)
경 북	△명예자문관을 통한 해외체험연수 △외국지방공무원 초청연수

자료: 2005 시·도별 내부자료 및 조사표에 의한 조사자료

[표-31]에서 보는 바와 같이 서울시의 경우 특별채용방식을 통해 영어 우수자를 확보하고 있으며, 재직 공무원을 대상으로 한 영어학습프로그램의 운영, 영어 능력 인증 보유자에 대한 승진 우대제도 등을 시행하고 있다. 부산광역시에서는 자매결연 도시와 직원을 상

호 파견하거나 장기 해외연수, 국내 대학 위탁교육 및 해외 단기 어
학연수, 외국어 학원 및 인터넷 강의 위탁교육, 시청 내에 상설 외국
어 강좌 개설, 외국어 특기공무원 선발, 직원 배낭여행 등을 통해 공
무원들의 전문성과 언어능력, 현지 적응력 등을 증진시켜 나가고 있
다. 기타 충남도의 공무원의 국제마인드 수준향상을 위한 프로그램,
경북도의 명예자문관을 통한 해외체험연수 등이 눈길을 끌고 있다.

(5) 종합정리

　지방외교정책을 전담하는 인력은 고도의 전문성과 정책 기획력,
판단력, 경험과 세련된 국제감각 등을 요구하는 분야임에도 불구하
고 첫째, 하위직이 차지하는 비중이 지나치게 높다는 것이다. 그들이
수행해야 할 업무의 비중과 질적 수준, 접촉하는 상대국 공무원의
직급에 비추어 너무 낮기 때문에 직무수행상 많은 애로를 겪고 있다
는 것이다. 둘째, 업무의 성격상 고도의 전문성과 유창한 외국어 실
력이 요구됨으로 외부 전문가를 활용할 수 있는 개방형 직위공모제
나 계약직 공무원을 많이 활용하여야 하나 미흡한 수준에 머물러 있
다. 셋째, 지방외교 전담 공무원의 재직기간이 지나치게 짧고, 학력
수준은 비교적 높은 편이나 관련 분야 전공자는 매우 적은 것으로
조사되었다. 넷째, 지방외교 담당인력의 전문성이나 능력향상을 위한
프로그램을 시·도 자체적으로 운영하고 있으나 매우 미흡한 실정이
어서 보다 전문적이고 체계적인 교육훈련 프로그램의 마련이 시급한
실정인 것으로 조사되었다.

3) 지방외교정책 관련 예산

2005년 우리나라 지방자치단체의 대외 활동 즉, 외교 활동 관련 예산은 약 4502억 원으로서 16개 시·도 평균 전체 예산의 1.01%를 이 분야에 투자하고 있으며, 그중 경상경비가 전체 지방외교정책 관련 예산의 62.6%, 사업성 예산이 37.4%를 점하고 있다.

여기에서 경상비에는 인건비, 통역비, 수용비, 회의비 등 사업성 경비를 제외한 일상적 경비를, 사업성 예산에는 지방자치단체의 해외 활동과 관련된 사업성 경비를 포함시켰으며, 점유비는 시·도별 일반회계 당초예산에서의 외교 활동관련 예산이 차지하는 비중을 백분율로 각각 표시하였다. 시·도별 외교정책 관련 예산 투입 현황을 정리한 것이 [표-32]이다.

표에서 보는 바와 같이, 전체 예산에서 외교정책 관련 예산이 차지하는 비중이 가장 높은 시·도는 서울시로서 총 2,662억 원을 투자하여 전체 예산의 2.62%를 지방외교 분야에 투자하고 있다. 그 다음이 경기도로서 총 1,109억 원을 투자하여 전체 예산의 1.57%를 점하고 있으며, 전라북도가 1.02%를, 인천시가 0.76%를 차지하고 있다.

지방외교정책관련 예산 측면에서의 문제점은 첫째, 지방외교정책의 수요가 지속적으로 증대되고 있는데도 불구하고 이 분야의 예산은 극히 미미한 수준에 머물러 있으며, 둘째, 전체 예산 중에서 사업비의 비중이 지나치게 낮고, 셋째, 전체적으로 일반회계 예산에 의존하고 있어 일정 규모의 예산을 안정적으로 확보하지 못할 위험이 있다는 것이다.

[표-32] 2005년 시·도별 외교정책 관련 예산(단위: 백만 원. %)

시·도	총 예 산	외교관련예산			점유비(%)	비 고
		계	경상비	사업비		
총 계	44,565,800	450,218	281,893	168,325	1.01	
서 울	10,150,000	266,202	130,202	136,000	2.62	
부 산	3,249,700	923	23	900	0.03	
대 구	2,379,100	3,194	257	2,937	0.13	
인 천	2,016,200	15,367	11,496	3,871	0.76	
광 주	1,345,000	3,812	1,671	2,141	0.28	
대 전	1,239,600	1,207	517	690	0.10	
울 산	1,067,900	2,504	2,062	442	0.23	
경 기	7,081,700	110,900	99,400	11,500	1.57	
강 원	1,905,500	2,769	754	2,015	0.15	
충 북	1,314,000	3,656	3,204	452	0.28	
충 남	2,055,500	5,662	4,716	946	0.28	
전 북	1,969,700	20,184	18,332	1,852	1.02	
전 남	2,564,900	1,902	1,000	902	0.07	
경 북	2,429,100	3,633	2,295	1,338	0.15	
경 남	2,958,900	7,542	5,673	1,869	0.25	
제 주	839,000	761	291	470	0.09	

자료: 충청북도, 2005, 충청북도 내부자료

4. 지방외교정책 추진 실태

1) 지방외교정책의 목표

　일반적으로 정책의 목표란 정책을 수립·집행함으로써 달성하려고 하는 바람직한 최종상태로서 각종 대안의 탐색 및 분석의 지침이 될 뿐만 아니라 정책결정의 준거가 되고 또한 정책집행의 성과를 평가하는 기준이 된다. 그러므로 정책목표는 타당하고 실현 가능하도록 설정되어야 하며, 명료하고 구체적으로 제시되어야 한다(김수영, 1992:134; 유훈, 1995:246-252). 지방외교정책의 목표 역시 지방정부가 외교 활동을 통해 달성하려는 구체적인 목표가 제시되어야 한다. 또한 지방정부의 제반 국제정책을 분석하기 위해서는 우선 지방정부가 추구하고자 하는 정책목표가 무엇인가를 살펴보는 일이 무엇보다 중요한 과제인데도 불구하고 지금까지 이에 대한 연구가 부족하였다.

우리나라 광역지방자치단체의 외교정책 목표를 2005년도 16개 시·도별 국제통상 부서의 업무계획과 인터넷 홈페이지 게재자료에 나타나 있는 정책목표와 기본방향을 정리해 보면 [표-33]과 같다.

표에서 보는 바와 같이 대부분의 시·도가 수출 증대와 해외자본 및 기업의 유치, 국제교류의 다변화 등에 중점을 두고 있으며, 일부 시·도에서는 세계시민으로서의 역량을 확충하는 데에도 관심을 쏟고 있다. 먼저, 서울특별시의 경우, "세계일류 국제도시로의 성장기반 구축"을 목표로 국제사회에서의 도시외교역량 강화, 아시아에서 TOP5 이내의 국제도시기반 구축, 기업의 해외진출과 외국인투자유치 활동 집중지원 등에 중점을 두고 있다. 부산은 국제교류 거점 확보를 위한 「부산의 세계화 전략」을 추진하기 위해 국제교류 및 도시 세일즈, 투자유치 활동 강화와 해외시장 개척, 통상역량 제고 등을 중점 추진하고 있다. 인천은 "국제항만과 국제공항을 통해 세계화 전진기지로 성장하는 국제도시"를 목표로, 대구는 국제교류 활성화와 통상지원 강화, 광주는 국제교류협력의 강화를, 대전은 민간 중심의 해외자매도시와의 교류협력기반구축을, 울산은 국제 중심도시 역할 강화를 각각 목표로 하고 있다. 도의 경우 경기도는 동북아 경제 중심 실현기반 구축, 강원도는 강원도의 globalization, 충북은 글로벌 시대에 걸맞은 국제역량 강화, 충남은 글로벌 스탠더드의 수용과 세

계시민을 지향하는 진취적 세계참여, 전북은 외자유치 및 통상기반
확충을 위한 국제교류 추구, 전남은 교류협력 강화를 통한 국제화기
반구축과 실리를 추구하는 국제교류 추진, 경북은 글로벌 경제 경북
실현, 경남은 국제교류 및 수출역량 강화로 도민의 삶의 질 향상, 제
주도는 국제교류 협력 활성화를 각각 목표로 하고 있다.

228

[표-33] 시도별 지방외교정책 목표 및 기본방향(2005년)

시·도	정책목표 및 기본방향
서 울	"세계일류 국제도시로의 성장기반 구축" - 국제사회에서의 도시외교역량 강화 - 아시아에서 TOP5 이내의 국제도시기반 구축 - 기업의 해외진출과 외국인투자유치 활동 집중지원
부 산	"국제교류 거점 확보를 위한 「부산의 세계화 전략」" ·국제교류 및 도시 세일즈 ·투자유치 활동 강화와 시장 개척 ·통상역량 제고
인 천	"국제항만과 국제공항을 통해 세계화 전진기지로 성장하는 국제도시" - 국제도시 인천의 발전역량 강화·외국관광객 유치 활동 강화 - 해외시장 개척과 수출 증대 및 투자유치 활동 전개
대 구	"국제교류 활성화 및 통상지원 강화" - 해외 자매, 우호협력 도시 등과 교류협력강화 - 전시 컨벤션 산업 육성 - 중소기업 해외시장 개척 지원 및 수출능력 배양 - 국내외 투자유치 확대
광 주	'국제교류협력 강화' - 내실 있는 국제교류협력 강화 - 중소기업의 해외 마케팅 지원
대 전	"민간 중심의 해외자매도시와의 교류협력 기반구축" - 해외 자매도시와의 교류 협력 증대 및 자매결연 확대 - 해외시장 개척 활동 및 환동해권 교류사업 적극 추진
울 산	"국제 중심도시역할 강화, 수출 증대" - 전략적 경제 통상교류 추진 - 중소기업 통상지원 전담기관 운영 - 내향적 국제화 심화 - 자매도시와의 교류확대 - 동아시아 도시회의 교류활성화
경 기	"동북아 경제 중심 실현기반 구축" - 국제교류협력 활성화 - 해외 마케팅을 통한 수출경쟁력 강화 - 외국첨단기업 및 글로벌 R&D 단지조성
강 원	"강원도의 GLOBALIZATION" - 글로벌 역량의 강화 - 글로벌 네트워킹의 강화 - 글로벌 인프라 구축
충 북	"글로벌시대에 걸맞은 국제역량 강화" - 수출 증대 및 외국인투자유치 촉진 - 글로벌시대에 부응하는 국제교류 활동 강화
충 남	·글로벌 스탠더드의 수용 세계시민을 지향하는 진취적 세계참여 - 지역경제에 기여하는 외자유치와 통상진흥시책 추진 - 자치역량에 부합하는 국제화시책의 개발추진
전 북	"외자유치 및 통상기반 확충을 위한 국제교류 추구" - 내실 있는 국제화기반 구축 - 해외시장 개척 - 적극적 투자유치 마케팅 전개
전 남	"교류협력 강화를 통한 국제화기반구축과 실리를 추구하는 국제교류 추진" - 정례 국제행사 참여 활동 강화 - 활발한 인적 교류를 통한 해외네트워크 강화
경 북	"글로벌 경제경북 실현" - 지역기업의 세계화를 촉진하는 시장 개척 지원 - 지구촌 교류협력네트워크 구축
경 남	"국제교류 및 수출역량 강화로 도민의 삶의 질 향상" - 해외 마케팅 및 공격적인 통상지원 활동과 수출 250억 불 달성 - 지역산품의 국외판로 확대를 통한 지역경제 활력 회복 - 국제역량강화 및 남북교류 준비
제 주	"국제교류협력 활성화" - 수출시장 다변화와 통상지원 강화 - 교류지역의 다변화와 민간 중심 실리 위주의 국제교류 확대

자료: 시·도별 내부자료 및 조사표에 의한 조사자료

이상에서 살펴본 바를 토대로 우리나라 지방정부의 외교정책이 추구하는 목표에 대하여 몇 가지 특징을 정리해 보면, 첫째, 외교정책의 목표가 지나치게 경제적 실리추구에 치중되어 있다는 점이다. 물론, 지방정부의 외교정책은 외국과의 국제교류를 통한 지역산업의 발전과 수출 증대에 일차적인 목표를 두어야 하지만 외국과의 관계에 있어서 경제적 실리를 추구하기 위해서는 우선 교류대상국과의 충분한 선린우호관계가 구축되어야 하고, 국제사회의 일원으로서 인류공동의 문제에 대한 기여와 저개발국에 대한 지원 등 보다 차원 높은 정책적 배려가 병행되어야 한다.

둘째, 지방정부의 외교정책목표가 장·단기 지역발전 비전에 기초한 고도의 정책적 판단에 의해 설정되었다기보다는 단순한 국제교류사업이나 외자유치 및 수출진흥시책의 종합화 수준에 머물러 있다는 것이다. 따라서 목표 자체가 지나치게 구체적이고 단위사업의 나열 수준에 그치고 있다. 그러나 다행스러운 것은 일부 시·도에서는 지역발전전략 차원에서 전략적 목표를 설정하고 여건이 유사한 여러 외국 지방자치단체들과 연합체를 구성하여 교류협력을 강화시켜 나가고 있다.

셋째, 지방정부별 외교정책 목표가 대동소이하다는 것이다. 지방외교정책의 특징은 지역의 여건과 특성에 따라 다양한 지역이익을 추구하는 "내용과 형태의 다양성"에 있음에도 불구하고 대부분의 자치단체가 국제교류의 다변화, 외자유치, 수출진흥시책 등 유사한 목표를 설정하고 있다.

2) 지방정부의 국제교류 실태

(1) 지방자치단체 간 자매결연

자매결연(sisterhood relationship)이란 우리나라의 지방자치단체가 외국의 지방자치단체와 우호제휴를 통해 상호 공동관심사에 대한 긴밀한 협력을 바탕으로 각 분야에서의 친선과 공동발전을 해 나가는 지방 차원에서 가장 보편화된 국제교류 활동(행정자치부 외, 2001:38)이다. 이는 외국 지방자치단체와의 우호제휴를 통해 상호 공동관심사에 대한 긴밀한 협력을 바탕으로 인적, 문화, 경제, 행정 등 각 분야에서의 친선과 공동발전을 도모해 나가는 자치단체에서 가장 보편화된 국제교류 활동이다. 중앙정부에서 국제협력이 외교라고 하면 지방자치단체에서 국제자치단체 간 자매결연은 국가의 외교를 뒷받침하고 협력기반을 조성할 뿐 아니라 국가 간의 우호증진에도 크게 기여 및 보완하는 역할을 수행한다고 할 수 있다(한국지방자치단체국제화재단, 2004:1).

① 자매결연 절차

먼저, 자매결연을 체결할 상대 자치단체의 추천에서부터 시작된다. 대부분 외교통상부(홍보과)나 재외공관, 주한외국공관, 한국지방자치단체국제화재단, 출향인사, 외국과의 교류가 빈번한 기업인 등 추천 경로는 매우 다양하다. 일단 교류 상대방을 추천받으면, 해당 지역에 대한 각종 자료와 기본 현황을 파악하기 위한 절차에 착수하여 추천

기관으로부터 보내온 자료를 분석하고, 부족할 경우 당해 자치단체 혹은 그 국가의 주한외국공관에 추가자료를 요청하여 교류의 실익이나 가능성 여부를 분석하게 되는데 이때의 중점 고려사항으로는(행정자치부 외, 2001:41), 첫째, 면적, 인구 및 행·재정수준 등 지역여건의 유사성, 둘째, 산업, 지역특성 등의 공통점과 상호 보완성, 셋째, 상호 대등한 입장에서의 협력 및 우호증진 가능성, 넷째, 교류를 통한 실익의 실현가능성, 다섯째, 역사적·문화적 배경, 지리적 특수여건 등을 감안한 교류의 필요성, 여섯째, 기타 교육, 사회복지 분야 등을 종합적으로 검토하게 된다.

또한, 위와 같은 검토결과 교류의 실익이 있다 하더라도 특별한 사유가 없는 한 우리나라의 타 자치단체와 이미 자매결연이 체결되어 있거나, 그 나라의 타 자치단체와 교류를 하고 있는 경우, 그리고 대륙별로 지나치게 편중되어 있는 경우에는 가급적 자매결연의 체결을 피하도록 하고 있다.

일단, 자매결연 대상지가 선정된 경우에는 단체장의 자매결연의향이 담긴 공식서한을 발송하여 상대방의 의향을 묻거나, 이미 의사가 확인된 경우에는 실무대표단이 상대 자치단체를 방문하여 자매결연 의향서를 체결하고, 자매결연 체결을 전제로 교류를 시작하게 된다. 경우에 따라서는 자매결연을 염두에 두지 않고 상호간에 교류가 시작되어 자연스럽게 자매결연에 이르게 되는 경우도 있다. 대개 1년 내지 2년간의 상호 교류를 통해 교류의 실익과 상호 신뢰가 확인되면 본격적인 자매결연협정체결절차에 들어가게 되는데, 먼저 자매결연 체결을 위한 그동안의 추진실적을 의회에 보고하여 사전 동의를 받아야 한다. 이는 향후 사업 추진 시 집행부와 의회 간에 공조를 한다는 점에서 매우 중요한 절차이며 아울러 법적 시비를 사전에 방지할 수 있다. 지방의회의 승인이 이루어지면 해당 자치단체에 통보하여 상대측의 준비상황을 확인 후 상대측 자치단체를 방문하거나 상대측을 초청하여 자매결연조인식을 갖게 됨으로써 본격적인 자매결연 자치단체로서 교류하게 된다.

한편, 자매결연 체결 후 장기간 교류가 두절되거나 중대한 문제가 발생했을 경우, 또는 양 지역 간의 교류가 실익이 없다고 판단될 경우 지방의회 의결을 거쳐 취소할 수 있다. 그러나 특별한 사유 없이 취소할 경우 국가의 위신이 실추되거나 외교적 마찰을 불러일으킬 수 있으므로 신중을 기해야 하고, 취소절차를 이행하기 전 상대 자치단체와 외국공관, 외교통상부 및 관련 부서와 충분히 협의하여 결정하여야 한다.

② 자매결연 현황

2005년 1월 현재, 우리나라의 16개 시·도는 134개 지역과 자매결연하고 있다. 우리나라의 광역 자치단체 중에서 가장 먼저 외국도시와 자매결연을 체결한 것은 인천광역시로서 미국의 캘리포니아주 버뱅크시(Burbank시)와 1961년 12월 18일에 자매결연을 체결하였다. 자매결연 체결 현황을 연도별로 구분해 보면 [표-34]와 같다.

[표-34] 광역지방자치단체 연대별 자매결연 현황(2005년 3월 17일 현재)

시·도	계	60년대	70년대	80년대	90년대	2000년대
계	134	6	6	24	75	23
서 울	19	1	4	3	9	2
부 산	16	2	1	2	8	3
대 구	8			1	6	1
인 천	9	1		3	2	3
광 주	5	1		1	2	1
대 전	9			2	5	2
울 산	8	1		3	1	3
경 기	14			1	12	1
강 원	5		1		4	
충 북	5			1	3	1
충 남	6			1	3	2
전 북	4			1	2	1
전 남	3			1	2	
경 북	9			2	4	3
경 남	10			1	9	
제 주	4			2	2	

자료: 한국지방자치단체국제화재단 홈페이지 게재자료, 2005

[표-34]에서 보는 바와 같이, 70년대 이전까지 12개 단체로 지방 차원의 국제교류가 미미했으나 80년대 들어서면서 서서히 증가하기 시작하여 90년대 가장 높은 증가세를 보이고 있다. 그 이유는 90년 대 이후 우리나라가 급속히 국제화되기 시작한 데도 원인이 있지만, 30년 만에 부활된 지방의회와 1995년 민선 자치단체장 선거 이후 급 속한 지방화 추세에 따라 지방의 자율성이 크게 신장된 데 기인하고 있다. 특히, 90년대 중반, WTO 체제의 출범으로 전 세계가 새로운 자유무역체제로 재편되고, 범정부적 차원에서 추진했던 세계화 추진 전략에 따라 우리나라 각 지방자치단체가 세계로 눈을 돌리게 된 것 이 주된 요인 중의 하나였다. 아무튼, 90년대 이후 급속히 증가한 지

방자치단체 간 자매결연은 지방자치단체가 국제사회에 눈을 뜨게 되고 나아가 국가외교를 보완하거나 독자의 외교 영역을 넓혀 나가는 데 결정적 역할을 하고 있다.

한편, 우리나라 지방자치단체들의 국제교류 실태를 자치단체별로 구분하여 살펴보면 [표-35]와 같다.

[표-35] 우리나라 지방자치단체의 자매결연 현황(2005년 3월 현재)

구 분	지방자치단체 수	자매결연을 체결하고 있는 자치단체 수	비율(%)
계	250	171	69
광역자치단체	16	16	100.0
기초자치단체	234	155	66

자료: 한국지방자치단체국제화재단 홈페이지 계재자료, 2005

[표-35]에서 보는 바와 같이 우리나라의 250개 지방자치단체 중 국제교류를 하고 있는 자치단체는 171개 지방자치단체로서 69%를 점하고 있다. 광역자치단체는 16개 자치단체가 모두 국제교류를 하고 있으며, 기초자치단체는 66% 수준을 보이고 있다.

다음, 이를 자치단체별로 살펴보면 [표-36]과 같다. 표에서 보는 바와 같이 16개 광역자치단체가 134개 지역과 국제교류를 하고 있으며, 155개 기초자치단체가 317개 지역과 교류를 하고 있다. 가장 많은 외국지방자치단체와 자매결연하고 있는 시·도는 서울특별시가 19개 지역, 부산광역시가 16개 지역, 경기도가 14개 지역, 경상남도가 10개 지역 순이며, 가장 적은 지역은 전라남도로서 3개 지역과 자매결연하고 있다.

[표-36] 우리나라 지방자치단체별 자매결연지역 수 및 교류지역
(2005년 3월 현재)

구 분	우리나라 지방자치단체 수			외국 자매결연단체 수		
	계	광 역	기 초	계	광 역	기 초
계	171	16	155	451	134	317
서 울	26	1	25	74	19	55
부 산	11	1	10	27	16	11
대 구	4	1	3	11	8	3
인 천	5	1	4	13	9	4
광 주	4	1	3	8	5	3
대 전	4	1	3	13	9	4
울 산	1	1	-	8	8	-
경 기	27	1	26	79	14	65
강 원	13	1	12	33	5	28
충 북	8	1	7	15	5	10
충 남	13	1	12	29	6	23
전 북	9	1	8	21	4	17
전 남	14	1	13	23	3	20
경 북	14	1	13	41	9	32
경 남	13	1	12	42	10	32
제 주	5	1	4	14	4	10

자료: 지방자치단체국제화재단 홈페이지, 2005

[표-37] 지방자치단체의 국가별 자매결연 체결비중(2005년 3월 현재)

국 가	비 중(%)	계	광 역	기 초
44개국	100.0	451	134	317
중 국	28.6	129	16	113
미 국	18.2	82	23	59
일 본	17.3	78	14	64
러시아	3.5	16	10	6
호 주	3.3	15	5	10
멕시코	2.2	10	6	4
타이완	2.2	10	4	6
인도네시아	1.8	8	6	2
베트남	2.9	13	7	6
캐나다	1.6	7	3	4
기 타	18.4	83	40	43

자료: 한국지방자치단체국제화재단 홈페이지 게재자료

이를 다시 우리나라 지방자치단체들이 가장 많이 교류하고 있는 상위 10개국 현황을 살펴보면 [표-37]과 같다. 표에서 보는 바와 같이 우리나라 129개 지방자치단체가 중국의 자치단체와 교류하여 전체의 28.6%를 점하고 있으며 미국이 82개 자치단체로 18.2%, 일본이 78개 자치단체로 17.3%를 차지하고 있어 이들 3개국이 전체의 64.1%를 점하고 있다. 이러한 현상은 외국 지방정부와의 자매결연이 아직 초기 단계로서 보다 폭넓은 교류를 하지 못하고 있다는 것을 단적으로 보여주고 있어 향후 교류의 폭을 넓히고 교류의 내용도 보다 다양화할 것이 시급히 요청되고 있다.

③ 자매결연 외국 지방자치단체와의 교류

자매결연지역과의 교류협력 활동은 크게 우호교류사업과 경제협력사업으로 나눌 수 있다. 자매결연의 궁극적 목적은 상호 공동발전에 있는 점에서 행정, 문화, 경제 등에서 상대지역의 비교우위 분야와 상호 보완관계에서 조화 있는 협력방안을 강구해 나가는 것이 무엇보다 중요하므로 교류기본계획에 의한 상호 합의에 의거 시행되어야 한다(행정자치부, 2001:57). 자매결연지역과의 교류사업은 대개 우호교류사업으로부터 시작하여 점차 교류의 폭을 넓혀 나가다가 점차 경제협력으로 발전해 나가기도 하지만, 처음부터 경제교류협력을 목적으로 한 자매결연이 체결되기도 한다. 그러나 거의 대부분이 우호교류사업에서부터 시작되는데 이를 위한 사업으로는 상호 공식 대표단의 파견, 공무원, 의회의원, 민간단체의 상호 방문 등 인적 교류와 문화 및 스포츠 교류, 자매결연의 취지를 살린 각종 기념사업 등이 있다. 한편 경제협력사업에는 산업기술협력과 경제 및 통상교류협력 등 경제적 측면에서의 교류사업을 들 수 있는데 우리나라 지방정부의 자매결연 자치단체와의 교류실적을 분야별로 정리한 것이 [표-38]이다.

표에서 보는 바와 같이 자매결연단체와의 교류 중 가장 많은 것은 우호교류 분야로서 총 120건의 교류가 이루어졌으며 주로 상호 방문과 우호친선교류였다. 다음이 행정교류로서 53건, 민간교류 51건, 문화교류 23건, 경제통상교류 20건 순이며, 기술교류와 관광홍보를 위한 교류는 단 3건에 불과했다. 가장 활발한 교류가 이루어진 지역은 강원도와 일본 도토리현으로서 2003년 한 해 동안 무려 41회의 교류가 이루어졌으며, 그 다음이 광주광역시와 일본 미야기현 센다이시가 18회, 충청남도와 일본 구마모토현 16회, 경상북도와 일본 시마네현이 12회 순이었다.

[표-38] 2003년 광역자치단체별 자매결연단체와의 교류실적

시 도	계	행 정	우 호	경 제	회 의	관광홍보	문 화	민 간	학 생	스포츠	기 술
계	326	53 (16.3)	120 (36.8)	20 (6.1)	15 (4.6)	3 (0.9)	23 (7.1)	51 (15.6)	24 (7.4)	14 (4.3)	3 (0.9)
서 울	34	15	17		2						
부 산	15	2	10		1	1	1				
대 구	16		7	3			3	2	1		
인 천	18		11	1					3	2	1
광 주	37	7	9	3	1		2	9	4	2	
대 전	18	2	3	2			4		5	1	
울 산	15	2	7	1				1	3		
경 기	8	3	3		1		1				
강 원	67	13	7	3	3	1	2	30	3	5	
충 북	15	2	6					5	1	1	
충 남	22	4	12	1			1	2	2		
전 북	9		2	4	1		2				
전 남	4	1	1		1						1
경 북	22	1	13	1	1		3	1		2	
경 남	19	1	10	1		1	2	1	2	1	
제 주	7		2		3		1				1

자료: 한국지방자치단체국제화재단 홈페이지 게재자료

한편, 2005년 자매결연지역과의 교류계획을 살펴보면, 종전보다는 교류의 내용과 방법이 매우 다양화되고 있으며 그 수준도 점차 향상되어 가고 있음을 볼 수 있다. [표-39]는 시·도별 2005년도 자매결연지역과의 교류계획을 요약 정리한 것이다. 표에서 보는 바와 같이 대부분의 시·도가 소속 공무원과 대표단을 상호 파견하여 우의를 증진시켜 나가고 있으며, 각종 기념사업도 추진하고 있다. 특히, 서울, 부산, 충남에서는 행정 교류단을 파견하고 자매결연 자치단체의 행정시책을 연구하여 시정과 도정에 반영하려는 노력을 하고 있으며, 강원도의 환동해권 교류 10주년 기념사업, 전라북도의 중국 강소성과 일본 가고시마현과의 교류사업에서 보는 바와 같이 보다 구체적이고 실질적인 경제협력사업을 추진해 나가고 있다.

[표-39] 2005년 자매결연지역과의 교류계획

서 울	△실·국 행정 교류단 파견(20) 및 초청(18) △하이 서울 축제 지구촌 한마당 문화공연단 초청(5) 등 43개 사업 △울란바타르 자매결연 10주년 기념행사 △외국도시 공무원초청 시정연수
부 산	△자매결연체결기념행사 (5주년: 몬트리올, 10주년: 호치민) △행정 교류단 파견(4개 지역)　　△자매도시 축제 기념일 메시지 및 선물 발송 △공무원 상호 파견 (4개 도시)　　△자매도시 한인의 날 행사지원 △자매도시 외교자문관제 도입 (14개 도시)
인 천	△국제자매도시 조형물 교환사업(3개 도시)　　△공무원 상호 파견(4명)
대 구	△자매도시와의 상호 교류 정례화(축제, 전시회 등 각종 행사 시) △다낭해방 30주년 기념사업 참가
광 주	△대만 타이난시: 대표단 상호 파견 △미국 샌안토니오시: 공무원파견(4급 1명), 자매도시민속축제참가, 학생민박교류, 시공무원민박교류 △중국 꽝저우시: 시장방문, 청소년 바둑교류 △인도네시아 메단시: 고등학생 민박교류 △일본 센다이시: 휠체어기증식, 여고생 민박교류, 하프마라톤대회참가, 도자기 교류전, 뮤지컬 공연, 공무원 일본어 회화반 민박연수, 장애인 스포츠 교류단 방문

대전	△공무원파견: 2명(캘거리, 웁살라) △문화예술체육교류 추진
	  - 오다: 전통 예능단 공연, 청소년 국제교류캠프
	  - 과달라하라: 예술단 상호 순회공연
	  - 부다패스트: 부다패스트 페스티발 오케스트라 대전공연
	  - 남경: 서화 교류전 및 체육 교류전

울산	△전국체전에 자매도시 대표단초청 △공무원교류(2명) △청소년 문화교류(초중고생 30명)
경기	△경기도-광동성 간 중소기업CEO비즈니스 연수 상호 실시 △중국 3성(광동·산동·요녕)과 (경제)협력위원회 개최 △일본 가나가와현과의 재매결연15주년 기념행사: 상호 문화예술 공연 및 우수상품전시회, 기념상징물교환
강원	△강원도-알버타주 교류30주년 기념사업: 대표단 상호 방문, 교류30년사 발간, 우정30년 전 개최, 기념상징물 설치, 기념학술세미나 개최 △강원도-환동해권 교류10주년 기념사업: 한일 수공예품 전시회, 타임캡슐 매설, 한중서화대전, 교류10년사 발간, 국제청소년한국어경진대회, 환동해권 대학생 Forum 2014 개최 △러시아 연해주: 백두산 항로활성화, 공무원초청연수, 시설채소재배시범단 지조성, 축산업 기술교류 △몽골 중앙도: 몽골 내 강원도 농업타운 조성 사업 추진, 몽골 농업기술자 초청연수
충북	△일본 야마나시현: 공무원 상호 파견 및 문화예술 스포츠교류 △중국 흑룡강성: 공무원 상호 파견 및 문화 예술 스포츠교류 △미국 아이다호주: 공무원 학생, 대학 간 교류, 박람회 등 상호 참가, 바이오산업 등 기업교류 △멕시코 꼴리마주: 인적 교류 및 문화행사 상호 참가
충남	△결연 단체 간 상호 초청 다양한 교류전개 및 협력 증진: 의회, 직장협의회, 여성계, 체육계, 청소년, 문화계 등, 상호연수, 관광홍보, 시장 개척 활동 등 분야별 교류 행정지원 △자매결연단체와의 행정시책 교환: 자매결연단체와의 행정시책 의견교환 우수시책 적극 반영, 교류협력을 통한 우호증진 및 도정의 내향적 국제화에 기여 △아무르주와의 자매결연 10주년 기념행사 추진
전북	△중국 강소성 및 일본 가고시마현: 경제통상대표단, 투자유치설명회, 농특산물 판매, 관광설명회 개최, 사회, 복지, 농업관련 민간 차원의 교류활성화 유도 △워싱턴 주정부: 해외사무소 연락관 2인 배치
경남	△근거리지역 위주 청소년, 체육, 문화, 관광 등 교류 추진, 해외 자매결연 자치단체 간 실무회의 개최: 7개국 7개 자치단체

자료: 2005시·도별 내부자료 및 조사표에 의한 조사자료

240

[표-40] 자매결연단체와의 교류 중시 분야 및 교류 시 방법

시 도	*자매결연단체와 교류 중 시 분야			**자매결연단체와 교류 시 방법		
서 울	2	1	3			
부 산	2	1	3			
인 천	1	2	3	1	2	3
대 구	2	1	3	3	1	2
광 주	2	1	3	1	2	4
대 전	2	3	1			
울 산	1	2	3	3	2	1
경 기	2	1	6	2	1	3
강 원	2	1	3			
충 북	1	2	3	2	1	
충 남	1	2	5	1	4	2
전 북	1	2	3	3	2	1
전 남	2	1	3	3	2	1
경 북	1	2	3	1	3	
경 남	1	2	4	1	4	3
제 주	1	2	3	1	3	4
*보기	1. 지방정부 간 우호증진 2. 지역산업발전 등 경제교류 3. 문화예술교류 4. 체육청소년교류 5. 환경 분야 교류 6. 복지 분야 교류 7. 교육 분야 교류 8. 특정현안에 대한 상호 협력 9. 기타					
**보기	1. 정기적인 상호 교류 2. 직원의 상호 파견 3. 각종 국제행사의 참여 4. 공동현안에 대한 상호 협력					

자료: 조사표에 의한 조사자료

자매결연단체와의 교류 시 어디에 중점을 두고 있으며, 교류방법은 주로 어떤 방식을 선호하고 있는지를 조사하여 표로 정리한 것이 [표-40]이다. 표에서 보는 바와 같이 대부분의 시·도가 자매결연 자치단체와의 우호증진과 지역산업 발전을 위한 경제교류, 문화예술 교류에 중점을 두고 있는 것으로 나타나고 있으며, 경기도는 특정 현안에 대한 상호 협력을, 충청남도는 환경 분야 교류를, 경상남도는 체육청소년 교류를 중시하고 있는 것으로 나타나고 있다.

자매결연 자치단체와의 교류방법은 6개 시도가 정기적인 상호 교류 방식을 4개 시도가 각종 국제행사에의 참여, 2개 시도가 직원의

상호 파견에 우선을 두고 있는 것으로 조사되었다.

④ 우리나라 지방자치단체 간 자매결연의 특징

우리나라 지방자치단체의 외국지방자치단체와의 자매결연 실태에 대해 연구한 많은 문헌들(행정자치부, 2001; 한국지방자치단체국제화재단, 1999; 조정임, 1998; 박래영, 1998; 이은재, 1991)이 지적하고 있는 문제점을 종합해 보면, 첫째, 자매결연 대상지역의 선정 시 충분한 사전정보와 검토 없이 자매결연이 이루어져 활발한 교류가 곤란하고 심지어는 한두 번의 행사 후 장기간 교류가 단절되는 현상이 지적되고 있다. 즉, 충분한 사전준비와 검토의 미흡을 공통적으로 지적하고 있다.

둘째, 교류대상지역이 일부 지역에 편중되어 있다는 것이다. 앞서 살펴본 바와 같이 자매결연 대상지역이 미국, 중국, 일본, 러시아 등 몇 개국에 편중되어 있다. 특히, 자매결연 대상지역이 우리나라보다 비교적 발달되어 있거나 규모가 큰 나라들 위주로 되어 있고 규모가 작거나 우리보다 다소 뒤떨어진 나라들과의 결연은 미미한 수준을 보이고 있다.

셋째, 교류의 계속성과 관련하여, 교류 초기에는 높은 관심을 보이다가 시간이 지남에 따라 시들해져 관심이 저조해지는 현상을 지적하고 있다. 국제간의 교류는 무엇보다 지속적인 교류를 통해 양 지역 간의 신뢰를 쌓아 나가는 일이다. 이러한 신뢰를 바탕으로 일반적인 과제로부터 출발하여 보다 구체적이고 실질적인 과제로 발전해 가는 것이다.

넷째, 민간단체나 지역주민의 참여가 미흡하다는 것이다. 외국 지방자치단체와 자매결연 맺는 궁극적 목적은 외국과의 교류를 통해 지역의 전반적인 국제화수준을 높이고 개방화를 촉진하여 지역주민의 삶의 질을 향상시켜 나가는 것이기 때문에 무엇보다 지역주민의 적극적인 참여가 그 바탕이 되어야 하는 것이다. 그러나 지나치게 관 주도의 교류가 추진됨으로써 지역주민은 수동적이고 소극적인 참여에 그치는 경우가 대부분이라는 것이다.

이와 같은 특징 외에 추가로 지적하고 싶은 것은, 첫째, 자매결연 대상국가의 선정과 자매결연 여부 검토 시 해당 지역과의 교류실익에 대한 검토가 미흡하다는 것이다. 다분히 의례적이고 형식적인 면에 치우쳐 지역사회에 가져다줄 교류의 이익에 대한 면밀한 검토 없이 체결되는 경우가 대부분을 차지하고 있다. 둘째, 교류의 내용과 과제 면에서, 상호 방문단의 교환, 지역 내 문화예술행사에의 초청 등 대부분 비경제적 교류에 치중하여 경제적 측면에서의 교류는 다소 미흡하다는 것, 셋째, 교류의 형식과 절차 면에서의 형평성의 문제이다. 우리나라의 경우 외국인에게는 지나치게 관대한 경향이 있어, 지나친 예우를 하거나 과도한 선물, 과도한 경비부담 등이 종종 문제시되기도 한다.

넷째, 자매결연사업에 대한 정기적 모니터링과 평가가 미흡하다는 것이다.

현재 진행 중인 자매결연사업의 성과를 평가하고 분석하여 향후 보완발전방안이 모색되어야 하나 이러한 사후관리 시스템이 확립되어 있지 않다는 것이다.

(2) 외국 지방자치단체와의 우호교류 협정에 의한 교류

외국 지방자치단체와의 우호교류협정은 자매결연과는 달리 특정 분야의 교류협력을 목적으로 체결된다. 대체로 양 지역의 행정적 교류를 목적으로 하는 행정협정이나 문화예술, 체육, 청소년 분야의 교류 또는 경제협력, 무역, 투자 분야 등 매우 다양하다. 지방자치단체들이 자매결연 이외에 분야별 우호교류협정을 체결하는 것은 여러 가지 이유가 있다.

첫째, 우호교류협정의 체결은 자매결연협정의 체결보다 절차가 간편하다는 것이다. 자매결연의 경우 사전에 의회와 행정자치부의 승인을 얻어야 하고 가급적 1개 국가에 1개 자치단체로 제한을 받는 등 번거로운 반면, 우호교류협정은 양 지역 당사자 간의 협의에 의해 언제든지 가능하기 때문이다.

둘째, 자매결연은 문화와 예술은 물론 경제사회 전 분야의 폭넓은 교류를 전제로 하지만 우호교류협정은 양 지역이 희망하는 분야를 정하여 자유롭게 교류할 수 있는 이점이 있다.

셋째, 우호교류협정은 교류 초기 단계에서 양 지역 간의 교류를 시작하는 유용한 수단이 된다. 즉, 특정 분야의 우호교류협약을 체결하여 교류를 시작한 후 양 지역의 우의가 돈독해지고 교류의 실익이 확인되면 보다 폭넓은 교류를 할 수 있는 형태인 자매결연으로 발전하게 되는 것이다.

이상과 같은 이점 때문에 우리나라 지방자치단체들이 이를 적극 활용하고 있는데 그 현황을 정리해 보면 [표-41]과 같다. [표-41]에서 보는 바와 같이 우리나라 14개 시·도에서 65개국 103개 자치단체와 우호교류협정을 체결하고 있다. 교류 분야는 우호친선협정에서

244

부터 투자협정 및 기술협력에 이르기까지 매우 다양한 분야에 이르
고 있다. 우호교류지역과의 교류는 자매결연 자치단체와의 교류보다
는 교류 분야가 한정되어 있으며 특정 사안이나 구체적인 프로젝트
에 대한 상호 협력인 경우가 대부분이다.

[표-41] 우호교류협정 체결 현황

시·도	우호교류협정체결단체		협정체결 분야
	국 가	자치단체	
계	65	103	
서 울	3	3	우호교류협력: 오타와, 베를린, 암스테르담
부 산	2	7	△경제교류협정: 일본 기타큐슈, 중국청도 △관광교류협정: 일본 후쿠오카, 오사카, 중국 상해 △우호교류비망록 서명: 중국 북경, 심양
대 구	2	6	우호협력도시
인 천	4	8	경제, 투자, 물류, 청소년, 문화협력
광 주	2	2	우호촉진협력도시
대 전	10	19	문화 친선교류, 경제기술협력 등
울 산	2	2	중국 광조우시 -경제협력도시, 옌타이시 – 우호협력도시
경 기	4	5	상호 경제협력
강 원	7	7	문화예술, 체육, 관광, 경제, 농업, 과학기술, 교육
충 북	5	8	투자유치, 경제협력, 관광, 우호교류
충 남	7	7	투자유치, 시장 개척 등 경제교류와 상호 친선방문
전 남	9	18	행정협정
경 북	4	7	문화우호도시
제 주	4	4	우호교류 증진

자료: 2005년 각 시·도 내부자료 및 인터넷 홈페이지 게재자료

[표-42] 2003년 외국 지방자치단체와의 우호교류 현황

	계	행정	우호	경제	회의	관광홍보	문화	민간	학생	기술
계	116 (%)	15 (12.9)	61 (52.6)	14 (12.1)	3 (2.6)	1 (0.9)	5 (4.3)	9 (7.8)	4 (3.4)	4 (3.4)
서 울	2	2								
부 산	4		4							
대 구	5	1	3					1		
인 천	35		22	7		1	3			2
광 주	12	1	7	2	1				1	
울 산	6	3	2	1						
경 기	5	1	3					1		
강 원	10	1	1		1			5		2
충 북	10	1	6				1		2	
전 북	5	1	1		1		1		1	
전 남	13	4	3	4				2		
경 남	5		5							
제 주	4		4							

자료: 한국지방자치단체국제화재단, 2004

그러나 2003년도 우호교류지역과의 교류실적을 살펴보면, [표-42]에서 보는 바와 같이 총 116건의 교류 가운데 52.6%인 61건이 자치단체 간 상호 방문 및 업무협의 등 우호교류였으며 행정교류가 12.9%인 15건, 경제교류가 12.1%인 14건 순이었다. 전체 교류실적에서 경제교류가 차지하는 비중은 자매결연단체와의 교류실적보다 높지만 아직도 교류실적은 미미한 수준에 머물러 있다.

246

[표-43] 2005년 우호교류지역과의 교류계획

서 울	2005베를린 아·태 주간행사 참가
대 전	중국 심양: 환경 분야 공무원 초청연수 베트남 빈증성: 청소년 국제교류캠프, 공무원초청 연수 독일 프랑크푸르트: 도서 박람회 전시회 참가, 벤처기업시장 　　　　　　　　　개척 활동 일본 삿포로: 청소년 국제교류캠프 중국 중경시: 아태도시시장회의 참가
경 기	- 인도에 대한 경제교류 활성화: 마하라슈트라주와의 경제 우 　호교류, IT, BT 분야에 대한 인적 기술교류, 항만·물류 업 　무협약 협정(평택항－자와하랄네루 항만신탁공사), 문화교 　류(문화재 공동연구, 상호 유물전 개최 등) - EU 지역에 대한 기업인 경제교류지원 - 독일지역과의 첨단기술 교류협력 강화 - 영국 남동잉글랜드지역과의 과학기술교류협력 강화
강 원	- 문화 예술 농업교류: 중국 안휘성 - 관광교류: 베트남, 일본 미야기현, 스페인 마드리드 - 경관형성: 스위스 발레주
전 북	이시가와현: 환경연수, 어학연수생 상호 파견, 농업연수단 파 견, 청소년 홈스테이, 스포츠 교류 등
경 남	△히로시마, 요녕성 등 우호협력 자치단체와의 통상, 투자유치 등 　상호 교류 △한일해협 연안 8개국과의 교류 활성화

자료: 시·도별 내부자료 및 조사표에 의한 조사자료

　한편, 2005년도 우호교류지역과의 교류계획을 살펴보면, [표-43]에
서 보는 바와 같이 서울특별시는 2005년 베를린 아·태 주간행사에
참가하여 다양한 홍보행사를 가질 계획이며, 대전광역시는 중국 심
양시와는 환경 분야 교류를, 베트남 빈증성과는 청소년 국제교류캠
프를, 독일 프랑크프르트시와는 도서박람회와 벤처기업시장 개척 활

동 등을 계획하고 있고, 경기도는 인도의 마하라슈트라주와 다양한 경제교류 프로젝트를 추진하고 있으며 EU, 독일, 영국 남동잉글랜드 지역과도 구체적인 경제협력을 추진하고 있다. 강원도도 문화예술, 농업, 관관, 경관형성 분야에 대한 교류를, 전라북도에서는 일본 이시가와현과 환경, 농업, 청소년, 스포츠교류를 확대해 나가고 있다. 경상남도도 일본 히로시마, 중국 요녕성과 경제통상, 투자유치 등 상호 교류를 추진하고 있는 것으로 조사되었다.

(3) 주민과 민간단체에 의한 국제교류

지방외교의 참된 의미는 시민외교로서 시민이 주체가 되는 외교라는 데 있다. 시민과 시민(people to people)이 세계시민의 일원으로서 가슴을 열고 마음과 마음(heart to heart)을 잇는 외교 활동을 통해 우의와 신뢰를 쌓아 나갈 때 세계평화와 인류의 행복에 기여하고자 하는 지방외교의 본래의 목적이 달성되는 것이다. 그러나 민간 차원의 교류는 개개인의 역할만으로는 곤란하므로 민간단체를 통하여 국제교류 활동을 전개하고 있다. 또한 각 지방정부도 민간 차원의 국제교류를 촉진하기 위하여 다양한 지원책을 시행하고 있다. 시·도별로 추진하고 있는 주요 시책을 정리해 보면 [표-44]와 같다.

248

[표-44] 2005년 지역별 주민과 민간단체에 의한 국제교류 현황

서 울	△해외취업지원시스템 구축 운영 △서울의 영어능력배가프로젝트 운영
인 천	△시민 명예외교관 위촉활용(7개 언어권 109명) △국제교류센터 설립 추진
광 주	△광주-센다이 도자기교류전시회 지원 △자매도시에 민속공연단 파견 △인니 메단시 고등학생 민박 교류단 상호 방문 △장애인 스포츠 교류단 교류
울 산	△국제PTP 울산챕터: 일본 대만 PTP챕터회원교류
강 원	△청소년 현장학습 △독일이주연로도민 고향방문 △해외 강원도민회활성화(6개국 13개회) △연해 주 고려인 조국문화 전파프로그램운영
충 북	△재미 충청향우회와의 청소년 교류사업 △청소년 유럽 상호 방문
충 남	△민간 차원의 교류협력 활성화 유도 및 적극지원 · 대학·상공회의소 등 유사 단체 간 자매결연 추진 · 중고생 스포츠, 대학생 토론회, 교수·학생 교환연수 등 △해외자치단체 청소년 교환연수 · 해외 청소년: 우리의 역사문화를 이해, 우수협력자로 육성 · 충남도 청소년: 진취적 정신 배양, 세계인으로 성장도모 △해외동포대상 교류협력 증진 · 지역별 교민들과의 유대강화로 다양한 교류협력 증진 · 도정의 세계화 추진을 위한 유익한 협조자로 육성 활용
전 북	△NGO 국제교류 활동 지원: 국외 장기연수, 주제별 단기테마연수 △해외봉사단 파견
경 남	△경남 한일친섭협회와 일본 토야마현과의 교류 △창원 정구협회 한일교류 △한일 간 해양소년단 상호 교류
제 주	△도민 외국어 능력향상교육 △제주 국제화장학재단 운영 △대학생해외배낭연수

자료: 시·도별 내부자료 및 조사표에 의한 조사자료

[표-44]에서 보는 바와 같이 민간 차원의 교류를 활성화하기 위해 서울특별시는 해외취업지원시스템을 구축하고, 서울의 영어능력배가 프로젝트를 운연하고 있으며, 인천은 해외거주경험이 있거나 외국어 능력을 갖춘 시민들을 명예외교관으로 위촉하여 참여시키고 있고, 국제교류센터를 설립하여 민간 차원의 국제교류를 지원하고 있다. 광주광역시는 도자기교류전시회, 민속공연단 상호 교환, 고등학생 민박교류, 장애인 스포츠교류 등을 지원하고 있으며, 강원도는 독일이주 연로도민 고향방문, 해외 강원도민회 활성화, 연해주 고려인 조국문화 전파프로그램 등을 추진하고 있다. 충청북도는 미국과 유럽에 청소년 교류단을 정기적으로 상호 교환하고 있으며, 충청남도는 민간 차원의 교류협력을 체계적으로 지원하기 위해 대학 상공회의소 등 민간단체 간의 자매결연을 유도하고, 해외자치단체와 청소년 교환연수, 해외동포대산 교류협력 증진프로그램 등을 추진하고 있다. 전라북도는 NGO의 국제교류 활동을 지원하고 있으며, 주제별 장단기 테마연수를 추진하고, 해외봉사단도 파견하고 있다. 기타 경남과 제주도도 민간 차원의 교류협력을 활성화하기 위한 다양한 시책을 추진하고 있다. 그러나 아직은 활성화되지 못하고 있으며, 관에 대한 의존도가 높아 독자적인 교류는 좀더 시일이 걸릴 것으로 분석되고 있다.

3) 지방정부의 국제협력 실태

지난 20-30년 동안 선진국들의 일부 지방들은 세계발전을 위한 국제협력을 선도해 왔다. 1985년 "세계발전을 지방이 주도하자"라는 슬로건을 내걸고 지방자치단체들과 시민단체들이 Town &

Development (T&D)라는 국제협력네트워크를 결성하였다. 그동안 T&D는 남북문제의 해결과 세계의 지속 가능한 발전을 위해 세계 지방자치단체들과 시민단체들의 협력과 연대를 모색해 왔다. 1990년 대 UN주도의 일련의 국제회의들 역시 세계발전을 위한 지방의 역할을 역설해 왔다. 1992년 지구정상회의에서 채택된 '지방의제 21' 은 지구환경의 파수꾼으로서 지방자치단체의 주도적 역할을 강조하였고, 1996년 터키 이스탄불에서 열린 도시정상회의에서는 인간정주(人間定住)의 질 향상을 위한 지방자치단체의 협력을 촉구하였다. 1995년 9월 네덜란드 헤이그에서 개최된 국제지방자치단체연맹(IULA) 제32차 세계총회는 개방화시대에 지방자치단체국제협력 (municipal international cooperation: MIC)의 중요성을 재삼 확인하고 활성화 대책을 논의한 바 있다(행정자치부, 2001:368).

우리나라의 경우에 앞서 살펴본 바와 같이 90년대 중반부터 본격적인 지방자치제가 실시되면서 지방자치단체의 국제교류가 활성화되기 시작하여 주로 자매결연의 체결과 개별 사업에 대한 교류협정 등을 통한 우호증진과 경제교류에 중점을 두어 왔다. 즉, 우리나라의 지방자치단체는 국제교류를 통한 국제사회의 이해와 친선방문, 당면한 지역산업의 경쟁력 강화를 위한 경제통상 분야에 치중하여 세계시민사회(global civil society)의 발전에 기여할 국제협력의 중요성과 잠재력에 대해서는 별다른 관심을 갖지 못해 온 것이 사실이다. 그러나 다행스러운 것은 지방 차원의 국제교류가 활성화된 것이 비교적 최근의 일인데도 불구하고 여러 지방자치단체에서 국제협력의 중요성을 인식하고 다양한 분야의 국제협력을 위해 적극 나서고 있는 것은 매우 고무적인 일이라 할 수 있다. 즉, 1990년대 중반 이후 우리나라 지방자치단체들이 IULA, METROPOLIS, ICLEI 등의 각종 국제지방정부연합체들에 가입하는가 하면, 경상북도 및 충청북도 등이 주도하는 동북아지방자치단체연합(NEAR), 대전시의 세계과학도시연합(WTA), 강원도가 주도하는 환동해권 지사・성장회의와 같은 국제협력 네트워크의 창설을 통해 지방정부 간의 공동발전을 도모해 가고 있다.

(1) 국제기구 가입을 통한 국제협력

먼저 국제기구 가입을 통한 국제협력을 살펴보면 [표-45]와 같다. 표에서 보는 바와 같이 서울특별시와 부산광역시가 국제도시답게 가장 많은 국제기구에 가입하여 활동하고 있으며, 인천광역시와 광주광역시, 대전광역시, 제주도 등이 국제기구 가입을 통한 국제협력에 많은 노력을 기울이고 있는 것으로 나타나고 있다.

서울특별시는 세계도시정상회의, 세계대도시협의회, 인간 정주관리 지방 정부망 등 10여 개 국제기구에 가입하여 다양한 분야의 국제협력 활동을 펼쳐나가고 있으며, 부산광역시는 한일해협시도현지사회의 등 12개 국제기구 및 협력네트워크에, 인천광역시는 동아시아도시회의, 동아시아경제교류추진기구에, 광주광역시는 전미국제자매도시연합회, 자치단체국제환경협의회의, 세계지방정부연합 등 5개 기구에, 대전광역시는 대전광역시가 주도하는 세계과학도시연합과 환황해 경제기술교류회의에, 울산광역시는 동아시아도시회의와 한일경제교류회의에 가입하는 등 광역시 단위에서 국제기구 가입이 활발한 것으로 나타나고 있다. 도 단위에서는 주로 동북아자치단체연합에 가입하고 있으며, 제주도가 아・태 관광협회, 미주여행업협회 등 5개의 국제기구에 가입하여 활발한 국제협력 활동을 전개해 나가고 있다.

[표-45] 시·도별 국제회의·기구 가입 현황

시·도	가입한 국제회의·기구
서 울	△세계대도시정상회의(Summit) △세계대도시협의회(Metropolis) △인간정주관리 지방 정부망(CITYNET) △지방자치단체국제연합(IULA) △아·태 관광협회(PATA) △미주지역 여행자협회(ASTA) △국제자치단체환경협의회(ICLEI) △세계대중교통연맹(UITP) △재해대책연맹(LACDE) △아시아대도시네트워크21(ANMC)
부 산	△한일해협연안 시도현지사회의 △아·태 도시서미트(일본) △동아시아도시회의 △아·태 환경시장회의 △국제수도 수장회의 △세계대도시회의 △동북아자치단체연합 △아·태 도시 관광진흥기구 △지방자치단체국제연합 △자치단체환경협의회 △아·태 도시정보화포럼 △아·태 도시서미트회의(호주)
인 천	△동아시아도시회의(한·중·일 10개 도시) △동아시아 경제교류추진기구(OEAED)
광 주	△세계대도시협의회(Metropolis) △全美국제자매도시연합회(SCI) △자치단체국제환경협의회의(ICLEI) △세계지방정부연합(UCLG) △한·중·일 지방자치단체국제회의
대 전	△세계 과학도시 연합(WTA, 17개국 46개 도시) △환황해경제·기술교류회의
울 산	△동아시아도시회의(98.10) △한일경제교류회의(99.12)
경 기	△동북아자치단체연합(NEAR)
강 원	△세계지방정부연합(UCLG) △동북아자치단체연합(NEAR)
충 북	△세계지방정부연합(UCLG) △동북아자치단체연합(NEAR)
충 남	△동북아자치단체연합(NEAR)
전 북	△동북아자치단체연합(NEAR)
전 남	△동북아자치단체연합(NEAR)
경 북	△동북아자치단체연합(NEAR)
경 남	△동북아자치단체연합(NEAR) △한일해협연안시도지사교류회의(92)
제 주	△세계지방자치단체연합(UCLG)(97) △아·태 관광협회(PATA)(85) △미주여행업협회(ASTA)(95) △한미경제협의회(KUSEC)(02) △동북아자치단체연합(NEAR)

자료: 시·도별 내부자료 및 조사표에 의한 조사자료

(2) 국제회의 참가 등 국제협력 추진 현황

2005년 우리나라 지방정부의 국제협력 활동을 정리한 것이 [표-46]이다.

[표-46] 2005년 국제기구·단체와의 교류협력: 국제회의 참가, 국제
협력사업

시·도	주요 국제회의 참가 및 국제협력 활동
서 울	△Metropolis 총회(베를린) △세계지방자치단체연합 아시아·태평양지부(UCLG-ASPAC) 총회(대구) △세계지방자치단체연합 이사회(북경) △국제도시박람회(URBIS 2005)(상파울로) △세계여성지도자대회(멕시코시티) △인간정주관리를 위한 지방정부망(CITYNET) 총회(하노이) △UNESCO 총회(파리), 아시아대도시네트워크(ANMC21) 총회(북경)
부 산	△아시아·태평양 도시서미트(일본, 호주) △한일해협8개시도현지사교류회의 △동아시아(환동해)도시회의 △세계대도시회의 총회참가 △국제컨벤션협회(ICCA)연차총회 △국제컨벤션뷰로협회(IACVB)연차총회 △아시아컨벤션뷰로협회(AACVB)연차총회
인 천	△제8차 서울 華商대회 참가 △city-net: 아태지역 도시문제 공동협력체계
광 주	△세계대도시협의회(Metropolis) △全美국제자매도시연합회(SCI) △자치단체국제환경협의회의(ICLEI) △세계지방정부연합(UCLG) △한·중·일 지방자치단체국제회의
대 전	△제4회WTA테크노마트(러시아 노보시비르스크), △환황해경제·기술교류회의: WTA:17개국 46개 회원
울 산	△동아시아도시회의: 환황해권 3개국 10개 도시
강 원	△황금의6각 계획: 6개 지방정부+협력 주체, 10대 중점추진과제 △백두산 항로활성화: 강원도, 길림성, 연해주 3자회담, 출입국절차간소화 등 △동북아지역 지사·성장회의: 강원도, 길림성, 돗토리현, 연해주, 중앙도(몽), 동북아 지역의 평화와 번영에 기여하는 실질적 협의체
충 북	△국제기업경영자회의(인도 뭄바이)

전 남	△한일해협연안 지사 교류회의
	  - 한국 :부산, 전남, 경남, 제주 - 일본: 후쿠오카, 나가사키, 사가, 야마구치
	  ※ 관광, 환경, 청소년, 경제, 문화 등 10개 사업
	△제7회 한중포럼 개최 (주제: 해양, 절강성)

경 북	△한일 경제교류회의: 한일 양국의 지역경제교류 촉진 및 확대
	  - 한국: 경북, 대구, 울산, 강원 - 일본: 토야마, 니이가타, 이시카와, 후쿠이
	△한중일 『교류의 날개』사업
	  - 한중일 청소년들이 함께 어울려 해외체험과 교류를 통한 국제화역량 축적
	△베트남 타이응부멘성 새마을 사업

제 주	△섬 관광정책 포럼(ITOP): 발리 오키나와 하이난 △한일해협연안 시도현지사회의

자료: 시·도별 내부자료 및 조사표에 의한 조사자료

표에서 보는 바와 같이 서울특별시는 베를린에서 개최되는 세계
대도시협의회(Metropolis) 총회에 참석하여 세계 각국의 대도시와의
공동 관심사에 대한 협력을 추진해 나갈 계획이며, 세계지방자치단
체연합 아시아 태평양지부 총회, 국제도시박람회, 세계여성지도자대
회, 인간 정주관리를 위한 지방 정부망(CITYNET) 등에 참가하여
다양한 분야의 국제협력 활동을 전개하고 있다. 부산광역시는 한일
해협8개 시도현지사 교류회의, 동아시아도시회의, 국제 컨벤션협회
연차총회, 국제컨벤션뷰로협회 연차총회, 아시아컨벤션뷰로협회 연차
총회 등에 참가하여 공동 관심사와 컨벤션 산업의 발전을 위한 국제
협력을 추진해 나가고 있다. 그 밖에 광주광역시, 강원도, 전라남도,
경상북도, 제주도 등이 주변국들과 활발한 국제협력을 추진해 나가
고 있다.

(3) 主要 國際協力 事例

우리나라 지방정부에서 추진되고 있는 주요 국제협력 사례를 정리
해 보면 다음과 같다.

① 동북아자치단체연합(NEAR)

동북아자치단체연합(North East Asia Regional Government Ass
ociation: NEAR)은 동해를 중심으로 한국과 북한의 동안, 일본의
서안, 중국의 동북3성과 몽골, 그리고 러시아 극동지역 등에 위치한
5개국 36개 지방자치단체가 참여하여 창설한 연합체이다.

　이들 지역들은 한국과 일본의 선진기술과 자본, 중국의 풍부하고 우수한 노동력, 몽골과 러시아지역의 무한한 천연자원 등을 잘 활용한다면 21세기 세계경제의 주역으로 부상할 수 있는 잠재력을 가지고 있는 지역이다. 따라서 동북아지역의 공동번영과 항구적인 우호협력을 위해서는 국가수준의 교류보다는 지방정부나 비정부조직(NGO) 또는 민간 차원의 교류가 활성화되어야 할 것이다. 특히, 아직도 북한과 체제와 이념적 대립을 해 오고 있는 한국으로서는 국가 차원의 교류에는 한계가 있기 때문에 지방정부나 민간 차원의 교류를 활성화하는 것이 남북관계에도 좋은 영향을 미칠 것으로 기대되고 있다.

㉮ 동북아 자치단체연합의 탄생

　동북아 자치단체가 처음 한자리에 모인 것은 1993년 일본 시마네현에서였다. 4개국 지방자치단체장들이 모여 제1회 동북아자치단체회의를 개최하고 동북아지역의 공동번영을 위한 지역 간 협력방안을 모색한 것이 시발점이 된 것이다.

[표-47] 동북아자치단체연합 회원 현황

국 가	단체 수	회원 지방자치단체
한 국	10	부산시, 강원도, 경기도, 충청북도, 충청남도, 전라북도, 전라남도, 경상북도, 경상남도, 제주도
중 국	5	요녕성, 하남성, 산동성, 흑룡강성, 영하회족자치구
일 본	11	아오모리현, 야마가따현, 니가타현, 이시가와현, 토야마현, 후꾸이현, 쿄토부, 톳토리현, 시마네현, 야마구찌현, 효고현
러시아	10	연해지방, 하바로프스크지방, 사할린주, 캄차카주, 아무르주, 이르쿠츠크주, 치타주, 사하공화국, 브리야트공화국, 우스찌 오르딘스크 브리야트자치구
몽 골	2	투브아이막, 셀렌게이 아이막
북 한	2	함경북도, 라선시

자료: 충청북도, 2005, 충청북도 내부자료

그 후, 1994년 효고현, 1995년 러시아 하바로프스크에서 회의를 개최하였으며, 1996년 경상북도 경주에서 개최된 회의에서 동북아지역 자치단체의 영속적인 국제기구 설립을 주요 골자로 하는 연합헌장이 만장일치로 채택되어 자치단체 간 국제기구로는 최초로「동북아자치단체연합」이 공식적인 국제기구로 출범하여 오늘에 이르고 있다. 현재 회원은 [표-47]에서 보는 바와 같이 2005년 현재 6개국 40개 지방자치단체가 가입되어 있다.

㉯ 동북아자치단체연합을 통한 국제협력

동북아자치단체연합은 총회와 사무국, 실무위원회 및 5개 분과위원회를 두고 있다. 총회는 2년마다 회원 자치단체를 순회하며 개최하고 있다. 제1회 동북아자치단체연합 총회는 1996년 9월 4개국 29개 자치단체가 참여하여 경상북도 경주에서 개최되었다. 이 회의에서는 지역 간의 교류협력프로젝트 및 발전전략 토의, 동북아지역 자치단체의 영속적인 국제기구 설립방안 등이 토의되어 동북아자치단체연합헌장이 만장일치로 채택됨으로써 공식적인 국제기구로 정식 출범하는 성과를 거두었다. 이는 지방정부가 주체가 되는 새로운 국제협력 모델을 제시하였다는 의미에서 매우 의미 있는 일로 받아들여지고 있다. 제2회 총회는 일본 토야마현에서 개최하여 연합의 과제를 효율적으로 수행하기 위한 5개 분과위원회(경제통상, 문화교류, 환경, 방재, 일반교류)의 구성과 몽골과 북한의 회원가입을 위한 헌장개정 등이 이루어졌으며, 제3회 총회는 2000년 효고현에서 5개국 27개 자치단체가 참석하여 상설 사무국 설치문제와 북한의 연합참여를 유도하기 위한 방안 등이 논의되었다.

한편, 실무위원회는 제1회는 1997년 8월 경상북도 경주, 제2회는 1999년 7월 일본 토야마현, 제3회는 2001년 8월 일본 효고현에서 개최되어 공동협력과제에 대한 협의와 연합의 운영과 관련된 실무적 사항들을 논의하였다.

분과위원회는 5개 분과로 구성되었는데, 경제통상분과위원회는 회원 자치단체의 경제상황 및 통상관련 정보를 수록한 총람발간, 각 자치단체가 추진하는 통상관련 사업의 상호 협력, 동북아비즈니스 촉진회의 개최, 전자무역 추진을 위한 통상정보 DB구축 및 인터넷 무역박람회 개최, 전자무역공동홈페이지 구축과 2004년부터 총회개최지에서 동북아기업박람회의 개최 등을 추진하였다.

문화교류분과위원회에서는 학술연구를 통한 교류촉진, 동북아지역 연구센터의 창설 등을 논의하였으며 공동사업의 추진을 의결하였다.

환경분과위원회는 구체적인 사업 내용과 각 자치단체의 참가의향에 관한 조사를 토대로 환경협력 추진방안을 구체화해 가고 있으며,

방재분과위원회에서는 각국의 방재체제에 대한 이해를 토대로 방재에 관한 정보교류, 인재교류, 공동협력사업의 발굴 추진 등을 실시하고 있다.

끝으로 일반교류분과위원회는 동북아지역을 담당할 인재의 중요성을 감안하여 각 자치단체의 교류사업정보를 상호 교환하고 구체적인 인재육성사업을 추진하며, 동북아21세기여성회의를 개최하기로 합의하였다.

㉰ 향후 과제

동북아자치단체연합은 짧은 기간에도 불구하고 많은 성과를 거두

어 왔으나 몇 가지 해결해야 할 과제도 안고 있다(이지석, 2002:54). 우선, 동북아지역의 공동이익을 실현할 수 있는 구체적인 교류협력 프로그램을 개발하여야 한다. 그래야만 참여 자치단체의 적극적인 지지와 협력을 이끌어 낼 수 있다. 둘째는 회원 자치단체 간의 지속적인 교류를 위하여 상설사무국의 설치와 연합뉴스지 발간, 인터넷 홈페이지 구축 등 추진체제를 재정비하고, 분과위원회를 활성화하여야 한다. 셋째, 동북아자치단체연합의 원활한 활동을 지원할 수 있는 재정적 기반이 마련되어야 한다. 단기적으로는 분과위원회를 중심으로 사업을 추진하되 제안자 부담원칙으로 추진하고, 장기적 관점에서 공동수익사업의 개발이나 회원 자치단체의 출연에 의한 기금조성 방안 등이 강구되어야 한다.

② 한·일해협연안 시·도·현지사 교류회의

우리나라의 부산광역시, 경상남도, 전라남도, 제주도와 일본의 야마구찌현, 사가현, 후쿠오카현, 나가사키현 등 한일해협연안 8개 자치단체는 1992년 제주회의에서 시작하여 매년 정례적인 회의를 열고 경제교류, 주민친선 이벤트, 청소년교류, 전통공예품 교류, 지역진흥단체교류, 환경기술교류, 수산기술교류, 관광교류, 정보네트워크 구축과 연구기관 교류 등 10개 공동사업과 사가현의 공무원 상호 교류, 후쿠오카현의 환경기술공무원교류사업 등 2개 개별 교류사업 등을 추진하고 있다.

③ 동아시아 도시 시장회의

1991년 11월 일본 키타큐슈에서 개최된 지식인 회의에서 출발하여 인천광역시 등 우리나라 3개 시, 중국 4개 시, 일본 3개 시 등 3개국 10개 도시가 참여하고 있다. 매년 개최되는 실무회의와 격년제로 개최되는 시장회의를 통해 문화, 관광, 환경, 정보 등의 분야에 관한 상호 협력을 추진하고 있다. 2002년 10월「인천 시민의 날」행사기간에 개최되는 회의에서는 국제회의와 경제·물류 교류세미나와 함께 국제상품전시회, 투자설명회, 문화행사 등이 개최되었다.

④ 한·일(北陸) 경제교류회의
우리나라의 대구광역시, 울산광역시, 경상북도, 강원도와 일본의 北陸4현 즉 니이가타현, 토야마현, 이시카와현, 후쿠이현 등 8개 자치단체들이 참여하여 경제협력을 증진해 가고 있다.

⑤ 세계과학도시연합(World Technopolis Association; WTA)

우리나라 대전광역시를 중심으로 미국, 영국, 캐나다, 프랑스 등 13개국 27개 도시가 참여하여 세계과학도시 간의 과학기술협력을 통한 지역발전을 도모할 목적으로 1998년 9월 16일 창립되었다. 이 연합체는 1997년 개최된 세계과학기술도시 시장회의에서 10개국 22개 도시가 참여하여 WTA의 창립에 합의하고 WTA 공동선언문 및 헌장을 채택함으로써 세계 최초의 과학도시 간 국제기구로 출범하게 되었다. 1999년에는 제1차 WTA 대전 테크노마트가 개최되어 15개국 46개 도시 210개 기업과 연구소, 대학이 참여하여 485개 기술상품이 전시되었다. 제2차 WTA 총회는 중국 난징시에서 15개국 40개 도시 300명이 참여하여 개최되었으며 앞으로 국제과학도시 간 정보네트워크 구축, WTA 부설연구소 설립, WTA 학술위원회 구성, WTA 장기발전방안의 구체화 등을 중점 추진해 나갈 계획이다. 2005년에는 러시아 노보시비르스크에서 제4회 테크노마트를 개최하여 회원국들과 경제, 기술교류를 추진하고 있다.

⑥ 환동해권 지방정부 지사·성장회의

동해를 중심으로 우리나라의 강원도, 중국 길림성, 일본 도토리현, 러시아의 연해주와 중앙도 및 북한이 참여하는 협의체를 구성하여 환동해권 공동발전을 위한 협력기반을 구축하고 국제교류센터의 건립 등 「황금의 6각 계획」을 구체화해 나가고 있다. 「황금의 6각 계획」은 6개 지역 6개 주체가 6단계를 거쳐 환동해권 경제공동체를 구축한다는 전략으로서 앞의 6개 지역이 지방정부, 대학, 연구소, 기업, 주민, 지역거점 등 6개 주체의 참여하에 1단계로 협의체구성과 환동해 교류협력센터 건립 등 교류협력기반 조성, 2단계로 해상·항공·교통로 등 수송네트워크 구축, 3단계로 수자원, 해저자원 공동개발관리 및 오염예방, 4단계로 환동해권 개발기금조성 및 공동프로젝트 추진, 5단계로 거점지역의 개방도시·특구를 연결하여 자유무역지대 조성, 마지막 6단계로 완전한 경제공동체를 형성한다는 전략이다. 또한 강원도는 500평 규모의 환동해교류협력센터를 건립하여 환동해권 지방정부의 상설 관광, 문화홍보, 지역별 특산물의 전시판매를 통해 환동해 종합무역센터로서의 기능을 수행하도록 하고 있다.

(4) 종합정리

우리나라 지방정부의 국제협력 기능은 아직은 초보적 단계에 머물러 있다. 앞서 살펴본 바와 같이, 주로 지역의 경제교류 및 문화교류를 위한 네트워크 구축에 치중해 있으며 보다 차원 높은 인권과 비핵화, 환경문제 등을 위한 국제협력은 아직 미미한 수준에 머물러 있다. 일본의 경우도 1955년 자매도시교류가 시작된 이래 지방정부의 국제 활동에 비약적인 발전이 있었음에도 불구하고 최근에 와서야 단순한 국제교류에서 탈피하여 국제협력으로 발전시켜 가고 있다 (윤설현, 1996:20-35).

이와 같은 이유는 첫째, 지방정부의 국제적 활동경험이 비교적 일천하다는 데 기인한다. 우리나라의 경우 지방자치단체 간 자매결연이 처음 시작된 것은 1960년대 초부터지만 본격화된 것은 1990년대 이후부터이기 때문에 이제 겨우 지방정부의 외교 활동기반이 갖춰져 가는 시기인 것이다. 둘째, 아직 우리나라의 경제·사회적 여건과 지역 경제 기반이 취약하기 때문이다. 특히, 우리나라는 1990년대 후반 IMF지원체제를 겪은 후 이제야 이전 수준으로 회복되는 단계에 와 있기 때문에 가장 시급한 것은 세계 여러 나라들과의 교류협력을 통한 지역경제의 활성화인 것이다. 그러나 다행스러운 것은 이러한 여건에도 불구하고 몇몇 지방정부를 중심으로 세계평화와 인류의 행복을 위한 국제협력을 증대시켜 가고 있다는 것이다.

셋째, 오랜 중앙집권적 정치행정체제와 중앙 중심의 논리에 기인한다. 특히 외교정책에 대해서는 아직도 중앙정부의 독점의식이 상존하고 있으며 지방정부의 외교역량에 대해 높은 평가를 하지 않고 있다. 따라서 지방정부의 외교 활동의 당위성을 지역경제활성화에 둘 수밖에 없었으며, 보다 차원 높은 국제협력으로의 발전을 기대하기 어려운 상황이었다.

4) 지방정부의 국제통상 실태

지방외교정책 중 국제통상 분야는 최근 각 지방정부가 가장 역점을 두는 분야로서 지역의 산업을 진흥하고, 외국의 선진자본과 기술의 도입을 통해 지역경쟁력을 강화하기 위한 전략적 차원에서 추진되고 있다. 지방정부의 국제통상 활동은 크게 세 분야로 나누어진다. 첫째는 지역 내 기업의 수출 증대를 위한 시책이다. 가장 대표적인 것이 기업들의 해외시장 개척 활동을 지원하여 판로를 개척하고 국제경쟁력을 향상시켜 나가는 것이다. 이를 위해 전문기관인 KOTRA 해외무역관이나 국내 대기업의 해외지사망을 활용하거나 지방자치단체가 직접 무역회사를 설립하여 기업의 해외시장 개척 활동을 지원하고 있다. 또한 인터넷 무역, 수출기업화 사업, 무역실무 강좌 개설 등 지역 내 기업의 수출 촉진을 위한 각종 시책들이 추진되고 있다.

둘째, 외국기업이나 외국자본 및 기술을 유치하거나 도입하는 일이다. 이를 위해 외국인기업전용공단이나 외국인투자지역의 지정을 통해 각종 인센티브 제도를 도입하고, 외국자본의 유치를 위한 국내외에서의 대규모 투자설명회 등을 개최하고 있으며, 지역 내 기업의 기술협력을 지원하기 위한 기술협력프로그램을 추진하고 있다. 셋째, 지역 내 기업의 해외진출을 지원하는 일이다. 지역 내 기업의 외국 현지법인 설립 외국기업과의 합작투자, 생산기술의 해외이전 등을 지원하여 보다 안전하게 해외로 진출할 수 있도록 돕는 일이다. 그러나 우리나라 지방정부에서는 지역 내 기업의 해외진출보다는 지역 내 기업의 수출 촉진과 외국자본 및 기업의 유치에 중점을 두고 있으므로 여기에 대해서 보다 상세히 살펴보고자 한다.

(1) 지역 내 기업의 수출 증대를 위한 지원

지역 내 기업의 수출을 증대시키기 위한 지방정부의 정책은 크게 시장 개척 활동, 지역 내 무역기반 확충, 무역 전문인력 양성, 해외 시장동향 및 정보의 제공 등으로 구분해 볼 수 있다. 그러나 가장 대표적인 수출증대시책은 해외시장 개척 활동이며 각 자치단체가 가장 많은 예산을 투자하고 있다.

① 해외시장 개척 활동 지원

지방정부의 해외시장 개척 활동에 대한 지원은 지역 내 무역 전문기관인 대한무역진흥공사 시·도 무역관, 한국무역협회 시·도지부, 농산물 유통공사 지사, 지방정부가 직접 설립한 무역회사 또는 지역 내 무역 전문업체 등과 협조하여 이들 기관단체나 기업의 해외 네트워크를 활용하여 추진되고 있다. 첫째, 시장개척단은 세계 각 지역의 유망시장을 중심으로 희망기업을 모집하여 현지 무역관이나 위탁기관의 해외지사 주선으로 현지에서 직접 수출입상담을 할 수 있도록 지원하는 것이다. 대체로 항공료와 숙식비는 기업 자체부담이며 현지에서의 바이어 초청 경비, 통역비, 홍보물 제작비 등이 지원

된다. 둘째는 세계 각지에서 개최되고 있는 분야별 유명 박람회 및 전시회를 활용하는 경우이다. 대개 박람회나 전시회는 분야별로 전문화되고 특화된 국제행사이기 때문에 많은 기업들이 선호하고 있다. 역시 항공료와 숙식비는 기업 자체부담이며 부스임차료, 안내·통역비, 홍보물 제작비 등이 지원된다. 박람회나 전시회는 다수의 불특정 고객을 상대함으로써 자사제품에 대한 소비자 기호를 파악할 수 있고, 무수히 많은 잠재고객을 만날 수 있는 이점이 있으며, 전문 분야별로 개최되기 때문에 경쟁사의 기술수준을 파악할 수 있고, 현지에서 기술이나 자본합작 등이 이루어질 수 있는 가능성이 있는 등 장점이 있어 많은 기업들이 선호하고 있다.

끝으로 해외바이어를 초청하여 지역 내에서 무역 상담회를 개최하는 것이다. 무역 전문기관이나 기업의 도움을 받아 외국의 바이어를 해당 지역 내에 초청하여 무역 상담회를 개최하는 것이다. 이러한 외국바이어초청행사는 기업소재지에서 개최되기 때문에 생산현장을 직접 살펴보고 구매 상담을 할 수 있어 좋은 효과를 기대할 수 있다. 이상과 같은 시장 개척 활동의 2005년도 시·도별 현황을 정리해 보면 [표-48]과 같다.

[표-48] 2005년 시·도 해외시장 개척 활동 지원 현황

시·도	계	해외시장 개척단 파견	국제박람회 및 전시회	바이어초청 무역상담회
계	434회	130회	243회	61회
서 울	18	8	10	-
부 산	60	23	28	9
대 구	35	9	25	1
인 천	23	1	18	4
광 주	16	5	11	
대 전	12	6	6	-
울 산	10	8	2	-
경 기	53	16	24	13
강 원	11	7	3	1
충 북	25	6	17	2
충 남	9	3	5	1
전 북	32	10	22	-
전 남	34	8	20	6
경 북	27	8	16	3
경 남	37	10	26	1
제 주	32	2	10	20

자료: 각 시·도, 2005, 내부자료: 산업자원부, 2005, 내부자료

[표-48]에서 보는 바와 같이 2005년 한 해 동안 총 434회의 시장 개척 활동에 대한 지원이 이루어져 왔으며, 가장 많은 지역은 부산 광역시로서 60회를 실시했고, 이어서 경기도가 53회, 경상남도가 37 회, 대구광역시 35회 순이었다. 유형별로는 시장개척단이 130회, 박 람회 및 전시회가 243회, 바이어를 초청하여 무역상담회를 개최한 것이 61회로서 대부분 전문박람회나 전시회를 활용하고 있는 것으로 나타나고 있다. 이러한 해외시장 개척 활동은 2001년 238회에 불과 하던 것이 2004년에는 382회로, 2005년에는 434회로 매우 큰 폭으로 증가하고 있는 것으로 나타나고 있다.

② 국제통상기반의 확충

국제통상기반 확충사업은 수출경험이 없는 중소기업에 대한 자금 및 정보의 제공과 수출보험료 지원, 국내외 상설 전시판매장 건설, 국제품질인증마크 획득의 지원, 홍보용 카타로그 제작 지원 등에서 부터 바이어에 대한 신용조사비 지원에 이르기까지 다양한 형태로 이루어지고 있다. 또한 지역 내 전문가들로 수출지원협의회를 구성하여 운영하고 각종 무역관계 서류 및 홍보용 자료의 통·번역을 지원하는 시스템까지 갖추고 있다.

③ 무역 전문인력의 양성

대부분의 시·도에서 지역 내에 무역 전문가를 양성하기 위한 프로그램을 운영하고 있다. 지역 내 대학이나 무역 전문기관에 무역실무 강좌를 설치하여 중소기업의 대표자나 실무자를 위한 전문교육프로그램을 운영하거나, 실제 무역현장을 체험하기 위한 프로그램도 운영하고 있다.

④ 해외시장동향 및 정보의 제공

거의 모든 시·도가 인터넷 무역사이트를 개설하여 운영하고 있으며, 인터넷을 통한 해외정보의 제공, 정기적인 통상 정보지의 발간, 전자 카타로그 제작지원, 수출기업 DB구축, 유망수출업체의 홈페이지 구축지원 등 지역 내 기업의 해외홍보를 위한 지원사업을 추진하고 있다.

이상과 같은 지역 내 기업의 수출 증대를 위한 활동을 시·도별로
정리한 것이 [표-49]이다. 표에서 보는 바와 같이 시·도별로 다양한
시책들이 추진되고 있다. 대부분 대동소이한 정책을 추진하고 있으며,
최근 들어 인터넷을 활용한 해외 바이어 발굴과 각종 무역정보의 제
공, 온라인 무역결재 시스템의 도입에 많은 투자가 이루어지고 있다.

[표-49] 2005년 시·도 해외시장 개척 활동 지원 현황

시·도	주요 시책
서 울	△북경 『서울무역관』 설치·운영 △유명 국제전시회 참가지원 △중소기업 해외기술교류 지원 △중소기업 수출능력 지원강화: 사이버마케팅 지원 △다언어 수출홍보용 카타로그 제작지원
부 산	△해외무역사무소 운영(미국 마이애미, 일본 오사카, 중국 상해) △해외시장개척단 파견 △해외전시회 참가지원 △해외바이어초청 무역상담회 △수출업체 임직원 통상 실무교육 △중소기업 통·번역지원 △인터넷 해외 마케팅지원 △KOTRA해외지사화사업
인 천	△수출상담회, 해외시장개척단 파견 등 해외시장 판로개척 △무역아카데미 △중소기업 해외 지사화(10개) △수출기업화사업(10개 업체) △외국어 카탈로그제작 △수출보증보험료 지원 △해외규격인증획득 지원 △해외시장정보제공 △인터넷 무역프라자
대 구	△글로벌 마케팅 지원사업 추진: 수출시장정보조사 지원, 바이어 정보은행, 수출보험 료 지원, 대구 사이버무역센터 운영, 통상전문인력 풀센터 운영, 대학생 통상모니터 및 인턴쉽 운영, 수출유망상품 홍보물제작 △수출시장 다변화: 종합품목시장개척단, 전문품목 시장개척단, 수출전략 시장 전시 상담회, 각종 박람회참가 확대 △통상전문인력 양성프로그램: 지역대학 통상전문가 양성 프로그램 확대 권장, 대구 통상아카데미 운영, 전략지역 통상전문가 양성 강좌
광 주	△수출보험료 지원 △재외동포 명예무역주재관과 교포 무역인을 네트워크화하여 새로운 수출구매선 육 성(7개국 10개 도시) △KOTRA 해외 지사화 사업 확대 △수출진흥자금지원(30억 원)
대 전	△해외시장개척단 파견 △유명 박람회 파견 △인터넷 마케팅 지원 △수출보험료 지원 △해외통상주재관 파견 및 전시관 운영 △대전 상품 해외전시관 운영(4개소)

시·도	주요 시책
울 산	△수출해외마케팅: 전략산업국제회의, 해외시장개척단 및 전문박람회 참가 △중소기업 수출인프라 구축 및 역량강화 △중소기업 통상지원 전담기관 운영: 중국 장춘 해외사무소, 해외통상지원팀 △BRICs 시장공략 Total Marketing: 브라질시장공략을 위한 『삼바-30 프로젝트』 △자매도시(8개국 울산수출비중 49%) 해외마케팅
경 기	△시장특성에 맞는 해외마케팅 지원: 해외전시회 경기도관, 통상촉진단, 바이어초청 수출상담회 등 △대외 경쟁력 제고를 위한 무역기반조성: 해외규격인증 획득지원, 수출보험료 지원, 국제비즈니스센터 운영, 무역 전문인력 양성, 해외시장조사 및 PR활동비 지원 △세계 무역환경 대응능력 강화: BRICs 지역 시장 개척 단기 현지연수, 수출기업 e-CRM기능확대, 국제무역정보제공 △내수기업의 수출기업화(20개사) △전자무역활성화
강 원	△수출경쟁기반 조성강화 : 해외수출보험료 지원 등 6개 사업 △도내제품의 국제경쟁력 강화: 해외규격인증획득지원, 수출품디자인개발사업 등 4개 사업 △공무원 및 유관 기관 수출마인드 제고: 통상관련 워크숍 등 3개 사업
충 북	△수출기업 해외마케팅 활동 집중지원: 해외전문박람회 개별참가기업 지원, 중소기업수출보험 지원, 수출인큐베이터 △수출역량제고시책: 외국어통·번역, 해외정보지원, 유망해외바이어발굴지원, 중소무역업체 1사1도우미제도 △전자무역기반강화 및 지원: 인터넷 무역시스템, 수출기업전자카탈로그제작, 온라인 해외바이어 발굴 △통상관련 정보의 지속적 제공
충 남	△내수기업의 수출기업화 육성: 수출실무능력향상, 해외마케팅 제고 △마춤형 해외시장 개척사업 추진 △중소기업 「해외지사화」지원 :40개 업체 △대학생 「무역인턴제」 시행 △수출유망상품 해외홍보: 100개 업체
전 북	△중소기업 수출보험가입지원 △익산 귀금속 보석산업 육성지원 △해외사무소 개설 운영(상해, 미국 타코마시)
전 남	△수출중소기업 중점 육성 △수출상품 브랜드화 사업 △수출보험료 지원 △해외통상사무소(3개소): 상해 오사카 뉴욕 △수출기업해외지사화사업 △중소기업 구조고도화 사업 △수출지원센터 운영 △수출 노하우 컨설팅사업
경 북	△수출보험료 지원 △경북 인터넷무역센터 운영 △해외 지사화 사업 △무역 전문인력 양성 △(주)경북통상을 통한 해외 판로 개척 △경북특산물전시장 운영 △대 중국 만리장성프로젝트(중국시장집중공략 프로그램, 교류 통상, 인적네트워크 구축)
경 남	△내수중소기업 수출전환사업 지원 △환리스크 관리교육 및 수출보험료 지원 △무역 전문인 양성 △해외통상사무소 운영활성화 △경상남도 추천상품제 운영활성화 △경남산품 온라인 쇼핑몰 구축사업
제 주	△수출업체 경영안정자금 및 물류비 지원 △수출시장조사 △유력 바이어 발굴 △수출업체전문교육

자료: 시·도별 내부자료 및 조사표에 의한 조사자료

⑤ 수출액과 교역량

자치단체별 수출액은 지역 내 산업의 대외 경쟁력을 가늠해 볼 수 있는 지표로 활용할 수 있으며, 지역 내 기업을 위한 국제통상시책과 각종 물적 교류정책의 효과로 볼 수 있다. 또한, 교역량은 당해년도의 수출액과 수입액을 합한 금액으로서 외국과의 물적 교류 총량을 나타내는 것이다. 따라서 이 두 지표가 지방외교정책의 경제적 효과를 나타내고 있는 것으로 볼 수 있다.

[표-50]은 2004년 12월 31일 현재 시·도별 교역량을 정리한 것이다. 표에서 보는 바와 같이 서울, 경기, 인천 등 수도권 자치단체가 전체 교역량의 40%를 차지하고 있어 수도권 중심으로 교역이 이루어지고 있는 것을 알 수 있다. 수도권 이외에는 공업도시인 울산이 14.06 %, 경북 11.65%, 충남 9.35%, 경남 7.98%, 전남 6.26%, 전북이 5.43% 순으로 나타나고 있다. 따라서 이들 지역이 다른 지역에 비해 상대적으로 외국과의 경제교류가 활발한 지역으로 볼 수 있다.

[표-50] 2004년 시·도별 교역량 (2004. 12. 31 현재 단위: 백만$)

구 분	교역량	비 중	수출액	수입액
합 계	478,308	100.00	253,845	224,463
서 울	78,306	16.37	29,924	48,382
부 산	13,174	2.75	6,434	6,740
대 구	5,075	1.06	3,155	1,920
인 천	24,219	5.06	10,645	13,574
광 주	8,326	1.74	5,288	3,038
대 전	3,829	0.80	1,838	1,991
울 산	67,260	14.06	37,470	29,790
경 기	88,587	18.52	46,466	42,121
강 원	1,228	0.26	642	586
충 북	12,798	2.68	7,546	5,252
충 남	44,698	9.35	29,272	15,426
전 북	25,988	5.43	4,225	21,763
전 남	29,950	6.26	12,609	17,341
경 북	55,714	11.65	33,951	21,763
경 남	38,188	7.98	24,292	13,896
제 주	180	0.04	70	110
기 타	30	0.01	20	10

자료: 한국무역협회 자료

⑥ 문제점

최근 지방정부의 해외시장 개척 활동과 수출 증대를 위한 다각적인 정책이 추진되고 있는데도 불구하고 몇 가지 문제점이 지적되고 있다.

첫째, 해외시장 개척과 관련하여, 해외시장에 대한 체계적인 정보의 축적과 활용의 미비, 해외시장 개척 활동에 나선 참가업체의 사전준비의 부족, 언어구사능력과 수출입 절차에 능통한 전문인력의 미비, 국제경쟁력을 갖춘 지역수출상품의 개발에 대한 지방정부의 노력이 부족하다는 점 등이 지적되고 있다(허수정, 1998:71-72).

둘째, 국제통상기반의 확충과 무역 전문인력의 양성, 해외시장정보의 제공 등과 관련하여 다양한 시책들이 추진되고 있으나 이러한 지방정부의 노력에 비하여 중소기업의 참여는 부진하다는 것이다. 이는 지역 내 기업의 무관심에도 그 원인이 있다고 하겠으나 보다 근본적인 원인은 홍보가 부족하여 '알지 못해 참여하지 못하는' 현상이 빚어지고 있다.

(2) 외국자본 및 기업의 유치

일반적으로 기업의 통상교류는 초기에는 국내에서 생산물의 이전으로 시작되고 점차 발전하여 생산요소의 이전으로 발전한다. 국제경영의 4단계에 따르면 국내지향경영→해외지향경영→현지지향경영→세계지향경영의 순으로 통상이 복합화되는 경향이 있다(조돈영, 1999: 357). 외국자본 및 기업의 이동은 생산물의 이전단계에서 생산요소이전의 단계로 이전하는 과정에서, 그리고 해외지향적 경영에서 현지지향형 경영으로, 다시 한 단계 더 발전한 세계지향적 경영으로 발전하는 단계에서 나타나는 현상으로 볼 수 있다. 특히, 우리나라의 경우 IMF 외환위기를 겪으면서 외국 자본 및 기업의 직접투자에 대한 관심이 높아져 왔으며, 산업자원부 주도로 지방자치단체의 적극적인 해외 직접투자유치 활동이 전개되어 왔다. 우선, 외국인 직접투자(foreign direct investment: FDI)란 외국인이 대한민국 법인·기업의 경영 활동에 참여하는 등 당해 법인 또는 기업과 지속적인 경제관계를 수립할 목적으로 국내기업의 주식 등을 취득하거나 또는 장기차관으로 도입하는 자금을 말하며, 외국인 기업의 유치란 외국인이 일정 지분 이상을 투자한 기업을 지역 내에 입지시키는 것을 말한다.

이러한 외국인 집적투자는 국내 기업의 헐값 매각에 따른 국부유출론, 외국기업의 국내시장 지배에 대한 우려 등 일부 비판적 시각에도 불구하고 국내경제에 미치는 여러 가지 긍정적 효과 때문에 많은 지방자치단체들이 경쟁적으로 참여해 왔다. 외국인 직접투자가 우리 경제에 미치는 긍정적 효과(장윤종, 2001:23)로는 첫째, 미시적으로 기술, 경쟁, 전후방연계 등을 통해 생산성 제고 효과를 가져오며, 그 결과 수출증진, 투자촉진, 생산성 증대 등의 유발효과를 기대할 수 있다.

둘째, 거시적으로는 외국자본 유입으로 외환이 증대되며, 국내투자와 자본형성이 증가하여 생산과 고용의 증진효과를 가져올 수 있다.

셋째, 국제무역에서는 수출과 수입을 증대시키지만 우리나라의 경우 수출 증대와 무역수지 개선효과가 더 크게 나타나는 것으로 분석되고 있다. 이러한 파급효과와 IMF지원 체제라는 특수한 상황 때문에 지방자치단체별로 외국 자본과 기업의 유치를 위해 많은 노력을 기울이게 되었다. 이하에서는 외국인투자유치를 위한 제도와 시·도별 유치 활동 현황에 대하여 살펴보고자 한다.

① 외국인투자유치를 위한 정책방향

외국인투자유치에 관한 사항을 종합적으로 규정하고 있는 외국인투자촉진법상의 기본적인 정책방향은 첫째, 외국인투자제도를 수요자인 외국투자가 중심으로 개편하고, 지방정부가 외국인투자를 경쟁적으로 유치하도록 투자환경을 조성하는 것이다. 지방자치단체가 지방세 감면, 토지 등의 임대료 감면, 외국인투자지역 후보지 선정·개발·관리 등을 하도록 하는 등 외국인투자유치의 재량권을 확대하고, 지방자치단체의 유치노력을 기준으로 국가가 재정지원을 하도록 하여 지역 간

경쟁을 유도하도록 하고 있다. 둘째, 종전의 「규제·관리」 위주에서 탈피하여 「촉진·지원」 중심으로 법령체계를 개편하였다. 이를 위해 외국인투자관리에 관한 각종 사항을 최소한으로 축소하고, 인·허가 제도 간소화로 신속한 투자절차를 진행하며, KOTRA에 투자지원센터를 설치하여 One-stop 서비스를 제공하고, 조세지원을 확대하며, 각종 보조금지급, 현금지원 등 다양한 인센티브 제도를 도입하고, 대규모 투자유치를 위하여 외국인투자지역을 지정하도록 하고 있다(행정자치부, 2001:129).

② 시·도별 외국인투자유치정책 추진 현황

지방자치단체가 외국 자본과 기업유치를 위해 활용할 수 있는 정책수단은 크게 세 가지로 구분해 볼 수 있다. 첫째, 외국인투자지역(단지형, 개별형), 자유무역지역 지정 등 당해 지역이 투자 최적지로서의 여건을 구축하는 일이고, 둘째는 현금지원, 조세혜택, 각종 재정보조금 제도를 활용하여 국가 또는 지역경제의 발전에 기여할 수 있는 외국인투자를 전략적으로 유치하는 일이며, 세 번째는 대규모 투자설명회, 투자박람회 등을 개최하여 투자여건을 홍보하는 일이며, 네 번째는 직접투자에 따른 각종 인·허가의 신속한 처리와 철저한 사후관리 서비스 등 각종 투자편의를 제공하는 일이다. 여기에서는 외국인투자지역 지정과 외국인투자유치 활동을 중심으로 살펴보고자 한다.

㉮ 외국인투자유치지역 지정 현황

외국인이 투자하는 기업을 유치하기 위한 제도[8]는 외국인투자촉진법 제18조에 의한『단지형 외국인투자지역』과『개별형 외국인투자지역』및 자유무역지역의 지정 등에 관한 법률 제4조에 근거한『자유무역지역』등으로 구분해 볼 수 있다. 첫째, 단지형 외국인투자지역은 중·소규모 투자유치를 위한 사전 입지지원을 목적으로 시도지사가 지정할 수 있으며, 단지형 외국인투자지역으로 지정된 지역에 외국인투자금액 미화 1천만 불 이상 제조업과 미화 5백만 불 이상 물류업 시설을 새로이 설치하는 경우에 조세특례제한법령에 따라 조세를 5년간 감면되며, 국가와 지방자치단체에서 공장용지를 매입하여 장기간 무상으로 임대하거나 저렴한 임대료만으로도 입주가 가능하도록 지원하고 있다.

둘째, 개별형 외국인투자지역은 대규모 외국인투자유치를 위한 사후 입지지원을 목적으로 외국인투자실무위원회(위원장: 산업자원부 차관)와 외국인투자위원회(위원장: 재정경제부장관) 의결을 거쳐 시·도지사가 지정한다. 외국인투자지역으로 지정되면 이 지역에 입주한 기업에게는 법인세와 소득세가 7년간 감면되며, 지방세도 업종에 따라 8년 내지 15년간 감면된다. 또한 공장용지는 국가와 지방자치단체에서 매입하여 50년간 무상으로 임대되며 기간은 갱신이 가능하다.

셋째, 자유무역지역은 수출지원을 목적으로 가공무역, 물류업 등을 위한 입지지원을 목적으로 산업자원부장관이 지정하며, 이 지역 입주 기업에 대해서는 3천만 불 이상 투자기업에 한해 외국인투자지지역 입주기업과 동일한 감면혜택이 주어지고, 토지도 장기간 저렴한 임대료로 활용할 수 있게 해 주고 있다. 이상의 세 가지 제도의 지정 요건과 현황을 요약 정리한 것이 [표-51]이다.

---

8) 외국인투자입지관련 지원제도를 통일적으로 운용하기 위하여 산업집적활성화 및공장설립에관한법률에 규정된 외국인기업전용단지를 외국인투자촉진법에 의한 외국인투자지역으로 일원화하고, 지정권자를 시·도지사로 함.(2004. 12. 31 외국인투자촉진법 개정)

[표-51] 외국인투자유치제도 및 지정 현황(2005. 10. 30 현재)

구 분	외국인투자지역		자유무역지역
	단지형	개별형	
법적 근거	외국인투자촉진법 제18조		자유무역지역지정등에 관한 법률 제4조
지정 목적	중·소규모 투자유치를 위한 사전입지지원	대규모 외국인투자유치를 위한 사후 입지지원	수출지원목적의 가공무역, 물류업 등을 위한 입지지원
지정 권자	시·도지사 (외국인투자위원회 의결)	시·도지사 (외국인투자위원회 의결)	산업자원부장관
조세 감면	FDI 1천만 불 이상 제조업 − 법인세·소득세: 5년 감면 − 자본재도입 관세 면제	법인세·소득세:10년 감면 지방세: 8~15년 감면 자본재도입 관세 면제	3천만 불 이상 투자기업에 한해 외국인투자지역 입주 기업과 동일한 감면
임대 조건	기간: 10년(계속갱신가능) 임대료: 부지가격의 1% 〈임대료 감면〉 − 1백만 불 이상 고도기술 수반사업: 100%감면 − 5백만 불 이상 일반제조업: 75% 감면	기 간: 50년(갱신가능) 임대료: 100% 면제	기간: 10년(계속갱신가능) 〈임대료 감면〉 − 1천만 불 이상 제조업: 70% 감면 −고도기술수반사업: 추가감면
지정 현황	〈8개 단지〉 전남 대불 광주 평동 충남 천안 경남 진사 충북 오창 경북 구미 경기 금의 충남 인주	〈16개 지역〉 부산(1): MCC로직스 경기(3): NH테크노그라스 한국호야전자, 동우STI 충북(3): 동부전자, 린텍코리 아, 쇼트사 충남(3): 천안영상문화, S-LCD, 코리아오토그라스 전남(2): BASF(주), 에어리 퀴드코리아 경북(2): 아사히초자, 도래이새한 경남(2): 태양유전, JST(주)	〈4개 지역〉 경남 마산 전북 익산 전북 군산 전남 대불

자료: 충청북도, 2005, 충청북도 내부자료

㉯ 외국인투자유치 활동

외국인투자를 유치하기 위한 지방정부의 활동은 투자유치 사절단의 파견, 국내외에서 개최되는 투자유치설명회, 외국인투자유치를 위한 안내서, 사업설명서 발간, 투자유망기업 방문 상담, 인터넷 사이트 개설, 투자유치자문단 운영 및 민간전문가 채용 등 다양한 형태로 이루어지고 있다. 이를 시·도별로 정리한 것이 [표-52]이다.

276

[표-52] 2005년 시·도별 외자유치 시책 추진 현황

시·도	주요 지원 시책
서 울	△주요 도시 경제사절단(통상·투자유치) 파견(8회)　　△외국인투자유치 조직 정비 △서울국제금융센터건립 △외국인 자문회의(서울국제경제자문단 외국인투자자문회의) 등을 통한 투자정책 개발 △대규모 국제행사와 연계한 마케팅 활동 전개
부 산	△해외투자유치팀 파견　　　　　　　　△외국인투자유치 환경 개선 △외국인투자유관기관과의 상호 협력　　△투자설명회 개최 △지역기업외자유치 지원　　　　　　　△외국인투자홍보
인 천	△투자유치 타켓 기업 및 주요 투자가 대상 적극적인 홍보전개 △외국인 경영 및 생활환경 불편 해소　　△기투자 외국기업의 지원체계 방안 강구
대 구	△외국인투자기업 애로해소 추진: 외투기업담당관제, 책임관리공무원제 △국내외 투자유치 활동 전개: 해외(6회), 국내(4회) △외국인투자지역 우수 외투기업 유치
광 주	△타켓 기업을 대상으로 한 실리 위주의 해외유치단 운영(5회) △산업별·권역별 목표기업을 대상으로 고객지향형 투자환경설명회 개최 △해외 잠재투자가 및 국내 외국인투자기업 초청 설명회 △투자유치기업 사후관리: 애로사항 해소, 인센티브적기제공 등
대 전	△투자유치단 파견 및 설명회 개최 △민간자원을 활용한 투자유치 활동 전개: 투자유치에이전트 및 자문위원 위촉활용 △외국인투자기업 애로사항 해결 및 외국인 학교 시설확충 지원
울 산	△투자환경개선 및 지원체계 강화: 기업이 중심의 투자환경 조성 △Pin-Point 투자유치 활동 전개: 타켓화되어 있는 투자유치 활동 전개, 투자유치단 파견(4회), 투자유치 설명회(2회) △외국인투자기업 사후관리 강화
경 기	△외국인투자기업 유치기반 강화: 전용임대단지 추가조성 및 연구시설 확보, 투자적지 이미지 확산(투자유치단파견 25회) 및 투자유치 협상, 외자유치 유공 포상금 및 성과급 지급 △외국인투자촉진을 위한 인센티브 제공: 입지지원, 보조금 지급 등 △고부가가치 산업의 전략적 유치와 산업구조고도화: 수도권규제완화, 첨단제조업의 클러스터화, 글로벌R&D센터유치,
충 북	△매력 있는 외국인투자환경 조성: 외국인기업임대단지 조성, One-stop 행정서비스제공 △전략적 투자유치 활동 전개: 다양한 투자유치 활동 전개 및 인센티브 강화, 전략적 투자유치업종 중점유치
충 남	△전략적 투자유치마케팅 강화: 안면도관광개발 상품화사업과 연계한 투자활동전개(2회), 맞춤형투자유치사절단 파견(4회), 국내 투자유치 전문기관 대상투자설명회 개최(2회), 도내기업 및 컨설팅사 참여 촉진 △투자유치 홍보의 다각화: 다양한 투자환경 및 프로젝트 홍보기법 동원, 투자박람회, 대형이벤트 등 각종계기행사, 잠재투자가 초청 설명회 △외투기업 유치 및 사후관리 강화: 원스톱서비스 추진, 기투자기업의 증액투자 유도, 외투기업 "애로도우미" 활성화, 외국인기업대표와의 간담회
전 북	△외국기업의 적극적인 투자유치 마케팅 전개: 자동차박람회, 투자유치설명회 참가, 투자유치 대상기업 방문상담 △투자유치타깃기업 CEO 초청 투자설명회 △외국인투자환경의 적극적 개선: 외투기업 One-stop 서비스제공, 외국인투자지역 확대지정, 외국인 학교 운영지원 △투자유치 홍보활동 강화: 잠재투자가 D/B구축 및 외자유치 희망기업 IR자료 제작활용
제 주	△투자지원제도 정비　　　　　　　△투자유치 조직 정비 △투자유치 해외 마케팅 및 투자설명회　△투자진흥지구지정,

자료: 시·도별 내부자료 및 조사표에 의한 조사자료

표에서 보는 바와 같이 대부분의 지방자치단체가 대동소이한 활동 유형을 보이고 있으며, 주로 투자유치 설명회를 개최하여 지역의 투자여건을 홍보하는 데 주력하고 있다. 그러나 서울특별시의 경우 서울국제경제자문단과 외국인투자 자문회의를 설치하여 외국인의 시각에서 투자나 경영환경을 개선하려는 노력이 돋보이며, 부산광역시의 외국인투자유관기관과의 상호 협력 프로그램, 인천광역시의 기투자 외국기업의 지원방안 강구, 대구광역시의 외국인투자기업의 애로를 해소하기 위한 외투기업담당관제와 책임관리 공무원제, 광주광역시의 산업별 권역별 목표기업을 대상으로 한 고객지향적 투자환경설명회, 대전광역시의 민간자원을 활용한 투자유치 활동 전개, 울산광역시의 Pin-Point 투자유치 활동 전개, 경기도의 외국인투자촉진을 위한 다양한 인센티브제도, 충청북도의 전략적 투자유치 활동, 충청남도의 외투기업 "애로도우미" 활성화와 외국인 기업 대표자와의 간담회, 전라북도의 투자유치타깃기업 CEO 초청 투자설명회 등 보다 구체적이고 다양한 시책들을 추진하고 있는 것으로 조사되었다.

③ 외자유치 실적

외국인투자유치는 각 지방자치단체가 가장 큰 관심을 가지고 있는 분야로서 외국인투자유치 실적은 지역의 종합적인 경쟁력을 가늠해 볼 수 있는 좋은 지표가 된다. 그러나 외국인투자신고는 외국인투자자가 산업자원부장관의 권한을 위탁받은 대한무역투자진흥공사의 장 또는 외국환은행의 장에게 직접 신고하고 있다. 또한 외국인투자신고는 대부분의 기업들이 본사를 서울·경기지역에 두고 있기 때문에 비록 지방에 공장설립 등을 통한 투자가 이루어지더라도 투자신고는

서울·경기지역에서 이루어지는 경우가 대부분이다. 따라서 외국인
투자신고 실적이 곧 지방자치단체의 유치노력과 일치된다고 보기는
어렵다. 하지만 대략적인 추세를 파악하기 위해 1962년부터 2004년
까지의 우리나라 외국인투자신고 현황을 살펴보면 [표-53]과 같다.

[표-53] 시·도별 외국인투자신고 현황(단위: 백만＄)

구 분	1962~1999		2000		2004(신고기준)	
	건수	금액	건수	금액	건수	금액
서 울	5,804	15,973	2,755	5,252	1,483	5,580
부 산	413	1,363	81	485	82	132
대 구	168	280	47	76	55	61
인 천	599	1,383	141	1,110	102	1,122
광 주	63	909	33	836	20	10
대 전	82	1,482	31	366	29	92
울 산	215	2,158	15	507	11	16
경 기	2,093	6,322	431	4,093	20	327
강 원	91	1,009	14	112	6	183
충 북	383	1,338	34	166	65	753
충 남	482	2,383	50	737	42	1,200
전 북	195	1,794	19	67	6	83
전 남	114	1,365	25	473	23	117
경 북	459	3,776	35	804	25	356
경 남	874	3,382	58	68	52	67
제 주	66	2,344	9	306	3	157

자료원: 산업자원부 내부자료, 2004년 시도별 내부자료

표에서 보는 바와 같이 대부분 서울·인천지역에 집중되어 있고
기타 지역은 저조한 것으로 나타나고 있다. 다만, 충남 12억 달러, 충
북 753백만 달러로 비교적 높게 나타나고 있고, 경기도와 경북이
2000년도에 비해 큰 폭으로 감소한 것으로 나타나고 있다. 다만 2000
년 이후 공식적 통계는 발표되지 않고 있으며, 2004년 통계는 시·도
내부 자료를 참조하여 작성하였음을 밝힌다.

(3) 문제점

위와 같은 노력에도 불구하고 외국인투자나 기업을 유치하는 데는 별로 큰 성과를 내지 못하고 있는 것이 현실이다. 그 이유는 각 시·도가 대부분 유사한 시책을 추진하고 있는데도 그 원인이 있지만 주된 원인은 첫째, 해외투자자에 대한 정보가 부족하다는 것이다. 대부분의 지방자치단체들이 KOTRA나 무역협회 등에서 제공하는 정보에 의존하거나 해외투자박람회, 투자유치 설명회에서 접촉하는 기업들을 중심으로 투자유치 활동을 전개하고 있으나 실제 투자에 성공하기까지는 많은 시간과 노력이 따른다는 것이다. 둘째, 외국 투자자들을 만족시킬 만한 구체적인 프로젝트나 서비스가 준비되지 못하고 있다는 것이다. 외국 투자자들이 투자를 결정하기 위해서는 세부적이고 구체적인 정보를 원하지만 만족할 만한 정보나 구체적인 프로젝트를 제공해 주지 못하기 때문에 노력에 비해 성과는 미미한 수준에 머물러 있다는 것이다. 셋째, 외국 투자자들이 투자를 결정했다 하더라도 관련되는 인허가 등 행정서비스가 국제표준에 미치지 못하여 투자자들의 불만을 사거나 심지어 투자계획 자체가 백지화되는 사례가 발생하고 있다는 것이다. 최근 들어 이와 같은 불만을 해소하기 위해 전담팀을 구성하여 운영하거나 one-stop 서비스를 제공하기 위해 노력하고 있지만 아직도 국제표준에 비추어 서비스 수준은 미흡한 실정이다. 넷째, 외국인투자기업에 대한 사후관리가 미흡하다는 것이다. 일단 외국인투자가 성사되고 입주가 완료된 기업에 대해서는 무관심하거나 사후관리가 되지 않아 추가투자 의욕을 상실하게 되는 경우가 빈발하고 있다는 것이다.

5) 지역의 국제화 지원 실태

앞서서 살펴본 바와 같이 내부의 국제화란 지역 내에 거주하거나 지역에 일시 체재하는 외국인도 아무 불편 없이 생활할 수 있도록 제반 시설이나 제도를 정비 확충하는 것을 말한다. 즉, 외국인과 공생하는 지역을 만들기 위한 지방자치단체의 외국인 전용 창구, 외국인의 교육·복지, 외국인의 취업노동기준, 도서관이나 의료의 이용방법, 도로 안내표지판의 외국인 안내표시, 정보센터 설치, 외국인용 광고, 외국인용 어학연수, 나아가 외국인의 지방행정 참가 제도 만들기 등이 추진되고 있다(宋下圭一, 1988 : 273).

여기에서는 외국인들이 가장 애로를 겪고 있는 자녀교육을 위한 외국인 학교와 지방정부에서 외국인들에게 제공하는 서비스, 지역주민의 국제화 의식제고 및 지역의 산업과 문화예술, 이미지 등을 세계에 홍보하기 위한 국제행사 개최 현황 등을 중심으로 살펴보고자 한다.

(1) 외국인 학교 현황

외국인 학교란 우리나라의 초·중등교육법 제60조의 2(외국인 학교)에 설립근거를 두고 설립된 학교를 말한다. 동조 제1항에서는 "국내에 체류 중인 외국인의 자녀와 외국에서 일정 기간 거주하고 귀국한 내국인 중 대통령령이 정하는 자에 대한 교육을 위하여 설립된 학교로서 제60조 제1항(각종 학교)에 해당하는 학교(이하 외국인 학교라 한다)에 대하여는 제7조(장학지도)·제9조(평가)·제11조(학교시설 등의 이용) 내지 제16조(친권자 등에 대한 보조)·제21조(교

원의 자격)·제23조(교육과정 등) 내지는 제26조(학년제)·제28조
(학습부진아 등에 대한 교육)·제29조(교과용도서의 사용)·제30조
의 2(학교회계의 설치)·제30조의 3(학교회계의 운영)·제31조(학교
운영위원회의 설치) 내지는 제34조(학교운영위원회의 구성운영)의
규정을 적용하지 아니 한다"라고 규정하여 여러 가지 특례를 부여하
고 제2항에서는 "외국인 학교는 유치원·초등학교·중학교·고등학
교의 과정을 통합하여 운영할 수 있도록" 하고 "설립기준·교육과
정·수업연한·학력인정 그 밖에 설립·운영에 관하여 필요한 사항
은 대통령령으로 정한다." 또한 각종 학교에 관한 규칙(교육인적자
원부령 제779호, 2001·1·31) 제12조(외국인 학교)는 "외국인이 자
국민의 교육을 위하여 학교를 설치·경영하고자 할 때에는 이 규칙
의 규정에 불구하고 감독청은 이를 각종 학교로 보아 설립인가 할
수 있다"라고 규정하고 있다. 종전에는 이러한 명확한 법적 근거 없
이 교육부령인 각종 학교에 관한 규칙 제12조에 의한 각종 학교형태
의 외국인 학교가 3개교(서울외국인 학교, 서울일본인학교, 서울국제
학교), 종전의 출입국관리법 제39조 내지 제45조에 의한 외국인단체
형태가 58개 기관이 운영되고 있었다. 또한, 각종 학교에 관한 규칙
제12조에 근거하여 설립된 외국인 학교에 대해서는 학교로서의 법적
지위가 인정되지만, 외국인단체의 형태로 등록된 외국인 학교는 우
리나라 법령상 학교로서의 법적 지위를 갖지 못함에 따라 학력인정
및 조세감면 등 여러 가지 면에서 혜택을 받지 못해 왔다. 그러던
중 규제개혁위원회가 행정규제 개혁 차원에서 출입국관리법에 규정
된 외국단체 등록제도의 폐지를 요구하였고, 1999년 2월 5일 동법이
개정됨으로써 외국단체 등록제도가 폐지되었다. 출입국관리법상 외
국인단체 등록제도가 폐지되자 교육인적자원부는 외국단체(학교)를

국내의 제도권 속으로 편입시키는 조치를 취하였다. 이를 위해 1999
년 3월 8일 '각종 학교에 관한 규칙'(교육부령)을 개정하여 일정 기
준을 충족하는 외국단체(학교)는 각종 학교로 설립인가를 받을 수
있도록 하였다. 종전의 동규칙 제12조는 외국인이 '조약 · 협약 · 협정
이나 외교관례에 의하여 학교를 설치 · 경영하고자' 할 때라는 조건
에 부합하는 경우에만, 동규칙의 다른 규정에도 불구하고 각종 학교
로 보아 설립인가 할 수 있다고 규정하고 있었다. 바로 이 조건을
삭제하고 외국인이 자국민의 교육을 위하여 학교를 설치 경영하고자
할 때에는 모두 각종 학교로 설립인가 할 수 있도록 현행과 같이
개정한 것이다(조석훈 외, 1999:5-7). 이 규칙의 개정에 따라 2005년
4월 현재 총 44개 외국인 학교들이 설립인가를 받아 운영하고 있는
데 이를 표로 정리해 보면 [표-54]와 같다.

　그러나 법령이 개정된 직후인 1999년 9월 현재 외국인 학교 수는
61개교로서 이 중 45개교의 운영실태를 조사한 자료에 따르면, 외국
인 학교의 설립역사는 평균 35년으로서 이 중 4개교는 설립된 지 90
년 이상의 역사를 가지고 있는 것으로 조사되었다. 언어별로는 중국
어를 쓰는 화교학교가 26개교로 가장 많았고, 영어를 사용하는 학교
가 15개교, 일본어를 사용하는 학교가 2개교, 독일어를 사용하는 학
교가 1개교로 조사된 바 있다(조석훈 외, 1999:9).

　이로 미루어 보아 관련법이 개정된 이후 많은 학교들이 미등록
상태로 남아 있는 것을 알 수 있다. 즉 1999년 9월 현재 61개교였던
것이 2002년 4월 현재 37개교로 감소하였으나 최근에 외국인 학교에
대한 중요성이 새롭게 인식되면서 2005년 4월 현재 44개교로 증가되
고 있다. 외국인 학교에 대해서는 입학자격과 설립요건의 완화문제
에 대해 많은 논란(매일경제 2002년 2월 1일자, 중앙일보 2002년 3

[표-54] 외국인 학교 현황(2005년 4월 1일 현재)

시·도	계	미 국	대 만	프랑스	독 일	일 본	이태리	노르웨이	몽 골
계	44	19	17	2	1	2	1	1	1
서 울	17	8	3	2	1	1	1		1
부 산	5	1	2			1		1	
대 구	3	1	2						
인 천	1		1						
광 주	1	1							
대 전	1	1							
경 기	5	4	1						
강 원	2		2						
충 북	3		3						
충 남	2		2						
전 북	2	1	1						
경 남	2	2							

자료: 교육인적자원부, 2005, 내부자료

월 13일자, 중앙일보 2002년 7월 14일자)이 있지만 운영의 활성화를 위한 정책적인 측면에서 많은 보완이 이루어져야 할 것으로 지적되고 있다(문유석, 2005:60-62; 하봉운, 2005:96-105).

외국인 학교와 관련된 문제점을 정리해 보면, 첫째 대부분의 외국인 학교의 재정여건은 어려운 편으로 학생의 등록금으로 운영은 가능한 편이나 우수교원의 확보나 필요한 교육시설의 건립을 위한 재투자 재정확보에는 어려움을 겪고 있다. 특히, 외국인 학교들에 대한 정부지원은 다른 경쟁국가에 비해 미미한 실정이며, 학교부지나 금전적인 지원 등과 같은 직접적인 지원뿐만 아니라 세제혜택도 거의 없어 외국인 학교들은 학교시설 개선 및 운영에 어려움을 겪고 있다. 둘째, 교과과정과 관련하여 교과과정의 다양성과 특히 영미계통의 고등학교에서 AP(Advanced Placement)나 IB(International Baccalaute) 등의 대학 진학 시에 특혜를 받을 수 있는 프로그램을 운영하고 있는지의 여부는 좋은 학교(Quality School) 인가를 평가하는 기준이 된다. 그러나 서울이나 대전 소재 외국인 학교를 제외하고 학생 수의 과소로 인하여 다양한 교과목을 개설하고 있지 못하고 있는 실정이다. 셋째, 주한 외국인들은 우리나라 외국인 학교의 학비가 본국의 교육비수준에 비해 고가임에도 불구하고 학교시설이나 교육의 질을 낮은 것으로 인식하고 있는 것으로 나타나고 있다. 기타 경기도 내 외국인 자녀 교육여건에 대한 조사결과 외국인 교육여건에 대한 불만족요인으로 외국인 학교 수의 부족으로 인한 선택폭의 제한, 외국인 학교 고유의 교육철학 부재, 한국 학생 수 과다로 인한 언어문제, 낮은 교사의 질, 통학의 불편함, 과다한 교육비 등을 지적하고 있다.

(2) 외국인을 위한 행정서비스

지역 내에 거주하거나 일시 체류하는 외국인은 물론, 통과형 외국인이라 할지라도 이들이 생활하는 데 아무 불편이 없도록 관련 시설과 제도를 정비하고, 이들을 위한 각별한 관심과 배려가 요구된다. 왜냐하면, 고도로 개방되고 세계화된 지구촌시대에는 인종과 종교 및 국적과 이념을 초월하여 어느 나라 사람이든 지역공동체의 일원으로서 더불어 살아갈 수 있는 열린 시민의식과 환경이 매우 중요하기 때문이다.

특히, 지방행정은 주민과 가장 가까이에서 주민생활과 직결되는 행정서비스를 공급하고 있기 때문에 지역 내 거주하는 외국인들이 생활하는 데 필요한 각종 행정서비스를 차질 없이 공급해야 하며, 더 나아가 외국인들과 지역주민들이 공동체의식을 갖고 지역발전에 참여할 수 있도록 이들에 대한 특별한 관심과 배려가 요구된다.

[표-55] 시·도별 지역 내 외국인을 위한 주요 행정서비스

서 울	△「지구촌한마당축제」:40개국 1000여 명 참여 　- 외국인 명예시민증 수여, 외국자매도시 공연단 초청공연 　- 세계 음식전·풍물전, 세계전통의상체험 　- 외국어린이 그림전시, 세계 각국의 전통 민속공연 △외국인 생활환경 개선: 공공기관 및 다중이용시설 "영어서포터즈" 배치, 외국인 　진료가능병원 확대 △외국인 종합지원센터 기능강화 　- 비자 및 세무업무, 외국인 지원전문 상담 의료서비스 실시 　- 외국인 커뮤니티 등 서울거주 외국인 네트워크 확대 △서울「타운미팅」개최 　- 서울거주 외국인들의 관심 분야에 대해 토론 후 시정반영 △외국인 커뮤니티 문화행사 지원 　- 주한 외국인 민간단체 또는 문화원의 고유한 문화행사지원 △외국인 서울체험 프로그램 운영　△24시간 의료기관연계서비스 제공
부 산	△부산거주 외국인 대표자대회 　- 문화교류 등을 통한 친목도모, 　- 부산시에 대한 이해증진, 　- 일상생활 전반에 대한 불편사항 청취 및 개선
인 천	△인천 차이나 클럽 활성화지원 　- 중국정보의 상호 교환과 정확한 정보습득, 인적네트워크 구축 　- 인천 중국교역의 장 마련 △지역 내 외국인에 대한 시정 홍보　△외국인 근로자 한마음 잔치 및 한국어 교 육 실시
대 구	△외국인 근로자 편의제공: 쉼터 운영비 및 한국체험 프로그램, 근로자 음악회 지원 △설날 외국인근로자 위안행사　△하오 China 절 행사: 거주 중국인을 위한 행사
광 주	△광주국제교류센터 운영 　- 한국어학당, 외국인 생활상담 코너, 외국인의 밤 행사, 외국인을 위한 소식 　지 발간 △국제교류자료실: 외국인과 시민을 위한 국제교류자료실
대 전	△외국인대상 시정홍보 및 생활편의제공 　- 포린 카운슬러 간담회, 3군 대학 외국군 장교초청 시정설명회, 외국인 생활 　안내책자 발간, 외국인 국제교류사업 적극지원, 국제도시화 종합계획 실천 △외국인에 편리한 정주여건 조성 　- 대전국제교류센터 운영, 외국어전문대학을 활용한 통·번역지원, 국제문화복지센 　터 설치검토
울 산	△외국인근로자 민속 대잔치: 설 추석　△외국인근로자 시티투어　△외국인 시정모니 터 활성화
강 원	△도내거주 외국인 유학생 결연사업(25명 내외)
충 북	△도정 홍보 영문 NEWS지 발간, 외투기업 임직원 문화탐방
전 북	△외국인 전통문화 체험: 해외입양아동 전통문화 체험, 외국인 한마당 행사
전 남	△전남도내 외국인 남도문화 체험행사(80명)
경 남	△외국인근로자 쉼터운영　△외국인 생활적응 지원사업
제 주	△장미혼례이벤트

자료: 시·도별 내부자료 및 조사표에 의한 조사자료

현재 각 지방정부들은 주요 공공시설물 및 도로의 표지판이나 안내판 등을 외국인들이 찾기 쉽도록 정비하는 한편, 외국인들을 모니터 요원으로 위촉하여 생활불편사항이나 잘못된 제도와 관행 등을 고쳐 나가고 있다. 또한 외국인들을 위한 문화행사 등을 실시하여 우리의 전통문화체험과 해당 국가의 문화를 소개할 수 있는 장을 마련하고 있다. [표-55]는 우리나라 지방정부에서 추진하고 있는 외국인을 위한 주요 행정서비스를 요약 정리한 것이다. 표에서 보시는 바와 같이 서울특별시가 국제도시답게 가장 다양하게 외국인을 위한 행정서비스를 실시하고 있다. 외국인들을 위한 "지구촌 한마당축제", 외국인 생활환경 개선, 외국인 종합 지원센터 활성화, 서울 타운미팅 개최, 외국인커뮤니티 문화행사, 24시간 의료기관 연계 서비스 등 다양한 시책을 추진하고 있다. 부산광역시의 경우 부산거주 외국인 대표자 대회를 개최하여 친목도모와 생활불편사항을 점검하고 있다. 인천광역시는 지역 내 거주하는 중국인들을 위한 차이나 클럽 활성화와 외국인 근로자를 위한 위안행사와 한국어 강좌를 개설하여 운영하고 있다. 광주광역시에서는 광주국제교류센터를 개설하여 한국어 학당, 외국인 생활상담 코너, 외국인의 밤 행사, 외국인을 위한 소식지 발간 등을 추진하고 있다. 그 밖에도 많은 자치단체들이 외국인들을 위한 위안행사나 생활불편 해소를 위한 다양한 행정서비스를 지원하고 있다.

(3) 국제행사의 개최

최근 들어 우리나라에서도 많은 지방자치단체들이 국제행사를 개최하고 있다. 광주비엔날레, 고양 국제꽃박람회, 경주 세계문화엑스포, 강원도 국제관광엑스포, 청주국제공예비엔날레, 이천 도자기축제,

춘천 인형극제와 같은 국제행사들이 대거 개최되고 있다.

이러한 국제행사는 첫째, 경제적 효과로서 관광수입의 증대, 관련업계의 일자리 창출, 지방정부의 세수 증대를 기대할 수 있고, 둘째는 독특한 지역문화의 창출에 따라 지역의 이미지를 개선하며, 셋째, 국제도시로의 발전가능성을 높여주며, 넷째, 지역주민의 응집력과 추진력을 강화시켜 자치단체 전체의 역량을 강화시켜 주는 효과 등을 기대할 수 있다. 반면, 사전에 충분한 준비를 하지 않을 경우 부실한 운영으로 세금낭비라는 비판을 받는 경우가 빈발하고 있으며, 민선 단체장의 정치적 야심에 의한 즉흥적 행사로 그칠 가능성이 있다는 지적이 일고 있다. 최근 중앙정부가 일정 규모 이상의 국제행사계획에 대해 엄격한 심사를 거쳐 선별적으로 지원하겠다고 발표한 것도 실속 없는 국제행사로 인한 부작용을 우려하기 때문이다(행정자치부, 2001:160-161).

[표-56] 2005년 주요 국제행사 개최 현황

시·도	주요 국제행사
서 울	△아시아태평양 환경개발 장관회의(05.3) △제6차 정부혁신세계포럼(05.5) △제58차 세계 신문협회총회(05.5) △제6회 세계지식포럼(05.10) △제8차 세계 華商대회(05.10) △청계천 복원기념 「세계도시환경포럼」개최지원
부 산	△2005 APEC 정상회의 등 APEC 관련 10여개 국제행사 △동북아자치단체연합 실무위원회 △부산국제단편영화제 △부산국제연극제 △2005 부산국제기계대전 △2005부산국제해양대전 △2005부산국제관광전 △제10회 부산국제영화제 △제14회 ILO 아태 총회 △2005부산국제신발섬유패션전시회 등
대 구	△APEC 중소기업 장관회의 개최(21개국, 2천명) △UCLG ASPAC(20개국 300명) 개최 △그린에너지엑스포 개최(10개국 80개사 180부스) △중소기업기술혁신대전(20개국 200개사) △대한민국국제모터사이클쇼(5개국 400개사) △세계지방자치단체연합 아·태총회(20개국 300여 명) △대한민국 국제소방안전엑스포(15개국 250개사)
광 주	△국제광산업전시회 △아·태지역국제태양에너지학술대회 △광주디자인비엔날레 △광주 하우징 페어 △광주 국제 식품산업전 △국제상하수도전시회
대 전	△제5회 환황해 경제·기술교류회의(05.11): 한·중·일 3개국 대표, 기업인 등 300여 명 참석
울 산	△제57차 국제포경위원회(IWC) 연례회의(57개국 800여 명)
강 원	△제10회 환동해권 지사·성장회의(5개 지방정부 100명) △제7회 한중일 자치단체교류회의(3개국 50여 개 자치단체)
경 남	△국제기계박람회(KIMEX)
제 주	△07 UCLG 제주총회 준비 △제3회 제주평화포럼 △26개 국제스포츠 대회

자료: 시·도별 내부자료 및 조사표에 의한 조사자료

그럼에도 불구하고 지방자치단체가 주관하는 국제행사가 지속적으로 증가하고 있는 것은 국제행사가 가져다주는 긍정적 기대효과가 더 크다고 판단하기 때문이다. 부산광역시와 제주도의 경우는 컨벤션 산업의 육성을 위해 별도의 부서를 설치하여 체계적이고 조직적으로 국제행사를 유치하기 위해 노력하고 있다. [표-56]은 2005년도에 각 시·도에서 개최되는 주요 국제행사를 표로 요약 정리한 것이다. 서울특별시에서는 제8차 세계화상(華商)대회를 비롯하여 아시아태평양 환경개발 장관회의, 제6차 정부혁신포럼, 제58차 세계 신문협회 총회 등 대규모 국제회의가 개최되고 있으며, 부산광역시에서는 APEC 정상회의 등 APEC 관련 10개 대규모 국제회의와 부산국제영화제, 부산국제관광전 등 많은 국제회의와 국제행사가 개최되고 있다. 대구광역시와, 광주광역시가 강원도, 제주도에서도 많은 행사가 개최되고 있는데 특히 제주도에서는 2005년에 26개 국제스포츠대회를 유치하여 연중 개최하고 있다.

5. 지방외교정책의 외부지원체제와 기반시설

여기서는 지방외교정책을 지원하는 외부지원체제로서 지역 내의 국가단위 지원 기관단체, 지역 내 대학, 해외 지방자치단체, 기관의 한국사무소 등으로 구분하여 살펴보고, 물적 기반시설로서 공항과 항만에 대해 살펴보고자 한다.

1) 지방외교정책의 외부지원체제

(1) 국가단위 지원기관

① 한국지방자치단체국제화재단

한국지방자치단체국제화재단은 21세기 국제화, 지방화시대에 대비하여 각 자치단체의 해외 활동 및 국제교류업무를 효율적으로 지원함으로써 지역의 국제화와 지방자치발전에 기여하기 위하여 1994년 전국의 지방자치단체가 공동으로 출연하여 설립하였다. 주요 기능은 지방의 국제화에 관한 기획·조사·연구, 공무원 연수 및 교육 운영 등 지방의 국제화 인력 양성, 지방자치단체 국제교류협력사업의 지원·알선, 외국의 지방자치제도 등 해외정보의 수집·제공, 지방자치단체의 해외통상 활동 지원 등을 통하여 유일한 국가단위 지방외교정책 지원기관으로서의 기능을 수행하고 있다. 이를 보다 상세하게 살펴보면 다음과 같다.

㉮ 국제화 인력 양성

지방의 국제화를 이끌어 갈 전문인력 양성을 위한 교육 프로그램 운영하여 국제화 전문인력 양성을 추진하고 있다. 이를 위한 사업으로 지방자치단체장과 부단체장 선진행정 연찬, 지방 의회의원 해외연수, 지방자치단체 공무원 관리자 정책 연수, 지방자치단체 공무원 직무연수, 자치단체 해외연수 지원, 직무교육 및 어학훈련 실시 등을 통하여 지방공무원들의 국제적 안목과 정책개발 능력을 높여 나가고 있다.

⑭ 국제교류 협력증진

지방자치단체의 국제교류 협력사업의 내실화 및 해외통상을 활성화시키기 위해 첫째, 외국 지방공무원 초청연수(K2H 프로그램)사업으로서 해외자치단체 공무원을 초청하여 우리나라 자치단체에 연수를 실시함으로써 양 자치단체 간 교류협력 관계를 돈독히 하여 친한 인사를 양성, 해외 협력 요원으로 활용하기 위한 사업을 추진하고 있다. 둘째, 한·중·일 3개국 자치단체 간 교류 활성화를 통해 재단과 지방 자치단체와의 협력사업을 추진하고 있다. 셋째, 자치단체 국제교류 세미나 참가를 계기로 각국의 국제교류관련 유관 기관 간의 네트워크를 강화시켜 나가고 있다. 넷째, 지방자치단체 자매결연사업 지원을 통해 외국 지방자치단체와의 국제교류 협력체제 강화 및 해외네트워크 구축을 추진하고 있다. 다섯째, 기타 일본 협력교류 연수사업 지원, 지역경제활성화를 위한 시장개척단 파견지원, 한·중 지방정부 세미나 개최 등을 추진하고 있다.

⑮ 국제교류 협력업무 지도 지원

지방공무원의 국제화 의식을 제고하고 국제화사업과 관련한 애로사항을 컨설팅하기 위하여 국제화 순회강연회 개최, 국제화 심포지엄(세미나) 개최, 국내·외 정보교류 협력 네트워크 구축 및 운영, 지방의 국제화 컨설턴트 위촉운영, 자치단체 국제화사업 컨설팅 등을 추진하고 있으며, 자치단체 국제화를 위한 One-Stop 서비스를 제공하기 위해 해외 정보자료의 수집 제공, 자치단체 통역 및 번역 지원, "지방의 국제화 FAQ" 등을 운영하고 있다.

㉣ 국제화 정보 종합관리

자치단체의 국제교류사업의 효율적인 지원을 위해 해외정보 종합센터를 운영하고 있다. 이를 위해 지방의 국제화 커뮤니티 활성화, 지역의 국제화 리포터 운영, '지방의 국제화' 지식정보 평가제 시행, 지식정보 관리 시스템(KMS) 운영, '월간, 지방의 국제화' 발간, 『해외 우수행정사례』 지원 D/B구축, 컨벤션(Convention) 편람 발간, 한국의 지방자치제도 소개 영문판 발간, 해외사무소 연구 활성화, 해외 도시정보 구축, 해외시책 및 동향 지원 등을 추진하고 있다.

㉤ 국제화 기반 조성

재단의 기능을 활성화하기 위해 직원교육, 국제교류 담당공무원 연찬회, 재단발전을 위한 워크숍 등을 개최하고 재단의 역할 및 기능 등 홍보를 강화하여 지방자치단체 국제교류 협력사업 추진을 내실화해 나가고 있다.

㉥ 환경문제 국제협력지원

지방자치단체의 환경 정책 역량강화를 위해 해외 선진 환경제도를 수집하여 제공하고 있다. 이를 위해 ICLEI 회원단체 관리 및 총회 개최, 환경워크숍 개최, ICLEI 국제연수센터 교육 및 선진 환경행정 견학, 온실가스배출 감소를 위한 ICLEI 세계 캠페인 실시 등을 추진하고 있다.

② 지방자치단체 국제통상관련 지원기관

국제통상업무와 관련해서는 중앙부처인 산업자원부와 중소기업청 및 국가단위 기관단체와는 매우 유기적이고 효율적인 연계체계를 확립하고 있다. 즉, 산업자원부에서는 수출 증대 및 외자유치에 관한 정책과 제도를 마련하고 중소기업청과 대한무역진흥공사(KOTRA), 한국무역협회 등이 지방자치단체를 적극 지원하는 체제를 갖추고 있다. 그 결과 지방자치단체 내에서는 국제통상 분야를 중심으로 지방외교 전담조직이 짜여지고, 많은 예산이 투자되고 있다.

이번 연구과정에서 주로 도움을 받는 외부기관은 어디인가라는 질문에 대부분의 시·도가 대한무역진흥공사 시·도 무역관과 한국무역협회 시·도 지부라고 응답하고 있는 것도 이런 이유 때문인 것으로 풀이된다. 지방단위에서 국제통상관련 업무는 거의 이 두 기관에 의존하고 있다고 해도 과언이 아닐 것이다. [표-57]은 지방자치단체를 지원하는 통상관련 지원기관을 표로 정리한 것이다. 국가단위기관과 보험·금융기관, 통상지원기관, 유관단체 조합이 기능을 분담하여 수행하고 있다.

그러나 몇 가지 문제점도 지적되고 있다. 첫째, 유사한 기능을 여러 기관에서 맡고 있다 보니 기능상의 중복이 심하고 혼선을 빚는 경우가 빈발하고 있다. 특히, 지방중소기업청과 지방자치단체의 경제통상부서의 기능중복이 심해 갈등을 빚고 있다. 경우에 따라서는 해외시장개척단 파견사업을 지방중소기업청과 시·도, 시·군이 각각 별도로 추진함으로써 참여 기업들이 어느 곳으로 참가해야 할지 고민하는 사례도 빈발하고 있다.

[표-57] 지방자치단체 국제통상관련 지원기관

구 분	기관명	주요 기능
국가 기관	산업자원부	해외전시회 개인·단체참가 지원, 해외주최 전시회 지원사업, 전략적 시장 개척사업, 정책 마케팅사업(정부조달시장·BRICs 시장 진출 등)
	지방중소기업청	중소기업 수출기업화사업 지원, 수출유망 중소기업 지정·운영, 중소기업 해외시장개척단 파견, 해외시장 개척요원 파견·양성사업, 중소기업 수출상담회 개최, 중소기업 해외규격 인증 획득 지원
	중소기업진 흥공단 시·도 지부	중소기업수출금융지원자금, 수출컨설팅지원, 수출인큐베이터운영, Korea Buyers Guide, 중소기업정보은행, 중소기업 다국어 홈페이지 제작지원(인터넷중소기업관), 벤처기업 해외진출 지원사업, 연계생산지원사업 (수·발주 거래알선), 국제협력지원, 한·일산업기술협력재단사업, 벤처기업 SBIR진출 지원사업
	세관	수출입 화물 24시간 특별통관 지원, 월별납부제도 도입 운영, 자동간이 환급제도 운영, 관세종합상담센터 운영
	KOTRA 시·도무역관	해외시장개척단 및 박람회 참가, 수출구매상담회 개최, 지사화 사업 지원, 해외시장 조사대행 서비스 지원, 수출상품 카탈로그 (Korea Trade지) 제작 및 배포 지원, 해외 세일즈 출장지원
	한국무역협회 시·도 지부	무역기금융자, 수출입운임할인센터, 무역구제자금 지원, 무역관련 애로 및 실무상담/전문가 분야별 상담, 종합무역정보 서비스 제공, 영세업체 수출신고 지원, APEC 기업인 여행카드, 해외지사설치 인증추천
보험, 금융 기관	한국수출보험공사 지사	수출보험사업 총괄, 단기수출보험, 환변동보험(선물환방식)사업
	한국수출입은행 지점	포괄 수출금융, 중소기업 수출 특례 신용대출, 중소규모 자본재 수출자금 대출, 단기 수출자금 대출, 중장기 수출거래 지원, 직접 대출, 외국환거래 지원, 포페이팅(Forfaiting), 수출거래관련 이행성 보증, 수입자금 대출, 해외투자(사업)자금대출, 대외거래관련 대고객 서비스 지원
	한국산업은행 지점	외화보증(차관지급보증, 기타외화지급보증), 해외건설보증(이행성보증), 수출입 금융상품(수출환어음매입, 수입신용장 개설, 무역어음 대출, 무역어음 할인)
	기업은행지역본부	국제 팩토링, 무역 금융, 수탁 보증
	신용보증기금 지역본부	수출기업에 대한 보증지원제도, 수출인큐베이팅(Incubating)제도, 수출중소기업에 대한 특례보증
	기술신용보증기금 지점	수출입관련 지원사업, 중소, 벤처기업 지원사업
	신용보증재단	수출기업 보증지원
통상 지원 기관	한국표준협회지부	국제규격 인증, 해외진흥
	한국과학기술정보 연구원지원	국내외 과학기술정보 지원사업
유관 단체 조합	상공회의소	무역EDI지원센터 운영, 무역증명발급 서비스, 통·번역업무지원, 글로벌 비즈니스업무 지원, 해외경제사절단 파견
	중소기업협동조합 중앙회지회	무역구제 지원자금 운영, 외환리스크관리 지원, 중소기업 해외마케팅 지원

둘째, 국제통상관련 기능들을 여러 기관에서 분담하여 추진하다보니 관련 기관 간 협력체계가 미흡하다는 것이다. 이에 따라 기능중복이나 중복투자 등 부작용이 발생하고 있다. 셋째, 기관별로 이루어지는 각종 사업들에 대한 홍보가 미흡하여 각 기관들의 노력에 비해 기업의 활용도나 만족도가 매우 낮다는 것이다. 일부 시·도에서는 이를 해소하기 위하여 합동 설명회나 연찬회를 개최하거나 공동으로 업무편람이나 홍보자료를 작성하여 활용하고 있으나 아직 미흡한 수준에 머물러 있다.

(2) 지역 내 소재하는 대학

① 지방외교정책의 외부지원기관으로서 대학의 역할

지역 내에 소재하는 대학 및 연구소로서 특히 대학은 우수한 인재들의 집합체인 동시에 지역인재 양성기관이기 때문에 매우 중요한 역할을 수행하고 있다. 첫째, 대학은 지방정부의 국제교류프로그램에 직접 참여하거나 국제통상 분야 전문인력 양성프로그램 운영, 외교문서 통·번역센터의 운영 등을 통해 지방외교정책을 지원하고 있으며, 지역 내의 연구소 역시 외국과의 기술협력 및 인재양성 프로그램 운영, 국·내외 정보의 수집 및 분석, 지방 차원의 외교정책 개발 등을 통해 지방정부를 지원하고 있다.

둘째, 지역 내에 위치한 대학은 지방정부가 외국의 지방자치단체나 기업 및 국제기구와 교류하는 데 있어서 중요한 「지적(知的)인프라」로서의 역할을 수행한다. 대학은 그 지역사회에서 최고의 과학과 기술을 가진 두뇌집단이다. 대학은 구성원들의 다양한 전공지식을 통해서 지역에서 발생하는 갖가지 문제들을 다양한 시각과 관점에서 진단하고 처방한다. 특히, 중소도시에 소재하고 있는 대학은 지역사회에 미치는 영향이 거의 절대적이다. 지역사회는 대학의 도움 없이 발전하기 어렵고, 대학도 지역사회의 도움 없이는 발전하기 어렵게 되었다(문태현, 2000:378). 더구나 지방외교정책은 외국과의 관계 속에서 이루어지는 정책이므로 대학과 같은 지역 내 두뇌집단의 존재 여부는 지역의 경쟁력을 좌우하는 매우 중요한 요소가 되고 있다.

셋째, 대학 자체가 외국의 대학과 자매결연을 통하여 학술교류, 교수 및 학생 상호 교류, 주요 연구과제에 대한 공동조사연구, 국제학술회의 등을 추진함으로써 지역의 국제화와 외교역량을 확충에 기여한다.

② 시·도별 대학분포 현황

우리나라에는 2004년 12월 31일 현재 1,398개의 대학이 있는데, 전문대학이 158개교, 교육대학 11개교, 대학교가 173개교, 대학원이 전국 각 대학에 1,051개가 설치되어 있는 것으로 조사되었다. 시도별 대학분포 현황을 살펴보면 [표-58]과 같다. 대학의 분포 현황 역시 서울, 경기 지역에 편중되어 있으며, 대전·충남지역과 대구·경북지역에 상대적으로 밀집되어 있어 대학을 활용한 지방외교 프로그램을 시행하는 데 유리한 여건을 구비하고 있는 것으로 볼 수 있다.

[표-58] 시·도별 대학분포 현황

시·도	계	전문대학	교육대학	대학교	대학원	비 고
계	1,393	158	11	173	1,051	
서 울	418	12	1	38	367	
부 산	86	10	1	11	64	
대 구	43	7	1	3	32	
인 천	33	5	1	4	23	
광 주	58	7	1	8	42	
대 전	65	5		8	52	
울 산	10	2		1	7	
경 기	214	36		26	152	
강 원	54	10	1	8	35	
충 북	46	6	1	8	31	
충 남	84	7	1	13	63	
전 북	67	10	1	9	47	
전 남	48	10		10	28	
경 북	103	18		18	67	
경 남	49	10	1	6	32	
제 주	15	3	1	2	9	

자료: 한국교육개발원, 2005

③ 대학별 자매결연 현황

대학 간 자매결연 현황을 살펴보면 [표-59]와 같다. 대학은 자매결연을 통하여 교수 학생교류, 공동연구, 학술자료, 정보교환, 상호 학점인정 출판물 교환, 행정 정보교류, 교육 교재, 학회지, 강의보고서, 교육정보에 관한 필름 및 비디오기증, 문화행사교류 학술세미나, 워크샵 개최, 공동학위수여, 어학연수프로그램 지원 등 다양한 교류를 하고 있다. 대학 간 자매결연 현황을 살펴보면, 국공립 대학은 2개 대학을 제외한 44개 대학이 45개국 746개 대학과 교류를 하고 있는 것으로 조사되었다. 반면, 사립대학은 122개 대학이 90개국 2,738개 대학과 자매

결연하고 있는 것으로 조사되었다. 이를 연도별로 나타낸 것이 [그림
-7]이다. 그림에서 보듯이 매년 급격한 증가를 보이고 있다.

[표-59] 대학 간 자매결연 현황 (2000. 12. 31 현재)

구 분	국내 대학 수	상대 국가 수	상대 대학 수	비고(미체결 대학)
국공립	44	45	746	2
사 립	122	90	2,738	21
합 계	166	135	3,484	23

자료: 교육인적자원부 홈페이지 게재자료

[그림-7] 연도별 자매결연 현황

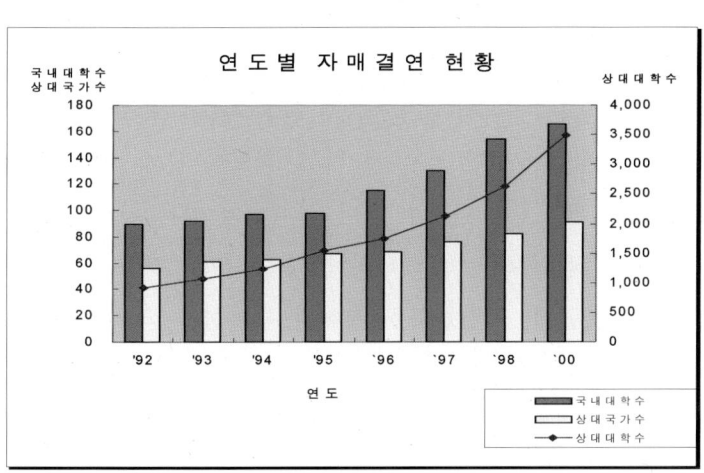

자료: 교육인적자원부 홈페이지 게재자료

이를 자매결연국가별로 정리한 것이 [표-60]이다. 표에서 보는 바
와 같이 미국, 중국, 일본, 러시아 등 4개국에 집중되어 있는 것으로
나타나고 있다.

[표-60] 주요 국가별 자매결연 대학 현황 (2000. 12. 31 현재)

구 분	미 국	중 국	일 본	러시아	호 주	영 국	대 만	기 타
상대 대학 수	973	611	523	195	132	100	91	859
국내 대학 수	147	135	122	80	67	51	52	

자료: 교육인적자원부 홈페이지 게재자료

(3) 외국 기관·단체의 한국사무소

지역 내에 소재하는 외국공관, 외국문화원, 외국의 상공회의소, 외국 지방자치단체의 사무소 등도 지방외교정책에서 중요한 역할을 담당하고 있다(신기현, 1996:178). 현재 각국의 많은 지방자치단체에서 우리나라에 사무소를 내고 활동하고 있다. [표-61]은 우리나라에 사무소를 내고 있는 외국의 지방자치단체와 기관들을 표로 정리한 것이다. 중국이 18개 사무소로 가장 많고, 미국이 13개 사무소, 일본이 12개 사무소, 기타 6개 사무소 등이 설치되어 있는 것으로 파악되고 있다. 이들 한국사무소는 우리나라에 상주하면서 지방자치단체를 비롯해 국가기관단체, 기업들과 접촉하며 활발한 대외 활동을 수행하고 있다. 그러나 우리나라 지방자치단체의 이들에 대한 활용도는 매우 낮은 것으로 파악되고 있다.

[표-61] 한국사무소를 설치하고 있는 외국 지방자치단체 및 기관

국 가	계	한국사무소를 설치한 지방자치단체 및 기관
미 국	13	주한미국주정부대표부협회, 아이다호주, 오리건주, 워싱턴주, 미주리주, 버지니아주, 펜실베니아주, 인디에너주, 유타주, 알래스카주, 조지아주, 플로리다주, 미국상공회의소
중 국	18	중국무역대표부(CCPIT), 연변조선족자치주정부, 平度市 인민정부, 하북성 진출구 무역공사, 길림성국제경제기술 합작공사, 大連국제경제기술 합작공사, 長春국제경제기술 합작공사, 山東국제경제기술 합작공사, 산동성 대외무역공사, 연변대외경제기술 합작공사, 흑룡강성 국제공정기술합작공사, 흑룡강성 진출구, 심양 경제기술개발구, 煙台市 대외경제기술무역공사, 威海국제공사, 중국요녕성대외무역(集團)공사, 天津市대외경제무역총공사, 중국대외무역운수총공사
일 본	12	미야기현, 니가타현, 오키나와현, 후쿠오카현, 북동북3현 · 홋가이도, 야마가타현, 재)일본국제화협회, 일본국제교류기금, 일본무역진흥기구(JETRO), SJC(seoul japan club), PJC(Pusan japan club), 일본국제관광진흥기구(JNTO)
기 타	6	이탈리아해외무역공사(ICE), 러시아 무역대표부, 필리핀 관광청, 주한 네덜란드 투자진흥청(NFIA), 주한 뉴질랜드관광청, 스위스관광청 주한대표부

2) 물적 기반시설

  국제교류를 위한 물적 기반시설로서 이는 지역의 기반시설이나 편의시설 및 각종 환경요소들이 국제적인 보편성을 갖게 하고 이를 통해서 세계화의 기능을 수행토록 하는 것으로써 「이미지의 국제화」를 강화시킨다는 의미에서 중요하며, 지방자치와 관련해서는 외형적 환경을 개선시키는 요인이 된다고 할 수 있다. 즉 이동성(mobility) 혹은 접근성(accessability)과 관련되는 물리적 시설과 지식, 정보, 인력의 국제교류 거점지로서 거점성을 만족시키는 기반시설 등 국제교류를 위한 하부구

조를 보다 현대화시켜야 한다는 것이다. 이런 시설들은 크게 국제공
항·국제항만·도로 및 철도와 같은 국제교류매개시설과 국제무역시
설·정보교류시설·국제기술연수시설·국제컨벤션센터·코스모폴리
탄 컬리지·정보고속도로와 같은 국제교류거점시설로 분류할 수 있다
(이형민, 1999:156).

　특히, 국제공항(airport)과 항만(seaport) 및 정보 통신시설(teleport)
은 지역국제화의 필수시설로써 지역이 외국과 연결되는 통로로서의 역
할을 한다. 이 세 가지 시설은 지역의 산업과 금융은 물론, 지역문화와
예술·지역주민의 생활 등 전반적인 국제화에 기여한다. 따라서 지방
정부들은 타국과의 경제·무역관계의 촉진은 물론, 지역의 국제경쟁력
을 향상시키기 위해 공항이나 항만시설의 확충에 주력하고 있다. 여기
서는 국제공항과 항만시설에 대해서만 살펴보았다.

(1) 국제공항

　우리나라에 위치한 공항은 총 16개로서 그중 인천국제공항을 비롯
한 8개 공항이 국제공항으로서의 역할을 하고 있다.

　우리나라 항공정책은 2001년 3월 29일 인천국제공항이 개항되면서
많은 변화를 겪고 있다. 인천 신국제공항의 기능 활성화에 초점이 모
아져 지방의 국제공항 활성화에는 다소 관심이 부족했던 것이 사실이
다. 2002년 11월 30일 강릉과 속초공항이 폐지되고 양양국제공항이 신
설되어 2005년 현재 우리나라 공항시설은 8개의 국제공항과 8개의 국
내공항 등 총 16개의 공항을 운영하고 있다.

① 공항시설 현황

우리나라 16개 공항의 연간운항가능횟수와 동시계류시설, 연간 여객 및 화물처리 능력을 살펴보면 [표-62]와 같다. [표-62]에서 보는 바와 같이 우리나라 공항시설은 인천 신공항과 김포공항이 가장 큰 규모이며 김해, 제주, 대구, 광주, 청주공항 등은 소규모 국제공항형태를 갖추고 있다. 그 밖에 8개 국내공항이 지역별로 분포되어 있다.

[표-62] 우리나라 공항의 시설 현황

공항명	연간운항 가능횟수	동시계류	연간 여객 처리능력(만 명)	연간 화물 처리능력(만 톤)
인천국제공항	240천회	84대	3,000	270
김포국제공항	226	88대	2,736	87
김해국제공항	200	22대	1,632	46
제주국제공항	143	17대	908	35
대구국제공항	140	5대	340	3
광주국제공항	140	7대	400	5.75
청주국제공항	140	5대	299	38
양양국제공항	43	4대	176	
울산공항	60	4대	202	
포항공항	100	5대	187	
사천공항	165	2대	95	
여수공항	60	3대	24	
예천공항	140	2대	100	
목포공항	60	2대	26	
군산공항	140	2대	38	
원주공항	115	1대	24	

자료: 건설교통부, 통계연보, 2004

② 지방자치단체의 공항 활성화를 위한 노력: 청주국제공항 활성화 사례

청주국제공항은 1997년 4월 28일 개항된 국제공항으로서 부지 138만 평방미터에 활주로 2본(2740m×45m, 2740m×60m)과 여객청사, 계류장(A300급 5대) 및 화물터미널(23천 평방미터)을 갖춘 중부권 지역거점 공항이다. 연간 운항가능횟수는 196천회, 여객 299만 명(국내 180, 국제 119)과 화물 38만 톤(국내 32, 국제 6)을 처리할 수 있는 능력을 가지고 있으나 최근 이용실적은 매우 저조한 편이다. 현 운항노선은 국내선이 청주-제주 간 1일 8회, 국제선이 상해 주 6회, 심양이 주 1회 운항하여 2003년도에 761천 명, 2004년도엔 821천 명의 이용실적을 보이고 있다. 화물은 2003년도에 23천 톤, 2004년도에 21천 톤의 처리실적을 보이고 있다. 이는 공항의 처리능력에 비추어 볼 때 매우 저조한 실정으로 지역사회에 커다란 부담으로 작용하고 있는 실정이었다.

이렇게 저조하게 된 원인은 여러 가지가 있겠으나 몇 가지로 요약 정리해 보면, 첫째, 중앙정부의 항공정책의 혼선을 들 수 있다. 당초 의도했던 수도권 대체공항으로서의 기능이 상실되면서 지방공항으로 전락한 후 뚜렷한 공항목표를 설정하지 못하였고, 국가 차원에서 주변 지역 전체의 발전계획과 연계하여 계획적인 청주국제공항 활성화를 추진하여야 하나 국가 차원의 종합적인 계획이 미흡하였다. 게다가 인천 신공항이 개항되면서 국가의 모든 역량을 이곳에 집중하다 보니 지방공항은 뒷전으로 밀려날 수밖에 없었다. 둘째, 관할 지방자치단체인 충북도의 대처도 미흡했다. 공항문제는 기본적으로 정부가 해결해야 한다는 인식과, 지방정부의 권한(능력)의 한계로 적극적 활성화 대책을 수립, 시행하지 못했으며, 청주국제공항의 관리 주체인 한국공항공사 청주지사를 포함한 관련기관, 지역과 연

계된 종합적 활성화 대책도 마련하지 못한 데 기인된 것으로 볼 수 있다. 셋째, 공항관련 시설과 주변 접근로가 미흡한 상태에서 조기에 개항한 것도 그 원인 중의 하나로 꼽을 수 있다. 넷째, 일본, 중국, 대만, 동남아 등 근거리 국제노선 신설에 힘을 기울여 일부 구간에 정기노선을 개설하였으나 지역 관광 인프라 미흡과, 조류독감확산 등으로 운행이 취소되는 등 어려움을 겪어 왔다. 이에 따라 충북도에서는 청주국제공항 활성화 전담팀을 만들고 각종 시책을 추진해 오고 있다. 이를 요약 정리해 보면 다음과 같다.

㉮ 청주국제공항 활성화 전담팀 설치

2005년 2월 청주국제공항 활성화를 전담할 팀을 문화관광국 관광과에 설치하여 사무관급 1명과 6급 이하 3명을 배치하여 공항 활성화업무를 전담토록 하였다.

㉯ 청주공항 활성화 추진체계의 정비

청주공항 활성화를 위한 각계의 지원을 이끌어 내기 위해 국회의원, 대전·충북·충남도지사, 도의회의장, 건설교통부 항공정책심의관, 연구원 등 각계 인사들로 청주공항활성화추진협의회를 만들고, 이를 실무적으로 뒷받침하기 위한 실무협도 설치하여 청주공항 활성화와 관련된 기관단체들의 지원과 노력을 이끌어 내고 있다.

㉰ 물적 기반시설의 확충

청주국제공항과 주변 지역의 물적 기반시설을 정비하기 위해 계류장 확장 11기(5기→16기), 화물주차장 신설 150대분(6,000평방미터), 로딩브리지 확장 7기(2기→9기), 유도로 설치 2개소(250m×30m), 활주로 확장(2,740m→3,600m) 등을 추진하며, 경제자유구역과, 관세자유지역, 공항도시(Aeropolis) 건설을 통한 국제교류 거점지대 개발로 개발해 나가고자 노력하고 있다. 둘째, 공항인근에 항공 산업단지를 조성하고 관련 산업을 유치하며, 천안-청주 간 전철연장운행, 서울 강남과 경기 남부권, 대전 충청권의 공항 접근로 확충 등을 추진하고 있다.

㉨ 공항 활성화를 위한 운영체계의 개선과 노선확충 및 여객 유치

청주국제공항에 대한 화물운송 지원책 강화와 민간항공전용공항으로 육성, 공항시설을 이용한 다양한 국제이벤트 개최, 홍보 및 마케팅 강화와 부정기노선 유치, 인천국제공항 대체 및 보조공항 역할 부여, 경비행기 운항등록을 통한 중소도시 거점공항 육성, 공항 활성화 추진을 위한 지방정부의 권한과 역할 제고, 충청권 공조협력 강화 등을 중점 추진해 나가고 있다.

㉩ 주요 성과

그간 노력한 결과 국제선은 주 7편에서 주 14편으로 배가 늘었고, 이용객도 공항개항 이후 최초로 100만 명이 넘을 것으로 예측되고 있다.

(2) 항만 현황

① 항만지정 현황

항만시설은 항만법상의 지정항만으로 크게 무역항과 연안항으로 나누고 있다. 무역항은 항만법 제2조 및 동법 시행령 제3조에 의거 지정된 항으로서 주로 외국수출입물품을 실은 선박이 입·출항하는 항만을 말한다.

[표-63] 우리나라 지정항만 현황

구 분	계	해안별	항 만	관리권자
계	51			
무역항	28	서해안(8)	인천, 평택, 대산, 태안, 보령, 장항, 군산, 목포	건설 및 운영: 해양수산부장관
		남해안(13)	완도, 여수, 광양, 제주, 서귀포, 삼천포, 통영, 고현, 옥포, 장승포, 마산, 진해, 부산	
		동해안(7)	울산, 포항, 삼척, 동해, 묵호, 옥계, 속초	
연안항	23	서해안(7)	용기포, 연평도, 대천, 비인, 대흑산도, 홍도, 팽목	건설: 해양수산부장관 운영: 시·도지
		남해안(10)	신마, 녹동신, 나로도, 거문도, 한림, 화순, 성산포, 애월, 추자, 부산남	
		동해안(6)	구룡포, 월포, 후포, 울릉, 주문진, 화흥포	

자료: 해양수산부, 2005, 홈페이지 게재자료

연안항 역시 항만법 제2조 및 동법 시행령 제3조에 의해 지정된 항으로서 해안에 있는 항구, 하구에 있는 하구항, 운하에 연하는 운하항, 혹은 하천 내륙부에 있는 하항 등으로 주로 연안구역을 항해하는 선박이 입·출항하는 항만을 말한다.

우리나라에는 무역항 28개항, 연안항 23개항 등 총 51개의 지정항이 있다. 이를 해안별, 항만별 현황을 정리해 보면 [표-63]과 같다.

② 항만 확충 및 주변 지역 개발을 위한 지방정부의 노력: 울산광
  역시 사례

울산광역시는 항만경제권 활성화 기반조성을 위한 중장기 계획을
수립(2005~2011)하여 항만 배후부지 개발, 항만물동량 수송시설 확
충, 신항만개발 지원 및 부두기능조정, 2009년을 목표로 한 항만 공
사제 도입 등을 추진하고 있다.(울산광역시 경제통상국, 2005:59-61)

㉮ 항만 배후부지 개발(2005~2011)

항만 배후부지 개발을 위해 온산읍 이진리 근린공원 78천 평을 액
체화물처리시설 위주로 개발하고, 신항만 북항매립지 195천 평은 해
양수산부 주체로 항만배후단지로 개발하기 위해 2005년에 타당성 검
토 및 항만배후단지 지정을 해양수산부에 건의할 예정이다.

㉯ 항만물동량 수송시설 확충

울산항에서 처리되는 화물 중 1.7%만 철도로 수송되고 대부분 도
로를 이용하여 수송됨으로써 도로교통의 체증이 유발되고 있으며,
화물연대 파업 등을 대비한 대체수단이 미비하고 신항만 완공 시 3
배 이상 증가되는 항만물동량 증가에 대비하여 2005년에 지선철도
활성화 방안을 강구하고 신항만 인입철도의 타당성을 검토하는 한
편, 개설 내지 확장이 필요한 13개 로선 86km(총사업비 1조 1,345억

원) 중 현재 5개 노선 9km가 추진 중이며 향후 신항만(민자 1-1단
계 사업) 진입도로 1.3km를 40억 원을 투자하여 2008년 완공을 목
표로 추진하고 있으며 나머지 7개 노선 59.2km는 관련기관 및 부처
와 협의하여 2011년까지 개설을 완료할 계획이다.

㉰ 항만시설 확충

해양수산부와 협의하여 신항만 적기개발로 2011년까지 29선석을
확보하고 부두기능 조정으로 상업항 기능을 강화하기 위하여 2005년
에 신항만에 대한 정부투자의 확대를 촉구하고 부두기능에 대한 전
수조사를 추진하고 있다.

㉱ 항만 공사제 시행 준비

신항만은 정부에서 개발하되 항만의 개발·관리·운영의 지방화 추
세에 따라 항만을 공사화하기 위해 2005년에 타당성 검토와 부산시
와 인천시 등 타 시도에 대한 벤치마킹을 추진하고 있다.

㉲ 울산항 경쟁력 강화

울산항의 경쟁력을 강화하기 위하여 선사를 유치하고, 현재 동남
아항로에 편중되어 있는 항로를 미주, 유럽 등 신규 항로의 개설을
촉진하는 한편, 항만인지도를 높이려는 노력을 하고 있다. 또한 울산
항 이용 시 인센티브를 부여하는 방안을 강구하고, 울산항 발전위원
회에 대한 지원도 강화해 나가고 있다.

ⓑ 항만관련 조직 확대

위와 같은 기능을 수행하기 위해서 현재 1담당 2명인 항만 업무 담당자를 2담당 8명 이상으로 확대하는 방안을 건의해 놓고 있다.

제6장

한국 지방외교정책의 발전방안

앞서 살펴본 바와 같이 지방외교정책은 대외적으로는 외교 주체와 영역의 다원화로 인한 국제정치체제의 변화와 WTO 체제로 대표되는 새로운 경제 질서의 출범, 대내적으로는 지방의 창의와 자율성이 존중되는 지방화의 흐름에 효율적으로 대응하기 위한 실천적 대안으로서 유용한 수단이 되고 있음에도 불구하고 그동안 구조·기능·환경 면에서 많은 미비점을 보여 왔으며 그 결과 정책효과도 미미한 수준에 머물러 있다. 그러나 우리나라가 새로운 국제질서와 환경의 변화 속에서 세계 일류국가로 발전하기 위해서는 외교정책의 지방화 내지 지방외교정책의 독자적 영역과 수단에 대한 연구가 보다 활발히 전개되어 제도화되어야 하고, 실질적인 방안들이 보완 발전되어야 한다.

본 연구는 이러한 시각에서 앞서 분석한 실태조사결과를 토대로 현재 우리나라 지방외교정책의 분야별 보완 발전방안을 제시하고자 한자.

1. 중앙과 지방 간 합리적인 역할분담 및 관련 법률의 제정

외교정책에 관한 중앙정부와 지방정부 간 합리적인 역할분담 방안이 모색되어야 한다. 지금까지 지방외교정책에 대한 중앙정부의 반응은 대체로 무관심·조정·반대·협조 등 네 가지 서로 다른 반응을 보여 왔다. 이들 중 가장 일반적인 반응은 무관심이었다(Shuman, 1994:650). 그러나 1950년대부터 일부 선진 국가들의 중앙정부들은 지방정부들의 국제적 활동이 국익에 도움을 줄 수 있다는 점을 인정하기 시작했고 캐나다, 핀란드, 프랑스, 독일, 네덜란드, 노르웨이 등에서는 대체로 중앙정부들과의 긴밀한 협력 속에서 지방외교가 추진되었다. 특히, 캐나다, 독일, 네덜란드에서는 중앙정부들이 지방정부를 비롯한 NGO들과 지역사회조직들이 참여하는 국제협력프로그램들에 대규모 보조금을 지원해 왔다. 일반적으로 비교적 부유하고 민주적이며 지방분권적인 나라들의 지방정부들이 지방외교를 활발히 전개해 왔다(안성호, 1998:230-231).

우리나라의 경우 중앙정부의 지방외교정책에 대한 반응은 무관심에 가깝거나 소극적 관여로 일관하고 있다. 앞서 살펴본 바와 같이 지방정부에서 주요 외빈을 초청할 때 사전 협의를 하도록 하거나 외국방문 시 현지 활동을 일부 지원하는 선에 그치고 있으며, 일본의 경우처럼 지방의 국제화 비전을 제시하거나 국제협력 프로그램에 지방정부도 참여하게 하는 등의 적극적 지원이나 관여는 하지 않고 있다. 그러나 급변하는 국제정치·경제체제에서 다양한 국가의 이익을 실현하기 위해서는 중앙정부와 지방정부 간에 합리적인 역할분담 방안이 강구되어야 한다.

1) 중앙과 지방의 합리적 역할분담과 관련 법률의 제정

이를 위해, 중앙과 지방정부 간 합리적 역할분담 방안이 모색되어 법제화되어야 한다. 가칭 「지방자치단체의 국제교류협력 지원에 관한 법률」을 제정하여 중앙정부와 지방정부의 역할분담 및 책임과 의무를 명확히 하여야 한다. 예를 들면, 중앙정부가 국가적 차원에서 외교정책의 큰 틀을 정하고, 이의 구체적 추진은 지방정부가 담당하도록 한다든지, 지방정부의 독자적 외교정책 수립을 촉진하고 중앙정부가 이를 지원·협력하는 방안을 생각해 볼 수 있다.

2) 중앙정부의 적극적인 관심과 지원

지방외교정책에 중앙정부의 적극적인 관심과 지원이 필요한 이유는 첫째, 국가의 외교정책과 지방외교정책의 적절한 조화를 통해 총체적으로는 외교정책의 통일성과 일관성이 유지되는 가운데 지역 특성과 이익이 반영된 외교정책의 추진이 가능해짐으로써 국익을 극대화할 수 있다. 둘째, 그간의 국가 간 외교의 성과, 즉 기존의 선린 외교관계, 해당국의 관련 정보, 재외공관의 현지 경험, 인적·물적 네트워크 등을 공동 활용할 수 있어 지방정부의 외교능력을 급속히 향상시킬 수 있다. 셋째, 국가 차원의 외교로는 대응이 곤란한 외교현안이나 국제문제에 대하여 지방정부의 외교역량을 활용함으로써 추가 비용부담 없이 국가 전체의 외교능력을 향상시킬 수 있기 때문이다.

2. 지방외교 전담조직과 인력의 보강 및 예산의 지원

1) 지방외교정책 전담조직의 보강

우리나라 지방외교 전담조직은 일부 시·도를 제외하면 국제통상 기능 위주로 편제되어 있다. 그러나 보다 차원 높은 지방외교를 실

현하기 위해서는 고도의 정책적 판단이 용이한 조직형태로 재편되어
야 한다. 지방외교는 보다 정책적이고, 전략적이고, 장기적인 안목과
판단을 요구하므로 이러한 기능을 수행하기 용이한 조직형태가 되어
야 한다. 이를 위해서는 정책기획과 종합조정을 맡고 있는 기획관리
실이나 시·도지사 직속 기구화하는 것이 유리할 것이다. 현행 경제
통상관련 실국에 소속된 실무형 조직보다 기획관리실이나 지방단체
장 직속의 전략 기획형 조직이 보다 효과적일 것으로 판단된다. 둘
째, 해외사무소나 해외주재관은 실익을 고려하여 설치하거나 파견하
여야 한다. 해외사무소나 주재관으로 파견하는 직원은 다양한 채용
방식을 도입하여 정예요원을 엄선하여 파견하되 그에 상응하는 인센
티브를 부여하고, 성과 중심의 인사관리체계를 확립하여 실질적 효
과를 거양해 나가도록 해야 한다. 셋째, 지방외교를 지원할 수 있는
해외 민간 네트워크는 선정 당시부터 신중을 기하되 일단 선정된 요
원은 상시관리체제를 확립하여야 한다. 그리고 성과에 상응하는 보
상체계를 확립하여 이들의 활동성과에 따라 적절한 인센티브를 부여
하고, 정기적인 활동평가시스템을 도입하여 활동성과가 미미한 요원
들은 과감히 정비해 나가야 한다.

2) 지방외교정책 전담인력의 보강

무엇보다 전담인력을 지역의 외교정책활동의 수요에 맞게 확충하
는 일이 가장 중요하다고 할 수 있다. 이를 위해 첫째, 지방외교정책
은 정책의 특성상, 전문적인 지식과 유창한 외국어 구사능력, 현장감
있는 외교력이 요구되므로 조직 내에서 가장 우수한 공무원을 배치

시킴은 물론, 이에 상응하는 직급의 공무원이 배치되어야 한다. 둘째, 특히 지방정부 간의 외교관계는 오랜 인간관계가 그 바탕이 되므로 잦은 인사이동을 방지할 수 있는 제도적 장치를 강구하여야 하고, 장기간 근무자에 대한 인사상의 인센티브가 제도화되어야 한다. 셋째, 지역 내에 능력 있는 외부인사를 폭넓게 활용할 수 있도록 개방적 인사제도를 마련하여야 한다. 특히, 지역 내 거주 외국인, 외국 생활경험이 풍부한 전문가들의 참여방안이 제도화되어야 한다. 넷째, 체계적이고 종합적인 인재양성 프로그램이 시행되어야 한다. 외교는 고도의 판단능력, 협상능력, 조정능력, 언어구사력 등이 요구되므로 지방외교를 전담하여 발전시켜 나갈 정예요원을 양성할 수 있는 「장·단기 교육프로그램」이 마련되어야 한다. 이러한 교육프로그램은 외교정책을 총괄하고 있는 외교통상부 산하 외교안보연구원이나, 지방외교를 총괄 지원하고 있는 행정자치부 산하 한국지방자치단체국제화재단 내에 설치하는 것이 바람직할 것이다.

3) 지방외교에 대한 과감하고 지속적인 재정적 지원

지방외교정책에 대한 과감하고 지속적인 재정적 지원이 이루어져야 한다. 그러나 지방정부의 예산 역시 복잡한 과정을 거쳐 결정되므로 기대한 만큼의 재정을 확보하기는 쉽지 않은 것이 현실이다. 특히, 지방외교는 외부효과가 존재하는 정책이므로 지속적이고 일관적인 재정적 지원이 성패의 관건이 된다. 따라서 소요예산이 안정적으로 확보될 수 있는 방안이 강구되어야 한다. 예를 들면, 광역자치단체 단위로 국제교류재단을 설립하거나 별도의 특별회계제도 혹은 기금을 설치하는 방안 등이 고려될 수 있다.

3. 지방외교정책의 비전 정립과 내실화

1) 지방외교정책의 비전과 전략적 목표의 설정

우리의 지방이 보다 적극적으로 국제화·세계화에 대응해 나가기 위해서는 이제 단순한 '국제교류사업' 차원을 뛰어넘어 국제정책, 즉, 지방외교정책의 단계로 발전해 나가야 한다(강형기, 2001:445-446). 지방정부 스스로도 지금까지의 국제 활동을 단지 '단위사업' 정도로 간주하여 사업의 효율적 추진체제의 확립과 투자의 증대, 유관 기관 간의 협조체제 강화 등에 초점을 맞추어 추진하여 왔고, 이 분야의 연구도 국제교류사업의 평가와 활성화 방안에 중점을 두어 왔다. 그러나 앞서 살펴본 바와 같이 본격적인 세계화와 지방화 추세와 세계 정치·경제 질서의 변화는 국제관계에 있어서 지방정부의 주체적 역할을 강조해 왔고, 그 영역도 급속히 확대됨에 따라 지역의 특성과 여건이 반영된 독자적인 외교전략 내지 정책을 갖도록 요구하고 있다. 이러한 패러다임 전환의 조짐이 1990년대에 들어와 우리나라에도 통상외교의 측면에서 뚜렷이 나타나기 시작했다. 지방이 국가의 울타리 안에서 단지 부수적·지엽적으로 국제적 활동을 수행하던 입장에서 세계질서의 중요한 형성자로서 세계무대에 서기 시작한 것이다. 지방과 세계의 상호 침투성과 상호 의존성으로 인해 지방정부의 내치(內治)와 외치(外治)의 구분이 점차 희박해지고 있다. 이러한 변화는 지방정부에게 세계무대에서 한껏 기량을 펼칠 수 있는 기회를 제공하는 동시에 자신의 행동에 대해 국내적으로나 국제적으로 무거운 책임을 져야 하는 도전을 제기하고 있다(안성호, 1998:234).

따라서 각 지방정부가 치열한 국제경쟁시대에서 지역의 산업을 육성하고 다양한 지역의 이익을 실현하여 주민의 삶의 질을 향상시켜 나가기 위해서는, 지금까지의 형식적·의례적인 국제교류에서 탈피하여 새로운 국제정치·경제체제에 순응하고, 이를 지혜롭게 활용할 수 있는 비전과 전략을 실천할 수 있는 지방외교정책이 수립되어야 한다. 이를 보다 구체적으로 살펴보면 다음과 같다.

(1) 지방외교의 비전과 전략의 수립

중앙정부에서는 국가의 외교적 목표와 방향, 중앙과 지방이 공동협력해야 할 외교적 과제 등을 제시하고, 지방정부에서는 이러한 큰 틀 속에서 지방외교의 비전과 전략을 담은 「지방외교의 비전과 전략」을 수립하여야 한다. 이를 위해 첫째, 국가의 외교 활동이 지방을 지원하고, 지방의 외교 활동이 국익의 증진에 보탬이 되는 외교 분야의 상호 보완적 공동협력관계가 구축될 수 있는 비전과 전략이 마련되어야 한다. 둘째, 지역주민의 외교수요와 지역의 특성이 반영된 비전과 전략이 수립되어야 한다. 즉, 지방외교의 특징인 지역주민이 주체가 되는 외교, 지역의 여건과 특성이 반영된 외교를 실현할 수 있는 비전과 전략이 수립되어야 한다.

(2) 지방외교의 비전과 전략을 실천할 수 있는 정책목표의 설정

위와 같이 수립된 지방외교의 비전과 전략을 실천할 수 있는 지방외교정책의 목표가 설정되어야 한다. 이를 위해 첫째, 지금까지 단순한 의례적, 형식적 국제교류나 경제적 실리 위주의 해외시장 개척, 외자유치 활동에서 탈피하여 외국 지방정부와 함께 공동의 꿈을 실현하고, 국제사회의 일원으로서 인류공동의 복지나 환경, 빈곤퇴치, 재난 극복 등 현안에 대한 국제협력을 강화해 나가는 등 보다 차원 높은 지방외교를 실현할 수 있는 목표가 설정되어야 한다. 둘째, 지방외교는 주민들의 참여를 통한 마음과 마음을 잇는 외교인만큼 지역의 여건과 특성, 지역주민의 여망을 담은 목표를 설정하여 주민의 자발적 참여를 유도하여야 한다.

2) 국제교류지역의 다변화와 교류 내용의 다양화

국제교류지역의 다변화와 교류 내용의 다양화가 이루어져야 한다. 지금까지의 중국과 일본 및 미주지역 중심의 교류에서 탈피하여 인도 등 아시아의 여러 나라와 아랍 아프리카권 및 중남미지역과의 교류를 활성화하고, 교류 내용도 지역별 특성을 살린 실질적 과제를 채택하여·지속적으로 추진하여야 한다. 이를 위해 첫째, 교류대상지역 선정 시 사전에 충분한 검토와 절차를 거쳐 선정하되 일부 지역에 편중되지 않게 다변화하며, 가급적 새롭고 이질적인 문화권과의 교류로 다변화하여야 한다. 둘째, 일단 교류대상지역으로 선정되었을 경우에는 장단기 교류계획을 수립하여 실질적이고, 지속적인 교류를 추진하여야 한다. 셋째, 처음 시작단계에서는 보다 쉬운 과제를 채택하여 양 지역이 성과를 체감할 수 있도록 하고, 이를 바탕으로 하여 보다 차원 높은 과제로 확대해 나간다. 넷째, 초기에는 관에서 주도해 나가는 것이 불가피하지만, 점차 교류가 확대되어 가면 교류의 주체를 각계각층의 민간단체들이 참여하도록 하여 다양화해 나가도록 한다. 다섯째, 국제교류 성과에 관한 정기적인 평가와 모니터링이 이루어져야 한다. 평가결과 교류의 실익이 없는 지역이나 프로그램은 과감히 정비하여 보다 실질적이고 내실 있는 교류가 이루어지도록 하여야 한다.

3) 다자간 국제협력의 강화

국제적 문제해결방식으로서의 다자협력 증대추세는 전통적인 국가주권개념을 불가피하게 제약·변화시킴에 따라 대외적 측면에서는 EU의 발전과정에서 보듯이 국가와 국가 간의 관계도 새로운 틀의 모색이 필요해지고 있으며, 대내적인 측면에서도 국가와 사회 간의 관계변화의 요구로 나타나 이를 반영할 수 있는 정책집행체계로의 개선 필요성이 제기되고 있다. 특히, 평화정착·빈부격차 해소· 환경보전·인권보호·테러와의 전쟁 등 범세계적 이슈들은 더 이상 국가 차원으로만 해결될 수 없을 정도로 복잡해지고 있으며, 이에 따라 국제관계의 행위 주체도 다양화되고, 그중에서도 비국가적 행위자들(non-state-actors)이 핵심세력으로 등장하면서 민간외교의 중요성도 강조되고 있다(조선일보, 2002년 8월 16일자 8면). 또한, 이미 많은 지방정부들이 외교문제에 깊숙이 관여하기 시작했다. 지방정부들은 우호와 평화를 도모하여 자매결연하고, 지방경제를 활성화하기 위해 통상외교에 나서며, 개발도상국들에게 원조를 제공하고, 심지어 민감한 정치적 문제에 개입하여 국가의 외교정책에 영향을 미치는 국제적 활동을 펼쳐 왔다(안성호, 1998:223). 따라서 우리나라의 외교정책도 기본적 패러다임을 전환하여야 한다.

이를 위해 첫째, 국내적으로 지금까지의 국가 독점적 사고에서 탈피하여, 지방정부를 비롯하여 비정부기구(NGO) 및 시민 등 다양한 외교주체를 인정하고, 이들이 추구하는 다양한 이익이 실현되도록 적극 지원하는 다채널 방식으로 전환하여야 한다. 둘째, 대외적으로는 외교 영역과 관련하여 정치·군사문제를 중심으로 다루었던 것으로부터 경제·환경문제 등의 다양한 문제를 다루어 나갈 수 있도록 다원화(multi-dimensionalism)시키고, 외교대상도 진영 간 대결의 전략적 균형에 초점을 맞추던 것으로부터 외교관계의 다변화(diversification)를 추구해야 하며, 외교방식의 차원에서는 쌍무 관계에 주안점을 두고 있던 종래의 방식으로부터 국제기구 및 레짐을 활용하는 다자화(multilateralism)방식(이동휘, 1997:25-63)으로 전환되어야 한다.

4) 국제통상 활동의 내실화와 기업 및 투자환경의 개선

지역의 국제경쟁력 강화를 위한 마스터플랜을 수립하고, 세계 각 지역의 지방정부와 경쟁할 수 있는 기업환경 및 투자여건을 조성하여야 한다. 또한 세계시장동향과 무역환경에 대한 정보를 축적하고, 효율적인 정보공유네트워크를 구축하여 지역상품의 수출을 촉진하여야 한다.

(1) 기업의 수요에 걸맞은 수출진흥프로그램 개발

지금까지의 공급자 위주의 수출진흥프로그램에서 탈피하여 기업이 원하고, 자발적으로 참여할 수 있는 프로그램을 개발하여야 한다. 해외시장 개척 활동의 경우 사전에 대상지역과 상품을 정해 놓고 희망하는 기업을 모집하기보다는 기업들이 희망하는 지역과 시기를 먼저 조사하여 이들의 요구에 맞는 시장 개척 활동을 지원하는 수요자 중심의 해외시장 개척 활동으로 전환하여야 한다. 둘째, 관련되는 기관 단체가 개별적, 산발적으로 수출진흥시책을 추진할 것이 아니라 기관별 가용수단과 자금을 묶은 통합 지원방식으로 전환하여야 한다. 이를 위해 연초에 유관 기관 연석회의나 실무위원회를 개최하여 지역 단위로 관련 시책을 통합 내지 조정하는 노력이 필요하다. 셋째, 준비된 각종 시책들이 기업들에게 충분히 알려지도록 하여야 한다. 지역 내 기업을 연결하는 통합 정보망이나 신문 방송 등 언론매체를 활용하여 주기적으로 홍보하고, 상시 상담할 수 있는 창구가 마련되어야 한다.

(2) 세계적 표준의 기업 및 투자환경 조성

외국기업과 외국인투자를 유치하기 위해서는 세계적 표준(Global Standard)에 걸맞은 행정서비스가 공급되어야 한다. 이를 위해 첫째, 각종 인허가의 One-Stop 서비스체제가 확립되어야 한다. 외국인투자 및 기업유치 인허가 매뉴얼을 작성하여 외국인 기업 접촉 시부터 관련 인·허가를 사전 검토하였다가 투자결정과 동시에 신속히 처리

할 수 있는 방안도 좋을 것이다. 둘째, 일단 지역 내에 유치한 외국
기업에 대한 사후 행정서비스를 강화하여야 한다. 외국기업은 국내
사정에 어둡기 때문에 외국에서 유치한 기업이 정상적으로 운영될
수 있도록, 후속 인허가, 관련 자금 및 정보의 제공 등 국내 기업 이
상의 행정서비스를 제공하여야 한다. 셋째, 종사자 및 관련 임직원이
지역 내에서 생활하는 데 불편이 없도록 교육·의료·주거 등 세심
한 배려를 하여야 한다.

5) 지역의 국제화와 민·관 파트너십의 강화

(1) 외국인 학교의 설립과 지원

외국인 학교에 대해 지방정부가 관심을 갖기 시작한 것은 비교적
최근의 일이다. 외국기업과 지역 내 거주 외국인의 수가 급속히 증가
하면서 외국인 자녀들을 위한 교육시설이 시급한 과제로 대두되었기
때문이다. 최근에 외국인 학교 설립과 지원을 시·도 차원에서 적극
추진하고 있는 이유도 이 때문이다. 외국인 학교 운영의 활성화를 위
하여 첫째, 외국인 학교를 추가 설립하여 선택의 폭을 넓혀주고, 외국
인 학교 교사의 질과 프로그램의 수준을 향상시키며, 교육비 수준도
다소 부담스럽지 않아야 할 것이다. 이를 위해서는 주변 경쟁국가에
서와 같이 외국인 학교에 대한 재정적 지원이 이루어져야 할 필요가
있다(하봉운, 2005:106). 둘째, 기존 외국인 학교에 대한 지원이 강화
되어야 한다. 이를 위해 내국인 자녀 입학요건을 완화하고, 이전을 원
할 시 학교부지를 알선하거나 제공하며, 지역 내 문화체육단체와의

네트워크를 구축하고, 교육여건 개선을 위한 시설투자를 지원하여야
한다(문유석, 2005:63-65). 셋째, 국내 정규 교육훈련기관과의 유대를
강화하여야 한다. 교과운영과 학력인정, 부족한 시설의 상호 활용 등
지역 내 교육기관과의 상호 교류 및 협력을 강화하여야 한다.

넷째, 외국인들에게 자녀교육을 위한 신뢰할 만하고 공식적인 정
보가 제공되어야 한다. 외국인들은 학교의 학기과정과 관계없이 수
시로 입국하기 때문에 학교에서의 대기 수요와 입학 가능시기에 대
한 정보가 항시 제공되어야 한다.

(2) 지역 내 거주 외국인을 위한 「맞춤형 행정서비스」 제공

지역 내에 거주하는 외국인도 아무 불편 없이 생활할 수 있는 세계
적 표준의 교육·의료·복지시설과 제도를 단계적으로 확충하고 외국
인을 위한 전문 행정서비스가 공급되어야 한다. 앞서 검토한 바와 같
이 대부분 외국인을 위한 위안행사에 그치고 있으나 외국인들에게 실
질적으로 도움이 될 수 있는 「맞춤서비스」가 개발되고 시행되어야 한
다. 특히, 언어소통이 곤란한 외국인들을 위한 배려가 있어야 한다.

(3) 시민외교를 위한 민·관 파트너십(partnership) 강화

지방외교정책에 대한 민간의 참여와 민·관 파트너십(partnership)
이 강화되어야 한다. 지방외교정책의 진정한 의미는 주민참여를 전
제로 하고 있다는 점이다. 지방외교는 지역주민의 다양한 아이디어
와 요구가 반영되고, 주민이 주체가 되는 "생활외교", "시민외교"라는

데 큰 의미를 지니고 있다. 궁극적으로 지방외교의 주체가 지역주민이므로 지역주민의 참여와 민·관 파트너십이 가장 중요한 이슈가된다. 국경을 초월한 「people to people」, 「region to region」의 상호교류는 결국 민간부문 주도형의 교류에 주안점을 두어야 한다(이은재, 1991:46). 즉 일반 주민이 스스로 참가하고, 교류아이디어를 제공하고, 교류사업을 계획하는 등의 주민 차원의 풀뿌리 교류 주체를육성하는 것이 우리나라 지방자치단체가 해결해야 할 시급한 과제중의 하나인 것이다(성기중, 1999:1091). 그러나 우리나라 지방정부의 현실에 비추어 볼 때 각 지역에서의 지역주민 및 민간단체에 국제교류를 의존할 수는 없으며, 지역의 행정 주체이며 종합경영 주체인 지방자치단체가 선도적 역할을 수행하고 민간단체가 적극 참여하는 민·관 협동의 파트너십을 확립해 나갈 필요가 있다. 그러나 어디까지나 지방외교정책은 주민의 주체적 참여하에, 주민의 요구와여망이 수렴된 정책의제를 기본적 토대로 하여야 하며, 일차적으로지역의 이익이 극대화되고 나아가 국가의 이익과 세계－평화에 기여하는 방안이 모색되어야 한다.

4. 외부지원기관과의 유기적 협조체제 강화

1) 한국지방자치단체국제화재단의 기능과 역할 강화

지금까지 무관심 내지 소극적, 방관자적 역할에서 탈피하여 관련중앙부처의 국제협력 및 교류 프로그램에 지방을 적극적으로 참여시키고, 지방정부의 그러한 노력을 적극 지원하여야 한다. 특히, 한국 지방자치단체국제화재단의 기능과 역할이 강화되어야 한다. 이를 위해 첫째, 재단의 기능과 역할이 강화되어야 한다. 지금까지의 국제화 인력 양성과 국제교류협력의 증진 및 국제화 정보 및 기반조성기능에서 한 걸음 더 나아가 지방정부의 외교 활동을 현장에서 직접 지원하고, 중앙과 지방의 가교역할을 수행하며, 더 나아가 외국 지방정부와의 실질적 교류협력 프로그램을 개발 보급하여야 한다. 둘째, 지방외교 전담인력 및 지방공무원의 전문화를 위한 국내 및 해외교육훈련 프로그램을 개발 운영하여야 한다. 현재 자치단체별로 운영하고 있는 장·단기 해외 교육훈련 프로그램을 재단에서 통합 운영하여 시·도 지방공무원의 해외 장기교육훈련 프로그램을 제도화하여 운영하고, 특히, 지방외교 전문요원의 양성을 위한 특별 훈련과정을 설치하여 운영하여야 한다. 셋째, 재단에 대한 중앙정부 및 지방정부의 재정적 지원을 확대하여야 한다. 앞서 설명한 바와 같이 재단이 실질적 역할을 다할 수 있도록 충분한 재정적 뒷받침이 있어야 한다. 특히, 중앙정부 차원에서 지방의 외교역량을 확충하기 위한 정책적, 전략적 재정투자가 이루어져야 한다.

2) 지역 내 대학의 적극적 활용 프로그램 개발

지역 내 대학과의 다양한 교류협력 프로그램이 개발되어야 한다. 앞의 실태분석결과에서 볼 수 있듯이 대학은 지역의 「지적 인프라」로서 국제교류·협력 활동, 국제통상 활동 등에 많은 기여를 할 수 있으며, 실제 지방외교의 현장에서도 많은 역할을 하고 있는 것이 사실이다. 따라서 지방외교정책을 지원하고, 교류협력 프로그램에 직접 참여할 수 있는 다양한 교류협력 프로그램이 개발되어야 한다. 특정 교류대상 국가의 지방정부를 연구하는 연구소의 설치 운영, 외국에 있는 대학과의 학술교류는 물론, 통·번역센터의 운영, 외국인 유학생의 상호 교환, 전문적인 교육과정 운영 등 지방정부의 외교활동에 다양하게 참여할 수 있다.

3) 활용 가능한 지방외교적 자원과 네트워크의 활용방안 강구

지방자치단체에서 활용 가능한 지방 외교적 자원과 네트워크에 대한 일제 조사와 활용방안이 모색되어야 한다. 이를 위해서 외국 지방자치단체나 기관의 한국사무소를 비롯하여 지역 내 활용할 수 있는 민간단체나 인적인 요소들에 대한 종합적인 조사와 참여 내지 활용방안이 모색되어야 한다.

5. 지방외교 기반시설의 확충

지역의 산업과 주민의 국제교류를 뒷받침할 수 있는 기반시설이 확충되어야 하고 이의 운영관리를 위한 지방정부의 기능과 역할이 증대되어야 한다. 국제공항, 국제항만, 국제회의 시설, 관광호텔 등 숙박시설, 국제적 수준의 정보통신시설은 물론, 이들 기반시설들의 운영체계도 국제화되어야 한다. 앞서 살펴본 바와 같이 국제공항이

나 항만시설의 경우 건설과 운영을 국가에서 담당하고 있지만 이의
활용이나 활성화는 지방정부의 몫으로 전락되는 경우가 대부분이기
때문이다. 따라서 시설의 운영과 관리에 지방정부의 역할과 참여 범
위가 확대되어야 한다.

제7장 요약 및 결론

본 연구는 지방외교정책의 새로운 개념설정과 논리적 근거, 영역 및 수단을 검토하고 선행연구결과를 토대로 분석대상과 구성요인들을 정리하여 지방외교정책의 이론적 근거와 틀을 제시하였다.

즉, 제2장에서 지방외교정책을 "지방정부가 지역의 이익을 위해 외국이나 외국인과 관련된 활동을 수행하는 활동경로나 의사결정"으로 정의하여 국가단위의 외교정책과 다른 특징적 요인들을 제시하였으며, 제3장에서는 지방외교정책의 영역을 국제교류, 국제협력, 국제통상, 지역의 국제화 등 네 가지 영역으로 구분하여 체계화하는 한편, 지방외교에서 활용될 수 있는 수단으로 자매결연, 우호교류협정의 체결, 협력네트워크 구축, 국제협약의 체결 등을 제시하였다. 또한 제4장에서는 지방외교정책의 분석대상과 구성요인을 검토하기 위하여, 국가단위 외교정책의 결정요인에 대한 모형과 결정과정을 정리하여 이를 토대로 지방외교정책을 제약하는 제반 요인 즉, 결정요인들과 결정과정을 체계화하고 이에 대한 선행연구결과를 정리하였다.

제5장에서는 지방외교정책의 실태를 분석하기 위해 지방외교정책의 목표와 방향, 관련 법령과 제도 및 역할분담체계, 전담조직, 전담인력과 예산, 지방정부의 국제교류 및 협력 실태, 국제통상과 국제화 지원 실태, 외부지원체계와 물적 기반시설 등을 살펴보고 문제점과 특징적 요인들을 종합 정리하였다.

제6장에서는 이들 문제점을 극복하기 위한 발전방안을 제시하였는데, 첫째, 지방외교의 발전을 위해서는 지금까지의 단순한 국제교류 사업에서 탈피하여 지방외교정책으로 전환하고, 보다 폭넓고 차원 높은 정책적 비전과 전략적 목표가 설정되어야 한다. 둘째, 중앙과 지방 간 합리적인 역할분담 및 관련 법률이 제정되어야 한다. 이를 위해 「지방자치단체의 국제교류협력 지원에 관한 법률」을 제정하여

중앙정부와 지방정부의 역할분담 및 책임과 의무를 명확히 하고, 지방외교정책에 대한 중앙정부의 적극적인 관심과 지원이 필요함을 역설하였다. 셋째, 지방외교 전담조직과 인력의 보강 및 예산의 지원이 필요한데 이를 위해 경제통상기능 위주의 실무형 조직보다는 기획관리실이나 부단체장 직속의 전략 기획형 조직으로 전환하고, 전담인력의 전문화를 위한 방안과 지속적인 재정지원의 필요성을 제기하였다. 넷째, 국제교류지역의 다변화와 교류 내용의 다양화 및 다자간 국제협력을 강화해 나가야 함을 역설하였다. 다섯째, 국제통상기능의 내실화와 세계적 표준의 기업 및 투자환경을 조성하기 위해, 기업의 수요에 걸맞은 수출진흥프로그램을 개발하고, 세계적 표준의 기업 및 투자환경 조성을 위한 방안을 제시하였다. 여섯째, 지역의 국제화와 민·관 파트너십을 강화하기 위해 외국인 학교의 설립과 지원을 강화하며, 각종 국제행사를 내실화하고, 지역 내 거주 외국인을 위한 「맞춤형 행정서비스」를 제공하며, 민간이 주체가 되는 생활외교의 필요성을 강조하였다. 일곱째, 외부지원기관과의 유기적 협조체제를 강화하기 위하여 한국지방자치국제화재단의 기능과 역할을 강화하고, 지역 내 대학을 적극적으로 활용하기 위한 프로그램을 개발하며, 활용 가능한 지방 외교적 자원과 네트워크의 활용방안을 강구해야 함을 강조하였다. 여덟째, 공항과 항만 등 지방외교 기반시설을 확충하고 이의 운영관리에 지방정부의 역할과 참여 범위가 확대되어야 함을 강조하였다.

본 연구는 지방자치단체의 지방외교실태를 종합적으로 분석하여 문제점을 도출하고 이를 보완하기 위한 발전방안을 제시하는 실증적 연구로서 많은 한계와 미비점을 내포하고 있다. 앞으로 보다 과학적이고 체계적인 연구가 진행되어 보완 발전되기를 기대한다.

참고문헌

≪국내문헌≫

1. 단행본

강형기. (2001). 「향부론」, 서울: 비봉출판사.

강창욱. (1999). 「통계학 이해를 위한 SAS실용」, 서울: 박영사.

구니도미 쓰요시. (1994). 「국제화시대에는 이런 관리자를 요구한다」, 서울: 한국산업훈련연구소.

국제화추진위원회. (1994). 「국제화 의식의 함양방안」, 서울: 국제화 추진위원회.

_____. (1994). 「국제화의 개념 및 추진 기본방향」, 서울: 국제화추 진위원회.

경기개발연구원. (1995). 「21세기 경기도의 세계화전략」, 수원: 경기 개발연구원.

경남개발연구원. (1998). 「21세기 대비 자치단체 입지강화연구」, 창원: 경남개발연구원.

_____. (1999). 「21세기의 지방 - 경남이 가는 길」, 창원: 경남 개발연구원.

광주광역시. (1994). 「세계화·국제화에 대응한 지방행정의 나아갈 방향」, 광주: 광주광역시.

김경원 외. (1995). 「세계화의 도전과 한국의 대응」, 서울: 나남출판사.

김관수. (1995). 「세계화 좀 차분히 하자구요」, 서울: 넥서스.

김달중. (1999). 「외교정책의 이론과 이해」, 서울: 도서출판 오름.

김두섭. (1994). 「사회과학을 위한 회귀분석」, 서울: 법문사.

김수영. (1992). 「정책학 원론」, 서울: 법지사.

김영기. (1994). 「국제화시대의 지역대응에 관한 주민의식조사」, 전주: 전북경제사회연구원.

김종기 외. (1994). 「지방의 국제화추진 전략」, 서울: 한국개발연구원.

김종섭. (1998). 「SAS를 이용한 통계자료분석방법」, 서울: 학문사.

공보처. (1995). 「변화와 개혁의 방향 3, 세계화·지방화추진전략」, 서울: 공보처.

남궁근. (1999). 「행정조사방법론」, 서울: 법문사.

노화준. (2001). 「정책평가론」, 서울: 법문사.

대통령자문21세기위원회. (1994). 「국제화시대의 한국의 진로」, 서울: 대통령자문21세기위원회.

로이스 젠슨. (2001). 「외교정책의 이해」, 서울: 평민사.

문태현. (2000). 「글로벌화와 공공정책」, 서울: 대명출판사.

박세정. (1995). 「세계화시대의 일류행정」, 서울: 가람기획.

박용규외. (1999). 「외국인 직접 투자촉진을 위한 정책과제」, 서울: 삼성경제연구소.

박종수. (1996). 「국제통상관계론」, 서울: 두남문화사.

변창구. (2000). 「세계화시대의 국제관계」, 서울: 대왕사.

부산광역시. (1995). 「세계화시대의 지방경영」, 부산: 부산광역시.

세계화추진위원회. (1995). 「세계화의 비전과 전략」, 서울: 세계화추진위원회.

_____. (1998). 「세계화과제보고서」, 서울: 세계화추진위원회.

서진영. (1998). 「세계화추진위원회 보고서」, 서울: 나남출판사.

심규박 외. (2002). 「통계학 – 개념과 논쟁거리」, 서울: 홍릉과학출판사.

안상형 외. (2002). 「경영·경제 통계학」, 서울: 박영사.

안성호. (1996). 「세계화, 지방화 그리고 민주화」, 서울: 교육과학사.

이강호. (1995). 「세계화국가전략」, 서울: 오롬시스템.

이관우. (1976). 「조사분석방법론」, 서울: 형설출판사.

이대희. (1992). 「정책분석론」, 서울: 대영문화사.

이백훈. (1996). 「조사방법론」, 서울: 대영문화사.

이수만. (1997). 「지방자치단체의 세계화 추진실태 및 개선방안」, 서울: 한국지방행정연구원.

이은재 외. (1990). 「지방자치단체의 국제교류에 관한 연구」, 서울: 한국지방행정연구원.

이지훈. (1993). 「사회과학의 메타분석 방법론」, 청주: 충북대학교 출판부.

이한기. (2000). 「국제법 강의」, 서울: 박영사.

이홍재. (1995). 「국제문화교류 활성화 및 기반조성 전략의 문제점과 정책방향」, 서울: 한국문화정책개발원.

이재창. (1993). 「국제화의 과제와 대응전략」, 서울: 교문사.

오기출. (2000). 「디지털시대와 국제교류의 저해요인」, 서울: 한국지방자치국제화재단.

옥치상. (1996). 「연구방법론과 논문작성법」, 서울: 지구문화사.

우동기. (1995). 「세계화와 지방자치단체의 정책과제」, 서울: 한국지방자치단체국제화재단.

유 훈. (1995). 「정책학 원론」, 서울: 법문사.

윤정석. (1995). 「세계화 국가전략」, 서울: 21세기정책연구원.

윤영관 외. (1996). 「국제기구와 한국외교」, 서울: 민음사.

자비끼 요시히로. (1996). 「지역의 국제화와 그 과제」, 수원: 경기개발연구원.

조권중 외. (2002). 「서울거주 외국인 자녀들의 교육현황과 향후 개선방안 연구」, 서울: 서울시정개발연구원.

조선일. (1995). 「정책학 개론」, 서울: 학문사.

조욱현. (1998). 「지역산업의 수출활성화와 효율적인 수출금융지원방안」, 청주: 충북개발연구원.

_____. (1998). 「국제통상(해외물산전)의 발전방안」, 청주: 충북개발연구원.

좌승희. (1994). 「국제화시대의 한국경제운영」, 서울: 한국개발연구원.

전 웅. (1999). 「외교정책론」, 서울: 법문사.

정규석. (1995). 「한국의 세계화전략」, 서울: 21세기북스.

하영수. (1996). 「지방자치행정 조사보고서」, 서울: 한국지방자치단체국제화재단.

한국무역협회 충북지부. (2000). 「충북지역수출마케팅 실태와 대책」, 청주: 한국무역협회충북지부.

한국지방자치단체국제화재단. (1994). 「국제화시대의 한국사회와 지방화」, 서울: 나남 출판사.

_____. (1995). 「국제회의유치, 준비, 운영실무메뉴얼」, 서울: 한국지방자치단체국제화재단.

_____. (1998). 「주한외교사절 및 한국지방자치단체 관계관 초청 토론회자료」, 서울: 한국지방자치단체국제화재단.

_____. (1999). 「지방의 국제화」, 서울: 한국지방자치단체국제화재단.

_____. (1999). 「제5회 지방자치단체 해외통상우수사례 발표 및 연찬회」, 서울: 한국지방자치단체국제화재단.

_____. (2000). 「제6회 지방자치단체 해외통상우수사례 발표 및 연찬회」, 서울: 한국지방자치단체국제화재단.

_____. (2003). 「지방자치단체관련 국제기구편람」, 서울: 한국지방자치단체국제화재단.

_____. (2004). 「지방자치단체 국제자매결연현황」, 서울: 한국지방자치단체국제화재단.

_____. (2004). 「지방의 국제화」, 서울: 한국지방자치단체국제화재단.

한국정신문화연구원. (1996). 「세계화와 한국의 진로」, 서울: 한국정신문화연구원.

한스 피터. (1998). 「세계화의 덫」, 서울: 열림카디널.

황인정. (1994). 「한국경제의 세계화 구상」, 서울: 한국개발연구원.

홍종선 외. (1996). 「조사방법론과 통계자료분석」, 서울: 박영사.

행정자치부외. (2001). 「지방자치단체 국제교류 메뉴얼」, 서울: 한국 지방자치단체국제화재단.

최창윤. (1990). 「국제정치론」, 서울: 박영사.

2. 논문류

강명세. (1999). 21세기형 국제화시대의 국제전문인력 양성. 「국제교류」, 29:12-16.

강신일. (1995). 「한국지방자치단체의 국제교류에 관한 연구」, 석사 학위논문, 건국대학교.

강응선. (1995). 지방정부의 세계화전략. 「국제교류」, 3:6-10.

강원도. (1996). 환동해권 카르텔전략. 「세계화추진보고회의자료」, 세 계화추진위원회: 25-32.

_____. (1997). 강원도. 캐나다 앨버타주 교류협력사업 확대. 「국제 교류」, 14:20-23.

강형기. (1996). 지방자치를 통한 충북의 국제화 실천. 「세계화, 지방 화 그리고 민주화」, 서울: 교육과학사: 377-411.

_____. (1999). 지방의 국제화. 「지방의 국제화」, 한국지방자치단체 국제화재단: 13-36.

_____. (2000). 21세기. 왜 문화이며 지방경영이어야 하는가. 「도시 문제」, 35(382):103-109.

강호상. (2000). 반세계화시위가 주는 교훈. 「매경ECONOMY」, 1075:11.

경기도. (1996). 경기도와 중국 요녕성 간의 국제교류 현황. 「국제교류」,
    10:37-42.

권경득. (1999). 지방자치단체의 세계화를 위한 전략적 접근. 「지방
    정치 특별학술회의 발표자료」, 한국정치학회: 1-26.

권경득, 우무정. (2001). 충청남도 국제통상정책의 비전과 전략. 「충청
    남도 세계화중장기계획수립 방향설정 심포지엄발표자료」, 충청
    남도: 33-70.

권경식. (1996). 지방공무원의 해외연수. 「국제교류」, 9:25-29.

권 익. (2001). 지방의 국제화를 위한 지방정부의 역할. 「지방의 국
    제화포럼」, 52:10-11.

권용우. (1999). 도시 간 국제협력의 바람직한 방향. 「국제교류」,
    33:18-21.

권태준. (1996). 세계화에 대응하는 지방화. 「세계화추진보고회의 자
    료」, 세계화추진위원회: 7-13.

권철현. (1995). 세계화초석으로서의 지방화전략. 「한국행정연구」,
    4(1):15-30.

고충석. (1999). 세계화, 지방화시대에 있어서의 지역정책분석모형.
    「법과 정책」, 5:71-90.

구연석. (2000). 국제회의 관광이벤트를 통한 도시관광산업 진흥방
    안. 「도시문제」, 35(381):44-56.

김경원. (2000). 세계화는 필요한가. 「국제교류」, 42:42-43.

김기섭. (1997). 「세계화와 지방정부의 역할에 관한 연구」, 석사학위
    논문, 부산대학교.

340

김남현. (1996). 「한국의 통상산업행정조직개편에 관한 연구」, 석사
학위논문, 단국대학교.

김동훈. (1995). 세계화의 배경과 특징. 「국제교류」, 3:36-38.

김문환. (2000). 지방자치단체의 국제교류. 「자치공론」, 6(10):34-32.

김명신. (2001). 한·일 교류의 발전방안에 대한 고찰. 「일본학보」,
7(1):155-177.

김병모. (1999). 지방문화육성과 관광자원개발. 「지방의 국제화」, 한
국지방자치단체국제화재단: 380-394.

김병준. (1994-①). 국제화와 지방행정인. 「지방행정」, 43(488):11-17.

_____. (1994-②). 지방자치단체의 국제화 방향과 과제. 「'94과제연
구보고서」, 한국지방자치단체국제화제재단: 7-47.

_____. (1999-①). 국제화사업의 외부효과와 중앙정부의 역할. 「국
제교류」, 30:24-25.

_____. (1999-②). 국제화를 위한 외국지방정부 행정개혁: 뉴질랜드
의 지방행정개혁. 「국제교류」, 32:12-15.

_____. (1999-③). 민관협력을 통한 지방행정의 국제화. 「국제교류」,
35:12-15.

_____. (1999-④). 지방자치단체의 국제화사업 활성화를 위한 노력.
「지방행정」, 48(548):98-100.

_____. (1999-⑤). 지방자치단체 국제화사업의 특수성과 제약요인.
「지방의 국제화」, 한국지방자치단체국제화재단: 61-87.

김상배. (1998). 지방자치단체의 인터넷을 통한 국제경쟁력. 「국제교류」,
22:64-69.

김석주. (1999). 인터넷을 통한 국내외 대민 행정서비스 현황과 선결 과제. 「국제교류」, 28:19-22.

김석진. (1999). 다자간 자치단체 교류협의체 활성화 방안. 「국제교류」, 36:40-42.

김선기. (1994). 지방자치단체의 통상교류 과제와 추진방향. 「'94연구 과제보고서」, 한국지방자치단체국제화재단: 51-89.

김수규. (1999). 국제관계에 있어서 민관협력. 「국제교류」, 35:23-25.

_____. (2002). 국제화를 위한 NGO의 역할. 「지방의 국제화 포럼」, 67:20-23.

김수현. (2001). 지방정부와 NGO의 파트너십. 「지방의 국제화포럼」, 52:8-9.

김완순. (2001). 외국인투자기업 애로해결 실태와 문제점. 「외국인투자 교육 및 정책토론회」, 산업자원부.

김우석. (1998). 지방문화의 육성과 국제문화교류. 「국제교류」, 24:15-19.

김욱래. (1995). 국제정치체제의 본질. 「부산정치학회보」, 5(1):263-276.

김운호. (2000). 지방의 Globalization과 NGOs. 「국제교류」, 41:8-13.

김은상. (1999). Global Standard로 변신하자. 「국제교류」, 36:43-45.

김익식. (1999). 국제화를 위한 중앙과 지방정부 및 민간의 역할. 「지방의 국제화」, 한국지방자치단체국제화재단: 88-141.

_____. (2000). 지방의 국제화: 동향과 대응자세. 「국제교류」, 44: 34-35.

김영호. (1993). 지방화와 국제화. 「사회문화연구」, 1993, 경북대학

교: 39-44.

김진욱. (1996). 「지방자치단체의 세계화 실태와 전략」. 석사학위논문. 서울대학교 행정대학원.

김재영. (1995). 지방의 국제화를 위한 민선자치단체장의 역할과 과제. 「국제교류」. 5:17-20.

김재환. (1995). 사회주의 시장경제 아래서의 중앙과 지방의 관계. 「국제교류」. 10:27-36.

김종배. (1984). 「외교정책의 분석을 위한 투입-산출 모델에 관한 연구」. 석사학위논문. 연세대학교 행정대학원.

김종학. (1997). 「지방자치단체의 세계화정책에 관한 연구」. 석사학위논문. 충남대학교.

김주한. (1999). 국제화를 위한 외국지방정부 행정개혁: 국제화를 향한 동남아 지방정부의 행정개혁 비교. 「국제교류」. 32:20-24.

김진선. (1999). 지방의 국제화시대에 자치단체장의 역할과 과제. 「국제교류」. 29:20-23.

김정수. (1995). 국제화·세계화시대의 한국행정의 진로. 「한국행정연구」. 4(3):102-132.

김종호. (1999). 지방자치단체의 국제경쟁력강화에 관한 연구. 「KRF 연구결과논문」. 한국정책분석평가학회: 1-14.

김종학. (1997). 「지방자치단체의 세계화정책에 관한 연구 -실태분석 및 발전방향을 중심으로-」. 석사학위논문. 충남대학교 행정대학원.

김판석. (1994). 세계화시대의 정부부문 경쟁력 제고: 도전과 기회.

『한국행정학보』, 28(4):1525-1548.

_____. (1999). 지방의 국제교류와 평가. 『국제교류』, 36:8-13.

_____. (2000). 지방자치단체의 국제교류발전방향. 『한국지방자치학회보』, 12(4):5-31.

김필두. (1999). 국제화를 위한 외국지방정부 행정개혁: 국제화를 향한 영국지방행정제도의 개혁. 『국제교류』, 32:16-19.

_____. (2000). 지방외교시대의 국제화 사례. 『국제교류』, 45:29-33.

김창기. (2002). 지방의 국제화, 이렇게 열어가야 한다. 『지방의 국제화 포럼』, 67:24-26.

김천영. (2000). 뉴패러다임으로서의 정부 간 관계(IGR): 접근논리와 처방적 모형구상. 『2000년도 동계학술대회발표논문집』, 한국행정학회: 343-362.

김충환. (2000). 국제자매도시 간의 협력을 통한 도시발전. 『국제교류』, 45:34-37.

김향자. (2000). 외국 도시의 국제관광기반 개발사례. 『도시문제』, 35(381):57-68.

나기현. (1998). 협상의 단계별 준비 정도와 협상결과의 만족도에 관한 연구. 『국제경영논집』, 13(1):235-252.

남은우. (1995). 보건의료 분야의 국제협력. 『보건과학연구소보』, 5(1):77-85.

노미혜. (1996). 여성부분의 세계화. 『국제교류』, 8:27-30.

노영기. (1998). IMF 체제, 자치단체의 통상경쟁력 강화. 『국제교류』, 22:10-13.

노화준. (1994). 세계화시대의 정부의 정책기능과 구조. 「행정논총」, 32(2):50-77.

노택환. (2003). 국제통상학의 학문적 범위와 교육체계. 「사회과학연구」 22(2), 영남대학교 사회과학연구소: 141-183.

로날드 마이나르두스. (1999). 한국지방정부의 개혁에 관한 외국인의 시각. 「국제교류」, 32:25-27.

류재현. (1996). 부산광역시 통상정책개발의 기본방향과 정책과제. 「세계화시대의 통상정책: 지방정부의 역할」, 한국국제통상학회: 67-110.

문순태. (1995). 지방문화 육성과 국제교류. 「국제교류」, 6:8-10.

문유석. (2005). 외국인 학교 운영활성화 방안. 「부산발전포럼」, 2005/3-4:59-66.

문장순. (1996). 지방정부의 다자간 국제교류. 「부산정치학회보」, 6(1):57-72.

문정인. (1999). 외교정책이론 －경제외교정책의 구성과 평가－. 「외교정책의 이론과 이해」, 도서출판 오름: 93-121.

문창수. (1998-①). 지금은 지방의 국제화시대. 「국제교류」, 22:6-7.

_____. (1998-②). 자매결연의 내실화. 「국제교류」, 24:6.

_____. (1999-①). 21세기 정보화와 지방의 국제화. 「국제교류」, 28:6.

_____. (1999-②). 지방의 국제화시대와 지방자치단체. 「국제교류」, 29:6.

_____. (1999-③). 지방의 국제화와 국제기구와의 국제교류. 협력. 「국제교류」, 33:6.

_____. (1999-④). 지방의 국제화와 민·관 협력. 「국제교류」, 35:6.

멘주 도시히로. (2001). 세계화를 위한 도전 '지방자치단체의 외교전략', 「지방의 국제화포럼」, 57:29.

박경국. (2001). 지방정부의 국제통상역량확충방안. 「충북대 개교50주년기념학술회의」, 외교안보연구원. 충북대사회과학연구소: 110-133.

_____. (2003). 「지방외교정책의 결정요인과 정책효과」, 박사학위논문, 충북대학교.

박경원. (1999). 지역종합정보체계의 구축과 국제화 「지방의 국제화」, 한국지방자치단체국제화재단: 198-356.

박경태. (1996). 지방자치단체와 외국인 근로자 대응. 「국제교류」, 11:28-31.

박광기. (2003). 세계화와 한국사회의 변화. 「대한정치학회보」, 10(3):105-126.

박기관. (2000). 국제도시 간의 자매결연 실태와 발전방안. 「국제교류」, 45:24-28.

박기홍. (1997). 「지방정부의 국제관광협력모형 개발에 관한 연구」, 박사학위논문, 한양대학교 대학원.

박길성. (1995). 세계화의 사회구성논리와 한국사회의 발전과제, 「국제화에 대한 사회과학적 이해」, 서울: 박영사: 57-84.

박대운. (2000). Analysis of Citizens' Perception about Public Policy Process in Korea(Ⅰ). 「충북대 사회과학 연구」, 16(2):121-157.

_____. (2000). Analysis of Citizens' Perception about Public Policy

346

Process in Korea(Ⅱ). 「충북대 사회과학 연구」, 17(1):107-146.

_____. (1995). 국가와 민간, 중앙정부와 지방정부의 역할분담. 「고시연구」, 22(2).

박래영. (1998). 「지방자치단체의 국제교류협력에 관한 연구」, 석사학위논문, 전남대학교.

박복재. (1996). 지방정부의 대외정책에 관한 사례연구 -일본에 있어서 지역의 국제화 현상과 향후의 방향-. 「여수수산대학교 논문집」, 10:167-191.

박상식. (1995). 세계화란 무엇인가. 「한국정치학회보」, 29(1):9-28.

박상필. (2000). 지방의 국제화를 위한 민관협력의 바람직한 방향. 「국제교류」, 41:14-17.

박성수. (2001). 「국제교류 촉진을 위한 지방자치단체의 역할」, 석사학위논문, 충북대학교 행정대학원.

박완수. (1998). 지방자치단체의 수출활성화(경상남도 사례). 「국제교류」, 22:19-23.

박우서. (1999-①). 지방자치단체의 국제기구와의 협력. 「국제교류」, 36:36-39.

_____. (1999-②). 지방의 국제화의 비전과 전략. 「지방의 국제화」, 한국지방자치단체국제화재단: 693-713.

_____. (2002). 동북아 지역의 세계도시 간 협력구상. 「지방의 국제화 포럼」, 65:6-11.

박응격. (1994). 지방공무원의 국제경쟁력 제고. 「지방행정」, 43(488):18-25.

_____. (2002). 세계화와 글로벌 경제의 특징. 「지방의 국제화 포럼」, 67:8-11.

박영철. (1995). 지방화시대의 지역경제 국제화 방안: 대전·충남지역을 중심으로. 「도시문제」, 30(319):90-108.

박용구. (2000). 일본의 국제문화교류 정책. 「일본연구」, 2000(14): 27-47.

박인호. (1995). 자치단체 국제화를 위한 제도적 방안과 프로그램. 「국제교류」, 4:13-19.

박정택. (1993). 새로운 국제행정개념의 탐색. 「한국행정학보」, 27(1):255-270.

박재광. (1999). 21세기 세계경제질서와 한국의 활로. 「제5차 충북경제포럼」, 충북경제포럼.

박재창. (1996). 지방자치단체의 국제교류와 인재양성. 「국제교류」, 9:13-16.

박하일. (1999). 국제정치의 미래. 「정책과 지역발전」, 1999(3):93-117.

박희정. (1995). 일본 자치단체의 경제교류. 「국제교류」, 3:30-35.

_____. (2002). '지방의 국제화' 중심은 누구인가. 「지방의 국제화 포럼」, 67:18-19.

박헌주. (2001). 지방의 국제화가 동북아협조체제의 첩경이다. 「지방의 국제화포럼」, 52:17-18.

방호열. (1999). 한국기업의 국제경영전략 유형과 성과와의 관계. 「KRF연구결과논문」, 한국국제통상학회: 17-44.

배창제. (1996). 「지방자치단체의 국제화 추진전략에 관한 연구(광역시를 중심으로)」, 석사학위논문, 단국대학교 행정대학원.

백성운. (1994). 지방의 국제화수준과 전략. 「지방행정」, 43(485):
90-103.

백창곤. (1998). 외국인투자지원센터의 기능과 지방자치체의 역할.
「국제교류」, 24:51-56.

변재웅. (1999). 국제통상환경 변화에 따른 미국, EU, 일본, 한국의
통상정책의 특징. 「통상정보연구」, 1(2):1-21.

선종윤. (2000). 「지역성장 거점도시의 세계화 전략에 관한 연구」,
박사학위논문, 호남대학교.

선학태. (1996). 세계화와 한국정치개혁의 제도화. 「한국정치학회보」,
30(2):119-139.

설재훈. (1999-①). 월드컵 개최도시 도로안내표지판의 국제화 필요
성. 「도시문제」, 34(363):75-77.

_____. (1999-②). 교통안내시설의 국제화가 시급하다. 「도시문제」,
34(373):106-107.

성기룡. (1998). 지방자치단체의 외국인투자유치전략. 「국제교류」,
22:14-18.

성기소. (1993). 일본의 지역국제교류협력에 관한 고찰. 「일본연수보
고서」, 충청북도.

성기중. (1999). 국제화와 지방자치단체의 역할. 「경일대학교논문집」,
16(4):1079-1093.

세계화추진위원회. (1996). 세계화추진 성과와 향후 과제. 「세계화추
진보고회의자료」, 세계화추진위원회.

소혜정. (1999). 국제화시대의 바람직한 공무원상. 「국제교류」, 29: 17-19.

손성락. (1998). 「지방자치단체의 국제경쟁력 강화방안 연구」, 석사 학위논문, 동국대학교 행정대학원.

송광운. (1994). 주체성 있는 국제화. 「지방행정」, 43(485):86-89.

송동근. (1997). 지자체의 국제스포츠 교류 실태와 과제. 「국제교류」, 14:12-14.

송 자. (1999). 보편적 세계주의의 구현과 지방의 세계화 인식. 「국 제교류」, 29:8-11.

송희준. (1992). 지방자치단체의 국제교류협력방안. 「지방행정」, 41(463): 17-26.

수원시. (1996). 수원시와 산동성 제남시와의 교류사례. 「국제교류」, 10:43-45.

신기현. (1996). 지방자치단체의 국제교류 실태. 「지방자치연구」, 4:165-194.

_____. (1998). 자치단체의 국제교류효율화 방안. 「지방자치연구」, 6:85-103.

신상협. (1999). 지방자치단체의 국제통상교섭력 강화방안. 「국제교 류」, 30:12-13.

신세돈. (1999). 경제 분야 국제교류의 증진방향에 대한 소고. 「국제 교류」, 35:16-19.

신인용. (2000). 「한국 지방정부의 국제화전략에 관한 연구 -광주·전남의 외국인투자유치전략을 중심으로-」, 박사학위논문, 조선대학교 대학원.

신창호. (2000). 지방자치단체의 국제간 경제교류. 「자치공론」, 6(10): 43-51.

심익섭. (1992). 국제지방행정학회의 종류와 그 기능. 「지방행정」, 41(463):27-34.

_____. (2000). 지방의 국제화와 지방외교시대. 「국제교류」, 45:8-11.

안성호. (1998). 지방자치외교의 성격. 「한국행정학보」, 32(4):233-238.

_____. (1999). 지방자치외교와 세계발전: 지방정부국제협력(MIC) 의 수단. 「지방정치특별학술회의」, 한국정치학회: 1-13.

_____. (2000). 지방의 국제협력운영 실태와 개선방안. 「국제교류」, 45:12-19.

_____. (2001). 지자체 국제협력(MIC)의 수단과 영역. 「충청남도 세계화 중장기계획수립 방향설정 심포지엄 발표자료」, 충청남 도: 5-29.

_____. (2002). 지자체국제협력의 등장과 잠재력. 「지방의 국제화 포럼」, 67, 한국지방자치단체국제화재단: 12-17.

안영훈. (1999). 국제기구와의 협력을 통한 지방의 국제화. 「지방의 국제화」, 한국지방자치단체국제화재단: 190-234.

岩國哲人. (1996). 국제화시대와 지방분권. 「국제교류」, 11:9-16.

야마네 이즈미. (1997). 지방화시대의 국제교류(일본 시마네현의 경 우). 「국제학논총」, 2(1):225-239.

여박동. (1998). 일본 지방자치체의 국제화시책 추진에 관한 연구. 「일본학지」, 18(1):5-33.

오기출. (2000). NGOs 간 국제협력네트워크 구축. 「국제교류」,
　　41:18-21.

_____. (2000). 디지털시대와 국제교류의 저해요인. 「국제교류」,
　　38:23-27.

오성호. (1999). 국제화에 대비한 전문인력 양성. 「지방의 국제화」,
　　한국지방자치단체국제화재단: 145-189.

조석훈 외. (1999). 외국인 학교의 법적 편제에 관한 연구. 외국인
　　학교법적편제연구위원회.

우동기. (1995). 세계화. 지방화시대의 지방정부 개혁과 경영전략.
　　「국제교류」, 3:11-22.

_____. (1999-①). 국제화. 분권화시대의 지방정부의 개혁과 경영혁
　　신. 「국제교류」, 32:8-11

_____. (1999-②). 일본 오사카시의 국제교류와 국제협력. 「도시문제」,
　　34(362):45-54.

우수키 히데오. (1994). 한국 지방공무원의 국제화 감각. 「지방행정」,
　　43(488):26-35.

윤길수. (1998). 경제위기하에서 영국지방자치단체의 투자유치 정책
　　과 사례. 「국제교류」, 22:24-33.

윤설현. (1996). 「일본지방자치단체의 국제교류협력에 관한 연구」,
　　석사학위논문, 한국외국어대학교 대학원.

윤성균. (1996). 국제교류담당공무원의 바람직한 인사교류체계 정립.
　　「국제교류」, 9:21-24.

이강호. (1999). 지방의 국제화를 위한 지역정보화사업의 문제점과

개선방안. 「국제교류」, 28:8-13.

이광희. (2000). 국제관광 측면에서 본 우리나라 도시의 문제점과 개
　　　선방안. 「도시문제」, 35(381):9-20.

이기옥. (1999). 세계도시들의 국제협력시대. 「국제교류」, 33:8-11.

이달곤. (1994). 국제협상력 강화를 위한 정책방안. 「한국행정연구」,
　　　3(1):1170-1188.

이만호. (1996). 외국인 노동자의 고용 및 보호 실태와 대책. 「국제
　　　교류」, 11:32-39.

이병렬. (1999). 호남지역 지방자치단체들의 세계화와 지역발전. 「지
　　　방정치 특별학술회의 발표자료」, 한국정치학회: 1-27.

이병희. (1995). 국제관계(철학적 전통과 발전과정). 「인문사회과학
　　　연구」, 10(1), 공주대학교 인문사회과학연구소: 159-174.

이사형. (1996). 자치단체 통상교류 사례. 「경제. 통상교류 실무요령」,
　　　한국지방자치단체국제화재단: 179-216.

이상준. (1999). 동·서독 간의 도시교류경험과 시사점. 「도시문제」,
　　　34(362):36-44.

이상환. (1999). 지방의 국제화를 위한 지방자치단체의 사회. 문화적
　　　국제교류와 민간협력. 「국제교류」, 35:20-22.

이수철 외. (1993). 국제화시대에 부응하는 통상행정체제 개편에 관
　　　한 연구. 「한국행정연구」, 2(4):

이윤식. (1994). 지방국제화의 현황과 과제의 실증적 분석과 행정대
　　　응방안. 「한국행정학보」, 28(4):

_____. (1997). 지방자치단체 해외투자실태와 개선방안. 「국제교류」,

16:35-45.

_____. (1999). 지방자치단체의 국제통상 활동. 「국제교류」, 36:19-25.

_____. (2001). 21세기 지방의 효율적 국제화 방향. 「지방의 국제화 포럼」, 50:42-43.

이은재. (1991). 지방자치단체의 국제교류 활성방안. 「지방행정」, 40(457):43-52.

_____. (1994). 지방자치단체의 국제화 실태 및 과제에 관한 연구. 「한국행정학보」, 28(4):1549-1564.

_____. (1999). 자매결연을 통한 지방의 국제교류 촉진. 「지방의 국제화」, 한국지방자치단체국제화재단: 235-297.

이용헌. (1994). 지방국제화의 현황과 과제의 실증적 분석과 행정대응방안. 「한국행정학보」, 28(4):1565-1582.

이재창. (1997). 지방자치단체의 세계화 정책. 「국제교류」, 16:13-18.

이지석. (2002). 동북아 자치단체연합이 영글고 있다. 「지방자치」, 166:50-54.

이정주. (1995). 「지역발전촉진을 위한 자치단체의 국제화 모형」, 석사학위논문, 영남대학교 대학원.

_____. (2000). 「자치단체의 국제교류 결정요인과 교류효과에 관한 연구」, 박사학위논문, 대구대학교 대학원.

이정표. (2003). 「지방행정의 국제교류정책분석」, 박사학위논문, 대구대학교 대학원.

이종수. (1996). 지방정책에 대한 이론모형개발과 실증적 적용. 「한국행정학보」, 30(1):47-61.

이종수. (1999). 도시 간 국제교류와 민관협력의 방향. 「국제교류」, 35:8-11.

_____. (1996). 지방정책에 대한 이론모형의 개발과 실증적 적용: MDS 방법에 의한 정책네트워크 분석. 「한국행정학보」, 30(1):47-61.

이종일. (1996). 한·중 자치단체 경제교류의 현상과 과제. 「국제교류」, 10:23-26.

이종영. (1993). 지역발전과 국제협력 Network형성. 「사회문화연구」, 1993, 경북대학교: 167-190.

이창호. (2001). 지방의 국제화와 시민단체. 「지방의 국제화포럼」, 52:15-16.

이춘표. (2001). 외국인투자유치사례 발표. 「외국인투자유관기관 교육 및 정책토론회」, 산업자원부: 127-141.

이홍재, (1995). 국제문화교류활성화 및 기반조성전략의 문제점과 정책방향. 「정책연구95-3」, 한국문화정책개발원.

이희태. (1995). 「지방자치단체의 통상행정체제 발전방안에 관한 연구」, 석사학위논문, 충남대학교.

이현길. (1996). 「세계화시대에 있어서 지방행정의 발전전략」, 석사학위논문, 연세대학교 행정대학원.

이형민. (1999). 지방자치단체의 국제교류 - 대구광역시와 경상북도의 비교연구 -. 「지방자치연구」, 3:143-178.

이혜숙. (2001). 자치단체와 대학 간의 국제교류협력방안. 「지방의 국제화포럼」, 52:12-14.

임길진 외. (1999). 지방의 국제화전략과 이론적 모형. 「지방의 국제화」, 한국지방자치단체국제화재단: 37-60.

임수복. (2000). 지금은 지방외교의 시대. 「국제교류」, 45:6.

_____. (2001). 지방의 국제화와 주민참여. 「지방의 국제화포럼」, 52:4.

임성훈. (2002). 외국인투자정책의 변화와 방향. 「지방의 국제화 포럼」, 67:32-35.

임판택. (1998). 「지방정부의 국제화추진전략과 개선방향」, 석사학위논문, 영남대학교 행정대학원.

위오기. (1997). 충청권지방경제의 세계화를 위한 국제통상전략. 「지역개발연구논총」, 5(1):87-107.

야스이 도시오. (2001). 시민들이 '국제협력' 추진할 때. 「지방의 국제화포럼」, 57:30-33.

윤용섭. (1997). 지방자치단체의 국제교류 내실화 방안 -경상북도의 해외자매결연지역을 중심으로-, 「국제학논총」, 2:203-224.

장병구. (1996). 지방자치단체 국제협력의 새로운 방향. 「국제교류」, 10:14-18.

_____. (1997). 지방국제화의 발전방향. 「국제교류」, 14:4-5.

장성호. (2005). 세계화와 국가의 역할에 관한 고찰. 「대한정치학회보」, 12(3):101-119.

장윤종. (2001). 외국인 직접투자의 일석오조 효과분석. 「외국인투자유관기관 교육 및 정책토론회」, 산업자원부: 2-105.

장정룡. (1998). 지방자치단체의 문화예술교류. 「국제교류」, 24:8-14.

전라남도. (1996). 전라남도의 국제교류. 「국제교류」, 10:51-55.

정기영. (1996). 문화부문의 국제화. 「국제교류」, 8:18-21.

정덕주. (1996). 지방자치단체 간의 국제협력에 관한 비교 연구 -한국 · 일본의 비교를 중심으로-. 「동아논총」, 33:243-260.

정문화. (1995). 지방자치단체의 국제교류를 위한 제언. 「국제교류」, 6:30-31.

정읍시. (1997). 전북 정읍시와 중국 강소성 서주시와의 교류. 「국제교류」, 14:18-19.

정세욱. (2002). 민선지방자치 3기 출범에 즈음한 국제화 대응방향. 「지방의 국제화 포럼」, 67:6-7.

_____. (1999). 지방자치단체의 세계화과정에 대한 분석모형과 그 평가. 「지방정치 특별학술회의 발표자료」, 한국정치학회: 1-19.

정종인. (2001). 외국인투자유치 사례발표. 「외국인투자유관기관 교육 및 정책토론회」, 산업자원부: 146-166.

정진호. (1995). 지방세계화를 위한 인천광역정부의 지방경쟁력 강화전략. 「국제교류」, 5:42-48.

조돈영. (1999). 지방의 해외투자유치 및 국제통상교류. 「지방의 국제화」, 한국지방자치단체국제화재단: 357-379.

조문부. (1995). 세계화를 위한 지방자치단체의 정책방향과 도민의 대응. 「법과 정책」, 창간호, 제주대학교 법과 정책연구소: 7-29.

조석주. (1999). 국제행사의 현황과 발전방향. 「국제교류」, 36:26-30.

_____. (1997). 지방자치단체의 국제교류와 현황. 「국제교류」, 16:19-25.

조승언. (1996). 청소년 국제교류. 「국제교류」, 8:22-26.

Cho Yong-Kyun. (2001). *Challenges of globalization and Asian respon ses.* 「IFANS Review」, 9(1):1-18.

조영복. (1996). 산업, 경제부문의 국제화. 「국제교류」, 8:15-17.

조이현. (2000). 한·중 지방자치단체 간 교류-협력 방안. 「자치공론」, 6(10):52-61.

조정임. (1998). 「지방자치단체의 국제교류에 관한 연구」, 석사학위논문, 전남대학교.

조홍남. (1994). 「지방정부의 국제화 대응실태와 전략」, 석사학위논문, 성균관대학교 행정대학원.

최기선. (1996). 지방자치단체와 국제협력. 「국제교류」, 10:12-13.

최봉기. (1996). 지방정부의 자치역량강화와 국제화전략. 「지방자치연구」, 8(3):9-39.

최병렬. (1995). 국제교류의 새로운 방향. 「국제교류」, 3:4-5.

최병익. (1999). 한국 국제협력의 현황과 발전방안. 「산업개발연구」, 7:247-258.

최영출. (1998). 영국의 지역개발에 있어서 외국기업 유치전략: 북잉글랜드 개발청을 중심으로. 「정책연구」, 98-06. 충북개발연구원.

최영희. (1994). 영국 자치단체의 자매결연 현황 및 특징. 「국제교류」, 1:44-48.

최윤석. (1996). 「국제무역환경 변화에 따른 한국통상정책의 대응방안」, 상학석사학위논문, 서강대학교.

최창호. (1995). 지방행정의 국제화 방향. 「국제교류」, 7:9-13.

358

충청남도. (2001). 세계화중장기계획 수립 추진 요목. 「충청남도 세계화 중장기계획 수립방향설정을 위한 심포지엄 발표자료」, 충청남도: 101-105.

平松守彦. (1995). 고도정보화시대의 지역경영. 「국제교류」, 5:21-26.

하봉운. (2005). 경기도 외국인 교육여건 현황 분석 및 개선방안 연구. 「경기논단」, 7(3):91-108.

하승창. (2000). 해외 NGOs 모범사례−세계화에 응전하는 시민단체들. 「국제교류」, 41:22-25.

하연섭. (1999). 세계화에 대응한 지방재정의 개혁과제. 「지방정치 특별학술회의 발표자료」, 한국정치학회: 1-25.

하영수. (1996). 「지방자치단체의 국제교류 모형설정에 관한 연구」, 박사학위논문, 대구대학교.

하태권. (2000). 지방정부 행정관리 패러다임의 개혁방향. 「자치행정」, 143:103-104.

_____. (2000). 지방공무원의 새로운 역할과 자질. 「자치행정」, 145:109-110.

한국지방자치단체국제화재단. (1996). 동경도 구·시·정·촌의 국제정책 상황. 「참고자료」, 한국지방자치국제화재단.

한영수 외. (2001). 통상환경 변화와 우리의 수출 경쟁력. 「나라경제」, 12(4):12-48.

한영주. (1999). 국제도시 간 자매결연사업의 현황과 과제. 「국제교류」, 36:15-18.

_____. (1996). 행정의 국제화를 중심으로. 「국제교류」, 8:9-14.

한준수. (2001). 외국인투자유치 사례발표. 「외국인투자유치유관기관 교육 및 정책토론회」, 산업자원부: 167-178.

허수정. (1998). 「지방자치단체의 세계화실태분석과 추진과제 -대구광역시를 중심으로-」, 석사학위논문, 계명대학교 정책개발대학원.

홍성후. (2001). 대중가요를 통해 본 한·일 문화의식의 비교: 이미자와 미소라히바리를 중심으로. 「사회과학연구」, 18(2): 315-350.

홍순용. (1996). 「자치단체 해외시장개척사업 추진 현황 및 개선사항」, 경제통상교류 실무요령, 한국지방자치단체국제화재단: 157-178.

황정일. (1996). 한·중 관계와 한·중 지방정부 간 교류. 「국제교류」, 10:20-22.

황정홍. (1998). 「지방자치단체의 국제교류정책」, 박사학위논문, 대구대학교.

황주성. (2000). 인터넷을 통한 지방의 글로벌 네트워크 구축. 「국제교류」, 45:20-23.

황철곤. (1994). 국제화시대의 지방행정 대응력 제고방안. 「지방행정」, 94.7:92-102.

Hidekazu Morishima. (2001). Foreign Investment Climate in Korea seen from the foreign perspective. 「외국인투자유관기관 교육 및 정책토론회」, 산업자원부: 109-124.

KLAFIR. (1996). 외국인근로자를 위한 지자체별 시책추진사례. 「국제교류」, 11:40-41.

Renier Nijskens. (1999). 한국적 가치의 수출. 「국제교류」, 36:46-47.

3. 정부 및 시·도 간행물

법무부. (2005). 「2004년도 출입국관리통계연보」, 서울: 법무부.

산업자원부. (2001). 「외국인투자 유관 기관 교육 및 정책토론회」, 서울: 산업자원부.

통계청. (2001). 「2000년도 전국주민등록인구통계」, 대전: 통계청.

_____. (2001). 「2000년도 광공업통계조사 보고서」, 대전: 통계청.

행정자치부. (2005). 「2000년도 지방자치단체예산개요」, 서울: 행정자치부.

각 시·도. (2005). 「2004년도 통계연보」.

_____. (2005). 「2005년도 일반회계 및 특별회계 세입세출예산서」.

_____. (2005). 「'04년 투자유치 실적 및 '05년 계획」.

4. 내부자료

강원도. (2005). 2005년 업무보고. 「강원도(국제통상협력실) 내부자료」.

_____. (2004). 2004년도 국제교류추진실적. 「강원도(국제통상협력실) 내부자료」.

광주광역시. (2005). 2005년 주요업무계획 보고. 「광주광역시(경제통상국) 내부자료」.

_____. (2005). 주요업무보고. 「광주광역시(국제협력팀) 내부자료」.

경기도. (2005). 2005년 주요업무계획. 「경기도(경제투자관리실) 내부자료」.

경상남도. (2005). 2005년 주요업무계획. 「경상남도(투자유치과) 내
　　부자료」.

_____. (2005). 2005년 주요업무세부 추진계획. 「경상남도(경제통상
　　국) 내부자료」.

_____. (2005). 주요업무보고. 「경상남도(국제통상과) 내부자료」.

경상북도. (2005). 2005년도 경상북도 국제교류 및 통상시책. 「경상
　　북도(국제통상과) 내부자료」.

_____. (2005). 주요업무보고. 「경상북도 내부자료」.

교육인적자원부. (2005). 2004년 국내외 유학생 통계. 「교육인적자원
　　부 내부자료」.

대구광역시. (2005). 2005년 주요업무보고. 「대구광역시(경제산업국)
　　내부자료」.

_____. (2005). 2005년 주요업무보고. 「대구광역시(경제산업국 국제
　　협력과) 내부자료」.

대전광역시. (2005). 2005년 주요업무보고. 「대전광역시(국제통상과)
　　내부자료」.

_____. (2004). 중국 하북성과의 자매결연 10주년 기념행사 방문단
　　활동안내계획. 「대전광역시(국제통상과 중국지원팀) 내부자료」.

부산광역시. (2005). 2005년도 국제교류 활성화 추진 주요업무 추진
　　계획. 「부산광역시(국제협력과) 내부자료」.

산업자원부. (2001). 중앙·지방 연석 수출확대 대책회의. 「산업자원
　　부 내부자료」.

362

_____. (2005). 시·도별 외국인투자신고 현황. 「산업자원부 내부자료」.

서울특별시. (2005). 2005년 산업국 주요업무계획. 「서울특별시(산업국) 내부자료」.

_____. (2005). 2005년 주요업무계획. 「서울특별시(국제협력과) 내부자료」.

_____. (2004). 2004년 주요업무계획. 「서울특별시(국제협력과) 내부자료」.

인천광역시. (2005). 2005년 주요업무계획. 「인천광역시(국제협력관실) 내부자료」.

_____. (2005). 2005년 주요업무계획보고. 「인천광역시(경제통상국) 내부자료」.

외교통상부. (2001). 주요 선진국 지자체의 외국인투자유치 인센티브. 「외교통상부 내부자료」.

울산광역시. (2005). 2005년 주요업무계획. 「울산광역시(경제통상국) 내부자료」.

_____. (2005). 2005년도 국제교류 주요업무계획. 「경제정책과 통상교류팀 내부자료」.

_____. (2004). 2004년 국제교류협력 관련 업무추진실적. 「울산광역시 내부자료」.

_____. (2004). 울산-장춘 자매결연 10주년 기념행사. 「울산광역시(경제정책과) 내부자료」.

전라남도. (2005). '05 주요업무 시행계획. 「전라남도(통상협력과) 내부자료」.

_____. (2004). 이달의 자치단체 – 전라남도 취재 자료: 지방의 국제
화.「전라남도 내부자료」.

전라북도. (2005). 2005년 주요업무계획.「전라북도(경제통상실) 내
부자료」.

_____. (2004). 2004년도 행정사무감사 주요업무추진상황보고.「
전라북도(경제통상실) 내부자료」.

_____. (2004). 2004년 NGO국제교류 결과보고서.「전라북도 내부
자료」.

중국 산동성. (2001). 중국 산동. 동북아 자치단체 정상회의 및 경제
발전 세미나 자료.「중국 산동성」.

제주도. (2005). 2005년 주요업무보고.「제주도(국제자유도시관광국)
내부자료」.

_____. (2005). 주요업무보고.「제주도(경제통상과) 내부자료」.

충청남도. (2005). 2005년 충청남도 주요업무계획, 부서별 실천계
획.「충청남도 내부자료」.

충청북도. (1997). 충북 국제통상진흥의 구상과 전략.「충청북도 내
부자료」.

_____. (2005). 2005년 주요업무계획.「충청북도(국제통상과) 내부
자료」.

_____. (2004). 2004년 국제교류협력 관련 업무추진실적.「충청북도
내부자료」.

_____. (2001). 타 시·도 국제통상업무 실태조사 보고서.「충청북

도 내부자료」.

_____. (2000). 2000년 국제통상 업무편람. 「충청북도 내부자료」.

4. 국내 인터넷 자료

① http://kcouncil.com/home/document/book03/21.html. 지방의 국제화 그 실상과 허상.

② http://kilsp.jinbo.net/colloquium/col46.html. Glocalization: 지구화의 주요 성격.

③ http://user.chollian.net/~ifa000/ifa/soge.html. 국제교류지원단 (IFA).

④ http://www.jachi.co.kr/nondan/nondan__menu4.html. 지방자치단체의 국제교류.

⑤ http://todori.inje.ac.kr/~politics/교수님소개/이종선논문.html. 외교정책의 이론사적 재평가.

⑥ http://challenger.lg.co.kr/korean/report/1996/social07.html. 일본지자체의 국제화 경향과 민간기업의 참여.

⑦ http://challenger.lg.co.kr/korean/report/1996/economy05.html. 지방세계 화모형연구-일본지방자치단체 세계화 경제 전략.

⑧ http://edupark.kongju.ac.kr/uni/5/index.htm. 공주대학교 이병희 교수 자료. 국제관계의 이해.

⑨ http://www.momaf.go.kr. 항만 현황 및 년도별 선박 입·출항 실적.

⑩ http://www.moct.go.kr/DH/mct__hpg/mcthpg__air/hg__

junkook.html. 공항 시설 현황.

≪영·미문헌≫

Anderson, William. (1960). *Intergovernmental Relations in Review*. Minneapolis: University of Minnesota Press.

Amin, Ash. & Thrift, Nigel. (1995). *Globalization, Institutions, and Regional development in Europe*. Oxford: Oxford University Press.

Dougherty, James E. & Pfaltzgraff, Robert L. Jr. (1981). *Contending Theories of International Relations*. New York: Harper & Publishers.

Duchacek, I. D. (1990). Perforated Sovereignties: Toward a Typology of New Actors in International Relations. In H. J. Michelmann & P. Soldatos (eds.). *Federalism and International Relations: The Role of Sub-national Units*. Oxford: Clarendon Press.

Fielding, Jane L. & Nigel, Gilbert, G. (2000). *Understanding Social Statistics*. London: SAGE Publications.

Gargan, John J.(1997). *Handbook of Local Government Adminstration*. New York: Marcel Dekker, Inc.

Hocking, Brian. (1993①). *Foreign Relations and Federal States*. London and New York: Leicester University Press.

Hocking, Brian. (1993②). *Localizing Foreign Policy.* New York: St. Martin's Press.

Jun, Jong S. & Wright, Deil S.(1996). *Globalization & Decentralization.* Washington, D.C.: Georgetown University Press.

Kincaid, J. (1990). Constituent Diplomacy in Federal Polities and the Nation-State: Conflict and Cooperation. In H. J. Michelmann & P. Soldatos (eds.). *Federalism and International Relations: The Role of Subnational Units.* Oxgord: Clarendon Press.

King, Desmong S. & Pierre, Jon. (1990). *Challenges to Local Govern ment.* London: SAGE Publications.

Kumar, Ranjit. (1996). *Research Methodology.* London: SAGE Publications.

Lee, Gun Young & Kim, Yong Woong. (1995). *Globalization & Regional Development.* Seoul: Korea Research Institute for Human Settlements.

Shuman, M. (1992). Dateline Main Street: Local Foreign Policies. *Foreign Policy.* 86:158-177.

Soldatos, P. (1993). Cascading Sub-national Paradiplomacy in an Interdependent and Transnational World. In D. M. Brown & E. H. Fry(eds.). *States and Provinces in the International Economy. Berkeley:* University of California Press.

Stohr, Walter B. (1990). *Global Challenge and Local Response.* New York: The United Nations University.

Tomino, K. (1996). *Local Autonomy Diplomacy in Japan*. Unpublished Paper, Shimane National University.

Vayrynen, Raimo. (1999). *Globalization and Global Governance*. Rowman & Littlefield Publishers, Inc.

Wolfson, Joann. & Frisken, Frances. (2000). *Local Response to the Global Challenge*. Journal of Urban Affairs Volume. Boston, Massachusetts: Blackwell Publishers.

Wright, Deil S. (1988). *Understanding Intergovernmental Relations (3rd ed.)*. California, Pacific Grove: Brooks/Cole Publishing Company.

≪일본문헌≫

1. 단행본

市岡政夫. (2000). 「自治體外交」, 東京: 日本經濟評論社.

下村恭民 外. (2001). 「その新しい潮流國際協力」, 東京: 有斐閣.

高田和夫. (1999). 「國際關係論とは何か」, 京都: 法律文化社.

永井 浩. (1989). 「地方の國際化」, 東京: 新泉社.

松不圭一. (1988). 「自治體の國濟政策」, 東京: 學陽書房.

水上徹男. (1996)「グラスルーツの國際交流」, 東京: ハーベスト社.

吉田 均. (2001). 「地方自治體の國際協力」, 東京: 日本評論社.

368

羽貝正美. 大津浩. (1994).「自治體外交の挑戰」, 東京: 有信堂.

2. 내부자료

茨城縣 國際交流課. (2001).「官城縣の國際交流の現狀」, 官城縣.

大阪府 國際課. (2001).「大阪府國際化推進基本指針」, 大阪府.

千葉縣 文化國際課. (2001).「千葉縣における國際化の狀況」, 千葉縣.

日本 龍谷大 法學部. (2000).「自治体外交」, 政治系 ぜみ 合同討論會, 日本 龍谷大.

福岡縣 國際交流課. (2001).「福岡縣の國際化の現狀」, 福岡縣.

山梨縣 國際課. (1999).「山梨縣の國際施策」, 山梨縣.

3. 일본 인터넷 자료

① http://www.mha.go.jp/kokusai/000403.html. 日韓地域交流促進期間事業計劃.

② http://www.pref.ishikawa.jp/kokusai/suisin/1.html. 石川縣國際交流.

③ http://www.alc.co.jp/oss/oss4/books3-c.html. 日本の國際交流の現狀.

④ http://www.cis.yamaguchi-pu.ac.jp/~iwashita/page/ronbun/takada. 外交の多元化－ポスト冷戰期の「新外交」を求めて.

⑤ http://www.eco.shimane-u.ac.jp/~tomino/nihonkai.txt. グロ-カリズム時代における自治體の國際活動と國際秩序形成.

⑥ http://www.rikkyo.ne.jp/~htanaka/98/NAYD.html. 國際交流の戰後史－靑少年の交流を中心に.

⑦ http://www.pref.kanagawa.jp/osirase/kokusai/seisaku/plan/pmoku. 新かながわ國際政策推進プラン主要施策.

⑧ http://www.nippon-foundation.or.jp/library/topics/sympo_zainichi. 在日外國人支援の今後について〜NPOの役割〜.

⑨ http://www1.linkclub.or.jp/〜gr276958/jichitai/9901lec.html. 「國際化」時代における行政の役割.

⑩ http://k-face.org/asia/chap4. 第4章 地方政府の課題：神奈川の場合.

⑪ http://xing.mri.co.jp/region/RC23/inTOHOKU.html. 最終年度のテーマ「民際社會をつくる」.

⑫ http://www.chiiki-dukuri-hyakka.or.jp/book/monthly/9912/html/t01. 21世紀國際化の擔い手は市町村.

⑬ http://www.eco.shimane-u.ac.jp/〜tomino/prague.txt. 自治體國際協力の理論と戦略.

⑭ http://www.mofa.go.jp/mofaj/annai/honsho/kokusai/index.html. 地域の國際化への支援窓口事業.

· 저자 ·

박경국   · 약 력 ·
(朴景國)   충북대학교 및 동 대학원 졸업(행정학 박사)

제24회 행정고등고시
공인정책분석평가사(1급)
충청북도 단양군수
충청북도 내무국장, 경제통상국장,
농정국장, 문화관광국장,
민방위재난관리국장.
충청북도 공무원교육원장
충청북도체육회 사무처장
대한올림픽위원회(KOC) 위원
주성대학, 충청대학 겸임교수
충북대학교, 청주대학교 강사
(현) 충청북도 기획관리실장
충북대학교 행정대학원 강사

· 주요논저 ·
「농촌경제활성화를 위한 지역특산품 개발방안」
「지방정부의 재난관리행정체제 구축방안」
「충청북도 산업정책의 기본방향과 전략」
「공동기술개발 참여기업의 만족도 향상 방안」
「지방외교정책의 결정요인과 정책효과」
「지방외교」(5인 공저)
외 다수

한국의 지방외교정책

• 초판 인쇄	2006년 11월 15일
• 초판 발행	2006년 11월 15일
• 지 은 이	박경국
• 펴 낸 이	채종준
• 펴 낸 곳	한국학술정보㈜
	경기도 파주시 교하읍 문발리 526-2
	파주출판문화정보산업단지
	전화 031) 908-3181(대표) · 팩스 031) 908-3189
	홈페이지 http://www.kstudy.com
	e-mail(출판사업부) publish@kstudy.com
• 등 록	제일산-115호(2000. 6. 19)
• 가 격	24,000원

ISBN 89-534-5898-6 93350 (Paper Book)
       89-534-5899-4 98350 (e-Book)